Calabazar de La Habana

SU IGNORADA HISTORIA

PARTE I

EDUARDO MILIÁN BERNAL

EDITORIAL PRIMIGENIOS

Primera edición, Miami, 2022

ISBN: 9798352508992

Edita: Editorial Primigenios
Miami, Florida.
Correo electrónico: editorialprimigenios@yahoo.com
Sitio web: https://editorialprimigenios.org

Edición y maquetación: Eduardo René Casanova Ealo
Composición: Lic. Olga Cabana Abraham (Profesora de Literatura)
Corrección: Lic. Yanel Blanco Miranda (periodista) y 2da corrección Rubén Alejandro de los Santos (escritor, poeta y pintor surrealista cubano)
Fotografía y montaje: Ridenia Núñez.
Revisión del contenido del Tomo I. Dr. Cesar García del Pino (Historiador)

Los diseños aquí expuestos, la selección fotográfica y algunos de los dibujos utilizados en esta autoedición son propiedad de Rubén Alejandro de los Santos y del autor del texto por esta razón están registrados y protegido legalmente bajo las leyes del derecho de autor. Gran parte del contenido aquí expuesto en este ejemplar han sido ampliados y mejorados de la última edición gratuita en apoyo al autor por la editorial Hora Alfa en abril del 2018. El material que se presenta en esta obra no podrá ser usado ni publicar sin los créditos correspondientes. Aprovecho para agradecer a todos los cooperantes por su desinteresada colaboración y estímulo para que esta obra viera la luz pública.

Dedicatoria especial

A la memoria de los historiadores cubanos que contribuyeron a mi formación profesional, entre otras el Dr. Fernando Portuondo del Prado(1903-1975), Dra. Hortensia Pichardo Viñals (1904-2001), Dr. José Luciano Franco Ferrán (1891-1989)

Dedicatoria

A mi madre, por su legado de entereza, paciencia, constancia y fe en toda labor emprendida; a toda mi estirpe por sus momentos de aliento y estímulo; a todos mis disculpas por despojarles tantas horas de compartir vida familiar, gran sacrificio para poder concluir esta obra.

A mis hijos, nacidos, criados y educados en este terruño. A mis nietos, los más pequeños descendientes de la familia. A los miembros de mi familia que me apoyaron durante tantos años para poder dedicar tanto tiempo a esta investigación y publicación. Sin ellos no sería posible esta obra. A los humildes pobladores de este pueblo, hombres y mujeres que con su amor a la patria chica han labrado una historia digna de conocer por todos. A todos los que nacieron, vivieron o conocieron Calabazar en sus días de esplendor, donde quiera que se encuentren.

Proyecto escultórico "La llave del Pueblo de Calabazar" diseñado por el artista plástico Marcos Artilles Vilar.

Décimas a Calabazar

Fragmentos

Te canto pueblo querido
Calabazar de La Habana,
en una tibia mañana
de las tantas que has vivido.
Como tesoro escondido
llevan tus calles historia,
y guardas en tu memoria
las piedras que te formaron,
las manos que levantaron
tu pedestal a la gloria.

Tuviste partos preciosos,
alfareros y mambises,
anónimos y felices
todos hijos amorosos.
Recogiste los hermosos
cánticos de la amistad,
refugio, calor, verdad,
a Gómez acariciaste
y tu mano le brindaste
en aras de libertad.

Autor. Víctor Puertodam

ÍNDICE

Bandera de Calabazar de La Habana

Autor Rubén A. de los Santos

Las virtudes viriles, y el talento honrado,
cautivan y enamoran a los que tienen
los ojos fatigados de ver crimines
de la inteligencia y mascaradas del corazón.

JOSÉ MARTÍ

Agradecimientos
Una deuda de eterna gratitud a decenas de lugareños

Es el momento de dejar constancia de la más sentida gratitud y profundo reconocimiento a los hombres y mujeres que de una u otra forma han contribuido a la feliz culminación de este libro. En este ":Cuadro de Honor" debo anotar en primerísimo lugar a mi amigo y colaborador incondicional lamentablemente fallecido antes de ver los resultados de este trabajo, el Sr. Raúl Mesa Collado quien accedió a brindar en vida la valiosa información atesorada en sus apuntes acerca de variados temas de la historia local, es un necesario reconocimiento post mort um, él fue el primero en facilitar valiosos apuntes que utilizamos a la hora de redactar esta obra; al Dr. Francisco Iglesia Blanco, Profesor Emérito de la Universidad de La Habana, hijo de esta villa y gran enamorado de las cosas de esta población; al Agrimensor Oscar Batista por sus apuntes, valiosas donaciones y planos facilitados; a Margarita Gómez Toro, hija del Generalísimo por sus memorias; Carmelina de la Lastra y Avelina Acevedo, por la rica y sustanciosa información que pusieron en nuestras manos; Pedro Máximo Gómez Toro. Nieto del Generalísimo, Faustino Pedroso (Japón) dirigente obrero en los años treinta, José R. Castillo Pacheco que con cerca de cien años aporto vivencias ignoradas, Ramón Crespo, Ernesto González Campos, Héctor Carrasco, Ramón Oliva (Mongo), Delfín González Romero, Adrián Frigola y familia, Jesús Monzón Trujillo, Luis Calviat, Fidelina Álvarez Palenzuela, Rolando García Ortega; José Manuel Acosta; la familia Trigo López; Raúl. G. Mario Baeza; Elio Borges González; al desaparecido artista José Herrera (Joseito) inolvidable maestro y hombre polifacético de la cultura; al sacerdote Jesús Cairo López, Cura Párroco de la Iglesia "San Juan Bautista y San Antonio de Padua", de Calabazar por las facilidades brindadas para la consulta de los archivos parroquiales; al periodista Luís Hernández Serrano, ferviente defensor y divulgador de la historia local, Kendry Roque Cabana, diseñador de la portada original así como a Raúl Ruiz Hernández quien apoyo desinteresadamente este trabajo histórico durante todas las etapas de la investigación, así como a Rubén A. Santos por su apoyo en la primera edición, a Juan Carlos Pozo González y Danny Milian Rizo por su colaboración con fotos y ajustes fotográficos. En fin a tantas personas, activos actores en esta historia, cuyos nombres no se comparten, por falta de espacio pero que no olvido. Como dijera en cierto escrito el Apóstol; "...la virtud tiene siempre hogares encendidos" En el ideario martiano los ciudadanos que la practican y aportan a su pueblo se enaltecen, sin estos hombres y mujeres sería imposible las memorias y conocimientos que en ella se exponen pero están presente a la hora del recuento Muchas gracias.

EL AUTOR

Prólogo a la primera edición

La mirada como su envoltura, son las primeras herramientas que labran el surco, plantan caminos, enlazan con creces la roca bruta que forman el joven edificio, su resistencia y ruina, historia anudada pidiendo rescate. Camina su generación, tres y cuatro siguientes, etc., y los ojos en su totalidad se clavan al joven edificio, a sus penurias, no a los siguientes procesos inaceptables por la rueda de la vida. La metamorfosis de piedras en cúspides cinceladas retorna como el hombre a su lugar de origen y formas desatando sus vestigios la total estampida de aquellas miradas halagadoras y cómplices que ahora se retiran al barro que reclama todas las cosas , entonces su fantasma queda solo donde la niebla duerme la más prolongada de sus siesta , allí donde la roca , hierba y hombre experimentan al unísono la textura inexorable de la real igualdad , quietud que vibra incontables misterios , desiertos y juntos solo en espera del gran benefactor de las formas invisibles "El historiador".

Yo nací en este cumulo de elementos que conformaron un nombre colectivo, uno de sus tantos días, observando algunas de sus décadas irreformables, y allí; tras diversas callejuelas heridas "El Historiador", reagrupando el rompecabezas que raptado por el transcurso a lo invisible accedió a la magia de las arqueologías, a la caricia del sonido gráfico que como nota clave compone alfa y omega. Ya la ruleta rozo con los topes de ruinas e historia, y a la mitad de mi vida reviso y edito la gran obra investigativa del maestro "Eduardo Milian Bernal" honorable pensador que ejemplariza con sus pisadas la posibilidad palpable de lo intangible .Le vi justo en mi elección de senderos selectos, en una ruta selecta y aunque la selección no cuente con la mayoría de las congregaciones , nunca imagine que tendría el honor de prologar tan exquisita investigación del admirado maestro.

Calabazar de la Habana es la magna investigación arqueológicas, cultural, política y social de este pueblo capitalino. Hoy es realidad de todo el esfuerzo dedicado a un sueño, un escenario que esconde sus estampas coloridas detrás del más elevado de los muros. Muchas realidades siguen ocultas tras el paso arrasador de los años, pero solo un valiente de bolígrafo y corazón es capaz de enfrentar tal reto, tal encomienda entre opiniones y obstáculos ríspidos. El maestro Bernal, es sin duda una elección del destino que a su vez también elige y determina con dedicación y ejemplos magistrales, "junto al tiempo y a veces en contra", mantiene la solidez, la investigación y análisis de fragmentos a componer, sin duda el ejemplo de las exploraciones calabazarenas, modelo construido a cada paso y cada gota de sudor. Toda una considerable obra de pesquisas históricas acompaña el cuño de este escudriñador incansable, también un camino solido por donde transitamos todos los que admiramos su calado alquímico. Tengo el criterio (fundamentado en el hecho) que hoy prologo y edito uno de los grandes resultados de este alquimista persistente, una obra que honrara también a cada coterráneo, a cada hogar en donde se hereda por flor consanguínea la hospitalidad del café caliente.

Tras cada página podremos inhalar el lechón de taburetes y palmas, la humedad armónica del Almendares en su crecida más estrepitosa, la guitarra, el poema, un grito mambí y aires de libertad. En cada ladrillo adentra un susurro del hogar, el sonido de las madres y platos, lluvia, estruendo, la estigma del recuerdo, pero al final "Todos" ante un legado que incita al agradecimiento unánime y futuro constructivo. "Gracias amigo mío" por aportar un puente más al paradiso extraviado de los manantiales y la caña brava, (gracias también la voz de los que abonan nuestros campos).

Por la vida:
Rubén Alejandro de los Santos.
Pintor surrealista y poeta cubano

Exordio

Para estudiar los elementos de la sociedad
de hoy es necesario estudiar en algo los residuos
de las sociedades que se han vivido

José Martí

A manera de prólogo del autor

Durante mucho tiempo reflexioné para dar un título sugestivo a esta historia, buscar un nombre que motivara leer el texto. Cierto día consultando internet repare diversas opiniones acerca de esta localidad; algunas interesantes, otras desacertadas y hasta erróneas; muy distantes de conocer su verdadera trayectoria. Este proceder, unido al intercambio de ideas con colegas, conocer sus opiniones, pulsar inquietudes y preocupaciones de sus moradores, sirvió de estímulo para intitularlo "Calabazar de la Habana; Su ignorada historia" .Este modo de ver su decursar como comunidad humana me permitió adentrarme en su biografía, confirmando lo que un día auguro en sus memorias un ilustre vecino al sentenciar:" Tal vez nadie lo sepa hoy... Como tal vez un día todos irán sabiendo lo que nadie sabía". Este axioma es la motivación que impulso mi pluma para emprender la redacción de esta historia.

Recoger esas memorias en un texto no ha sido fácil; primero los años dedicados a la investigación y acopio de información; segundo; los escollos en el camino; la diversidad de opiniones, algunas minimizando su trascendencia y por demás el sinnúmero de tropiezos de todo tipo durante su redacción. Sin embargo, predomino el amor al suelo y el propósito trazado: escribir sus anales, unas verdaderas remembranzas .La idea que la ha inspirado no ha sido otra que ofrecer a las actuales generaciones y a las del porvenir el rico caudal histórico y las mejores tradiciones de esta olvidada población habanera. Del mismo modo dejo caer de continuo en los surcos espirituales las semillas vivificantes del recuerdo para aquellos que peinan canas y para los que se encuentran ausente y padecen la nostalgia del lugar donde se ha nacido o vivido.

Debo decir de paso que sin ser originario de esta localidad,-para poder emprender la investigación y escribir su historia-, me acredita el haber transcurrido aquí más de la mitad de mi existencia, de formarme profesionalmente en letras e historia, de ver nacer, crecer y educar mis hijos, de convivir entre amigos y colegas que contagian con su amor a la pequeña villa. Estos son los factores que hacen que me sienta calabazareño de alma y simpatía, sentimiento que se robustece con la máxima que versa:"...el nacimiento por azar tiene menos valor que la adopción...". Me honro por ello ser hijo espiritual de esta población. Estas son las razones que me animan y dar autoridad suficiente para dedicarle algunas cuartillas de tributo y recuerdo. Debo anticipar que en la obra propuesta no se relata de manera exhaustiva la trayectoria de los múltiples acontecimientos que conforman su biografía, porque es casi imposible una condensación tan completa en lo tocante al saber y al comprender histórico que no es de esperar que un solo hombre, pueda reunir material para cincelar un trabajo de tal magnitud. En lo que a mi concierne, corresponde un único rol; escribir con óptica más amplia, redefinir y reevaluar contextualmente hechos, acontecimientos y sucesos que deben ser examinados, reflexionando con agudeza; en la medida de lo posible sobre la impronta de cada fenómeno y sus consecuencias; alejado de consideraciones unilaterales, obstáculos, compromisos y ataduras que impidan un estudio acertado e imparcial. En la exposición de los contenidos que se presentan a continuación tratare,-en lo posible,- circunscribirme a los contenidos de carácter históricos sin enjuiciar otras aristas cuya esfera corresponde examinar por otros especialistas,-ese no es el objeto en esta obra,- me limitare exclusivamente a un estudio socio-histórico, en correspondencia con los propósitos trazados. La dosis elemental de justicia que puede corresponder al historiador, es la de explicar con la mayor honradez y veracidad posible su objeto de estudio. Con esta óptica se aborda esta historia donde se muestra una panorámica de los hechos fundamentales, desde la época precolombina hasta 1902, (1492-1902), incursionando ocasionalmente en algunos sucesos que se salen de las etapas objeto de análisis pero que en nuestra opinión marcan hitos entre los acontecimientos dignos de memoria; sin pretender en modo alguno hurgar en todo lo que sucedió. Esta tarea permanecerá como reto para futuros empeños.

Ante la imposibilidad de recoger en un solo texto tanta riqueza de contenido, insto a los lectores y testigos de los hechos, - constituidos en los mejores jueces-,considerar la justeza de sus opiniones y apreciaciones, y, sobre todo, la comprensión de que,-independientemente que este es el fruto de muchos años de trabajo y dedicación-, como toda obra humana no es perfecta y no está exenta de lapsus u omisiones involuntarias en aspectos que desde su óptica personal pueden suponer esenciales; tener presente que de omisiones, lapsus o efímeros desaciertos ha surgido siempre la luz estimulante que conduce a la verdad. No obstante, debe valorarse como un primer intento científico de acercamiento a la historia local que de seguro será generosamente acogido por todo el que se sienta identificado con su patria chica.

Los contenidos de este tomo inicial están estructurado en un capítulo introductorio y cuatro periodos de la historia nacional: en el capítulo introductorio se explica las características del territorio; un segundo con el estudio de la etapa precolombina y los últimos hallazgos espeleológicos y arqueológicos; tercero, el análisis del dominio Colonial (1492-1898; el cuarto Las luchas independentistas (1868-1898), el quinto y último la etapa correspondiente al periodo pre-republicano atendiendo a sus características (1898-1902) cuando funden las bases de la primera república.

Por su estilo la obra se inserta dentro del concepto de crónica. Representa una modesta recopilación de leyendas y relatos, descripción de lugares, geografía y sitios importantes, reseña de hombres y sucesos, costumbres y tradiciones, análisis de aspectos económicos, políticos y sociales, noticias curiosas, hechos de interés comunal olvidados o desconocidos por su lejanía, etc. Todo, en fin, cuanto considere necesario y ha sido asequible a nuestros medios de investigación, expuesto en su conjunto de forma amena pero con la mayor objetividad y ajuste a la verdad, evitando el localismo estrecho que en ocasiones contamina al escritor porque el historiador debe ser verídico, sin exageraciones ni apasionamiento; la dosis de justicia que puede corresponderle es la de explicar con la mayor honradez y veracidad posible su objeto, por cuanto la historia es un "profundo y trascendental esfuerzo de comprensión de la veracidad de lo explicado. Y si al ceñirse a esa verdad se tropieza con concepciones preconcebidas o hiere susceptibilidades, esa no ha sido mi intensión; no se me inculpe ni critique. Cuando hay cientificidad, comprensión y transparencia en los análisis no existe lugar para los equívocos.

El problema consiste en la objetividad del análisis histórico y las proyecciones epocales. Por otro lado no hay deshonra ni mácula por este o aquel antepasado ni sentirse vanagloriado por hechos que no son suyos ni agraviado por faltas que no cometió.

El tratamiento de tales asuntos ha servido para aquilatar las enormes dificultades que se presentan a todo el que intenta hurgar en el pasado, reanimar y reconstruir los hechos, esclarecer los acontecimientos de ayer y valorar los sucesos más cercanos. Estas dificultades no han sido pocas. A cada paso un escollo, una duda que disipar, una verdad que aparece, algo que no debe quedar en el tintero. Por otra parte objetar y/o aclarar a los que desafortunadamente minimizan el acontecer e importancia de esta población atendiendo únicamente a su espacio geográfico o a su descuidado estado arquitectónico actual.

A estos escollos propios de todo historiador se suma contrarrestar, equilibrar, respetar y recoger en la medida de lo posible la diversidad de opiniones,-siempre que sean justas,- porque Calabazar es una comunidad y una identidad que no pertenece a unos o a otro. Es simplemente de todos sus hijos.

Lo cierto es que en la investigación y redacción del libro ha predominado el amor al terruño y el propósito trazado inicialmente: escribir sus anales, su verdadera historia, esa que la mayoría de los aquí nacidos,- en cualquier rincón del mundo donde se encuentren,- la conocen de manera fragmentaria y elemental o simplemente la ignoran. Esta obra se propone llenar el vacío existente.

Para acopiar la información y redactar esta monografía estuve inmerso durante muchos años en una copiosa fuente documental constituida por viejos y amarillentos legajos y actas capitulares, en ocasiones llenas de trazos de polilla y polvo y que se conservan en diferentes archivos e instituciones, entre otros: el Archivo Nacional de Cuba; la Oficina del Historiador de la Habana; El Museo

Nacional de Cuba y el Museo Municipal de Santiago de las Vegas. El acucioso trabajo de búsqueda en esas fuentes originales estuvo acompañado de la consulta y análisis de la prensa de la época y otros materiales colaterales. De igual modo, se copió el testimonio que pertenece al recuerdo de antiguos pobladores y de veteranos dirigentes obreros que con sus valiosos aportes han permitido reconstruir viejos pasajes que no se pueden dejar desvanecer y mucho menos olvidar.

Un paso importante representó la consulta de la copiosa bibliografía existente en la Biblioteca Nacional “José Martí”; los libros raros conservados en la “Rubén Martínez Villena” de la Universidad de La Habana y en la Biblioteca “Mas Luz”, de Santiago de Las Vegas, etc. Manos amigas facilitaron documentos personales, fotos, mapas y otros materiales de interés que aparecen incluidos en el trabajo.

Estas son en resumen las fuentes prístinas y jugosas que han permitido sacar a la luz muchas cosas que el tiempo con su indetenible marcha podría borrar. La obra que en adelante se somete a su consideración espera servir de algo en el camino que conduce al conocimiento de la historia local y regional, eslabón fundamental para conocer la historia nacional.

Finalmente, es el momento de dejar constancia de la más sentida gratitud y del más profundo reconocimiento a los hombres y mujeres que de una u otra forma han contribuido a la feliz culminación de este texto. Su autor no cree mucho en la efectividad de los prólogos. Si el libro es bueno, no lo necesita; si es malo, no lo salva en modo alguno. Los párrafos precedentes tienen como única pretensión anticipar el propio juicio a las objeciones que la obra despierte. Las críticas que pudieran hacerse,- no existe obra sin crítica.- deben realizarse con el honroso presupuesto que nos legó José Martí:

"(...) Crítica no es más que el mero ejercicio del criterio" "(...) Criticar, no es morder, ni tenacear, ni clavar en la áspera picota, no es consagrarse impíamente a escudriñar con miradas avaras en la obra bella los lunares y manchas que la afean; es enseñar con noble intento el lunar negro, y desvanecer con mano piadosa la sombra que oscurece la obra bella".(...)

Ese debe ser el carácter de cualquier reparo. En ocasiones, como suele suceder, la crítica no puede exigir más de lo que el autor ha querido o ha podido escribir. Soy de la opinión que en el estudio de la sociedad humana y en especial en esta ciencia, no existe nada definitivo y concluyente. Ella puede ser enriquecida y ampliada en un futuro con los resultados de nuevas investigaciones. Lo más importante es que esta obra es fruto de la devoción a este rincón de la patria al que he dedicado gran parte de mi existencia y eso es suficiente. Desde lejanas tierras no he podido dejar de pensar en ese, mi pueblo adoptivo, en sus lugareños. Siempre cargo el enigma del reencuentro. Que el día en que por ley de la vida me toque desaparecer, mis coterráneos piensen que valió la pena que viviera en él y me convirtiera en su Herodoto.

Alguien dijo en una ocasión, con toda razón del mundo, que: en cualquier circunstancia el hombre agradecido debe defender hasta con las uñas el lugar donde se ha nacido o vivido o lo que es lo mismo: "quien no ama sus raíces tampoco amara nunca la patria grande.

EL AUTOR.

CAPÍTULO I
CARACTERIZACIÓN GENERAL. ORIGEN DEL NOMBRE

Calabazar pueblo mío,
donde vi la luz primera
muy cerca de la ribera
de tu caudaloso río.
JOSÉ M. ACOSTA, 1945.

Calabazar es una palabra aguda de 4 sílabas que tiene un significado muy variado; desde el punto de vista semántico identifica el área donde crece ese tubérculo rastrero cuyo fruto es la calabaza (cucúrbita vitae) que en Cuba no solo forma parte de la dieta, sino también, necesaria para la preservación de la especie humana por incentivar una cultura alimentaria, farmacológica, ambiental y ecológica y con ello, una mayor calidad de vida; por demás ella suele ser ofrendada a los orishas de la Santería, quizá porque su color, es el preferido de Ochún y adorada por Changó. Su apelativo es título de varios sitios geográficos de nuestro país. Sin embargo, cuando se nombra Calabazar de la Habana, se está identificando un lugar único y distintivo del municipio y la provincia. Por su gentilicio sus pobladores se identifican calabazarenos pero algunos prefieren escribir y decir calabacenos o calabaceros. A los efectos de este libro utilizare el primer gentilicio porque tiene un carácter más exacto en correspondencia con su patronímico.

Este es un pueblo con una historia ignorada a pesar de constituir una de las localidades más importantes de la jurisdicción y por ello digna de una mejor suerte. Sin embargo, vegeta en el abandono y el olvido desde épocas pretéritas, agudizado su panorama en los últimos tiempos, hecho que le ha impedido marchar por la senda del progreso y la prosperidad que le corresponde a toda población. Esto se demuestra en el desarrollo de la obra propuesta. Por estas y otras razones se inicia su biografía con una caracterización general que permite, además de ubicarnos en el área geográfica que ocupa, conocer el origen de su nombre y su evolución adentrándondos en las páginas del libro.

Caracterización de la barriada

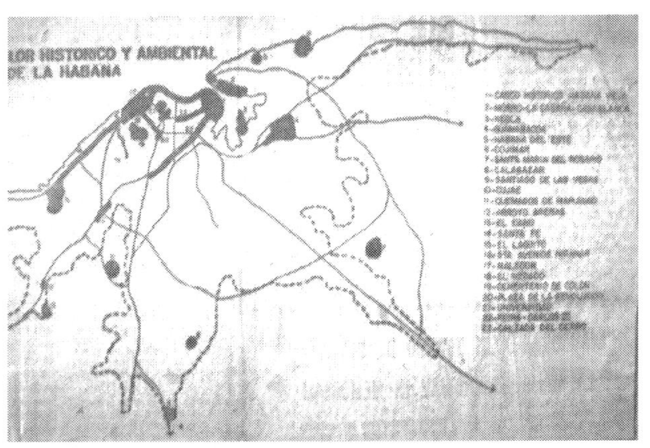

Plano No.1. Sitios de valor histórico y ambiental de Ciudad de la Habana. Con el No. 8 aparece Calabazar

En la margen izquierda del río Almendares, exactamente en el lugar donde el vetusto Camino Real del Sur, hoy Calzada de Bejucal, señala al viajero su kilómetro doce, se levanta el pequeño y pintoresco pueblo , sitio famoso por la calidad de sus aguas, su industria alfarera y representar uno de los antecedente inmediatos de la cerámica artística en Cuba[1].La hospitalaria población, tan habanera como las plazas y fortalezas de la Habana colonial, - por su importancia histórica y su favorable ubicación geográfica -, en los 23° 0' 58" de latitud norte y los 82° 22' 24" de longitud sur-, constituye en

[1] Anita Arroyo. "Las Artes Industriales en Cuba". La Habana, 1943. Pág. 26.

la actualidad, "uno de los sitios de valor histórico y ambiental de la capital"[2]. *(Ver plano No.1)*

De acuerdo a la división político-administrativa establecida en 1976, representa una de las localidades del extinto municipio Santiago de las Vegas (Identificado hoy con el controvertido nombre "Boyeros"), de la provincia Ciudad de La Habana. En la actualidad su territorio forma parte del Consejo Popular homónimo, con una extensión de 24,9 km cuadrados; es la segunda barriada en extensión territorial después de Wajay. Tiene una configuración alargada que hace que entre el límite norte y sur exista una distancia de 3,6 kilómetros. Cuando se redactó esta obra su población ascendía a los 24, 340 habitantes. De ellos, 6522 residen en el centro histórico, el resto distribuidos entre los repartos El Globo, Berenguer, Las Cañas, Trébol, García, Cuervo, Parajón, El Trigal y otros asentamiento menores; todos incluidos en su demarcación. La densidad de población es de 1,022 habitantes por Km. cuadrados.[3] Por su número de habitantes ocupa el tercer lugar después de Wajay y Rancho Boyeros. Limita al norte y este con el municipio Arroyo Naranjo; al oeste con Wajay y Capdevila; al sur con Rancho Boyeros. Dista unos tres kilómetros de su antigua cabecera municipal. ***(Ver plano No.2)***

Varias vías de comunicación atraviesan su territorio: la Calzada de Bejucal que nos enlaza con la capital y con las poblaciones del centro-sur de la Habana; la calzada denominada Varona, que conduce a Capdevila, la carretera a Las Guásimas, la Avenida 100 que es su límite norte, y las paralelas de los Ferrocarriles del

2 Mario Coyula. "Por una noción más amplia de monumento". Tribuna de La Habana". Mayo 20, 1984.
3 Información facilitada al autor por el Consejo Popular de la localidad.

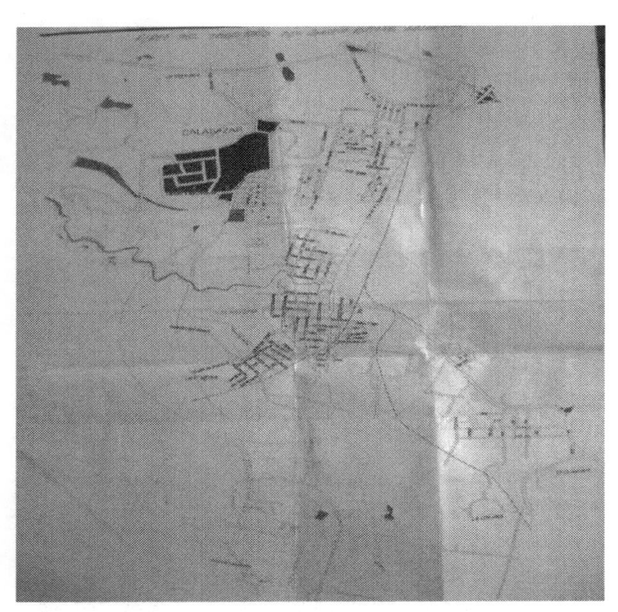

Plano No. 2. Territorio que ocupa la jurisdicción en la actualidad.

Oeste, importante vía de comunicación que durante años ha permanecido en preocupante desuso, años de abandono y marcado deterioro hasta desaparecer en nuestros días.

Dentro de sus límites se encuentra el nuevo Zoológico Nacional; institución de significación para la economía y la ciencia así como el disfrute y esparcimiento de la población habanera.

Un estudio geográfico de la comunidad se hace indispensable a continuación porque el área territorial donde está asentada es el soporte físico de la misma y el que ha condicionado su evolución, además le imprime su sello característico.

Presenta un sistema orográfico peculiar, el terreno es quebrado y pedregoso combinando niveles prácticamente llanos con otros ligeramente ondulados que forman pequeñas mesetas y colinas en las que predomina las rocas ignias y calizas que es el tipo que más abunda en Cuba y que en ocasiones aflora en la superficie. Entre todas se destaca las alturas de "Aguiar", que como siete panes se extienden desde la Calzada de Bejucal hasta las proximidades de la presa "Ejército Rebelde"; las del Jíbaro, en parte encerradas hoy en la zona urbana y que han ido desapareciendo debido a la nivelación de calles para nuevos repartos y por las canteras ya extinguidas. Las más pintorescas se hallan dirección al reparto El Globo, pero las más notables bordean ambas márgenes del río hasta los manantiales de Vento y están constituidas por rocas calizas y arcillosas bastante resistente y compactas que caracterizan a las formaciones terciarias. También presentan manifestaciones cálcicas desarrolladas como dientes de perro y dolinas con cavernas y cuevas abovedadas.

El color del suelo es variado, se encuentran desde los calizos rojos hasta los rojos amarillentos. Ellos forman parte de la subprovincia Habana-Matanzas, subgrupo de regiones Almendares-San Juan. Estos terrenos por su constitución favorece la infiltración y por tanto el almacenamiento de grandes volúmenes de agua subterránea. Ellos forman parte de la denominada "Cuenca del Almendares", también conocida como "Cuenca de Vento" donde según estudios recientes alberga un gran embalse subterráneo con recursos acuíferos evaluados en 278 millones de metros cúbicos anuales que la convierte en la principal abastecedora de agua de la Ciudad de La Habana.[4] La temperatura media de esta agua es de 24,5ºC y es constante lo que demuestra que, hasta la redacción de esta obra no recibe filtraciones de aguas superficiales que puedan contaminarlas.[5]

Entre sus manifestaciones hidrográficas se destaca el río "La Chorrera" o "Almendares", como se le identifica en la actualidad y que al cruzar por este punto los pobladores lo nombran río Calabazar. Ocurre aquí al igual que en la toponimia de otras partes de la Isla, en que cada tramo de río, afluente o confluente, recibe el nombre del barrio, región o pueblo que atraviesa. Esta corriente fluvial tiene 38 Km de extensión y una edad aproximada

[4]Saneamiento y Protección de la Cuenca de Vento". Instituto de Hidroeconomía, 1985.
[5] El rio Almendares. Biblioteca del Trabajo. La Habana s/f Pág. 18.

de unos doce millones de años según cálculos y estudios de geólogos y geógrafos cubanos y extranjeros. Se origina en las lomas de Tapaste y sostiene un recorrido de este a oeste hasta Vento en que cambia de dirección hacia el norte hasta desembocar al oeste de la bahía de la Habana. Las rocas de la cuenca son calizas correspondientes al período geológico del Pos-Mioceno ***(ver planos No. 3)***. Durante la ocupación de la Isla fue la vía principal de penetración colonial hacia el interior del territorio. Siguiendo su curso se establecieron haciendas, vegas de tabaco, cortes de maderas, ingenios, estancias y huertas. Sus cristalinas aguas, manantiales y abundantes bosques que lo rodeaban daban frescor al ambiente esto represento un poderoso atractivo para disfrutar de los baños existentes en sus riberas. Sin embargo, los desmontes, el represado, el estancamiento de sus aguas y la creciente contaminación lo han modificado de modo decisivo tomando figura distinta a como fue en tiempos remotos. Desafortunadamente la Habana se ha olvidado de lo vital que era para ella el rio Almendares.[6]

Otra corriente de importancia es el arroyo Jíbaro que procedente de las alturas de Managua atraviesa las elevaciones de su mismo nombre y corta la Calzada de Bejucal para desembocar en el Almendares. En períodos de abundantes lluvias se torna peligroso, pero en época de prolongada sequía su caudal languidece.

En el territorio se forman otros arroyuelos y cañadas que únicamente dan señales de actividad durante las lluvias pero en etapas de pocas precipitaciones desaparecen totalmente. Abundan

[6] Este río represento uno de los caminos hacia el interior de la campiña habanera. En sus inmediaciones proliferaron haciendas, vegas de tabaco y cortes en madera, ingenios azucareros y otras industrias que contribuyeron a fomentar las riquezas de este espacio. De sus márgenes se tomaron muestras de bambú para el bombillo incandescente creados por Edison, uno de los más trascendentales sucesos de la ciencia moderna.

en la zona numerosos manantiales que contribuyen a darle fama de tierra fértil y pródiga para el cultivo, aunque la abundancia de rocas ígneas y calizas precisa de permanentes regadíos o la necesidad de frecuentes lluvias a fin de mantener húmedo el suelo e impedir la sequedad de estos terrenos. Además de su inagotable ubre fluvial subterránea y sus ricos manantiales, cuenta con curiosos materiales geológicos mineros y algunas canteras de barro y piedra que desde tiempos pretéritos se utilizan en la industria de la construcción y la alfarería. Estos son sus recursos naturales principales.

La vegetación en tiempos de la conquista y colonización estaba constituida por existencia de grandes palmares y frondosos árboles que facilitan las frecuentes precipitaciones. La deforestación que sufrió durante los siglos XVI al XIX, redujo las aéreas boscosas hasta casi desaparecer. Hoy la vegetación está formada por Guácimas, palma real marabú, ceibas y otros arbustos. Crecen también árboles frutales como el mamoncillo, mango, aguacate y guayaba.

Los meses de lluvia están comprendidos entre mayo y octubre y los de sequía de noviembre a abril. El clima es cálido y muy agradable, con una temperatura promedio máximo de 29ºC y un promedio mínimo de 19ºC que se cataloga de temperaturas medias a altas. Durante los meses de primavera, principalmente en el periodo comprendido entre abril y octubre, las precipitaciones alcanzan un promedio de 70%, lo que hace que en tiempos favorables la lluvia caída ascienda a 1400 ms anuales. La humedad relativa es aproximadamente de 81 %.[7]

[7]Academia de Ciencias de Cuba. "Informe de suelo y clima". Edit. A.C.C, La Habana, 1972, pág. 16-17.

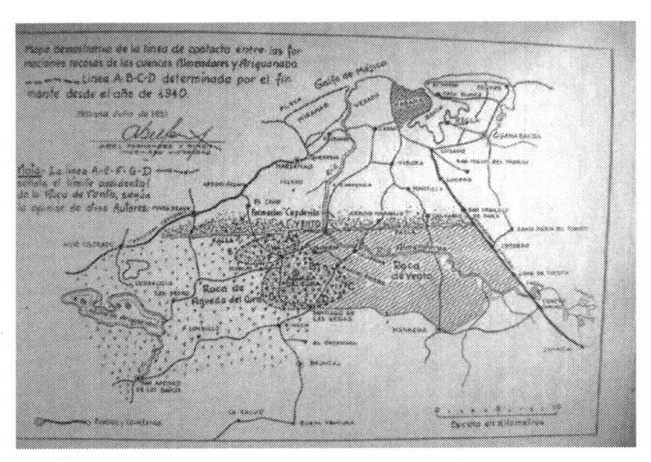

Plano No. 3 . Estudio geológico realizado en 1940 de la Cuenca de Vento.

Presenta una fauna silvestre típica del campo cubano; las aves endémicas estan representada por el cernícalo, tomeguines, pitirres, codorniz, el vencejo de palma y el sabanero. También es endémico de la comarca el lagarto, ciertas especies de arácnidos y otras especies de nuestro país. Con la extinción de los grandes bosques existentes en tiempo precolombino, desaparecieron muchas especies de aves y plantas endémicas.

Su economía atraviesa en la actualidad por una compleja situación que lo diferencia de etapas precedentes.

Hasta finales de la década del ochenta del pasado siglo, la localidad se destacó por su carácter industrial dado por la presencia de numerosas y afamadas industrias y tejares de relevancia provincial y nacional. Históricamente la alfarería representó uno de los renglones tradicionales que lo identifico e hizo gozar de renombre. Sin embargo, en los últimos años se ha producido una marcada contracción que ha hecho cambiar su economía y lo ha conducido a una alarmante regresión en este terreno y, consecuentemente, una negativa influencia en algunas esferas de la vida de la comunidad. Sus causas y consecuencias serán abordadas en el tercer tomo de esta obra.

El sector agropecuario aunque reducido por su proximidad a la urbe capitalina y la acelerada urbanización desarrollada en los últimos años, se caracteriza por una producción típica de suburbio en la que se destaca el cultivo del café y frutos menores así como la cría de ganado vacuno y caballar.

Origen del nombre

La caracterización de la barriada resulta incompleta si no se esclarece lo relativo al nombre de este punto de la geografía habanera, porque al mencionarlo siempre surge la curiosidad histórica sobre su origen. Para incursionar en tal asunto es necesario una retrospectiva a la primera mitad del siglo XVI, cuando el Camino del Matamano, (Batabanó)[8] arteria primada en el territorio era muy frecuentado por los primeros colonos que marchan hacia la costa norte y por las carretas conducidas por los boyeros; primer oficio existente en Cuba, que trasladan frutos menores, mercancías y viajeros desembarcados por la costa sur.[9]

La aparición de los primeros hatos y corrales en la profundidad del territorio habanero y la explotación progresiva de la tierra destinada a la cría de ganado y una incipiente producción de vegetales y frutos menores para el autoconsumo primero, y, posteriormente para el abastecimiento de la capital y las flotas

[8] Batabanó en sus orígenes era un asentamiento indígena que llevaba el nombre de Matamanó. Descubrimientos arqueológicos efectuados en la región demuestran que sus habitantes primitivos se encontraban a un nivel de desarrollo correspondiente a la etapa alfarera El Cabildo de La Habana mercedo el Hato Batabanó a Juan Gutiérrez Manibaldo , el 4 de Marzo de 1559, pero no es hasta el 5 de febrero de 1688 que se funda oficialmente el poblado. La situación legal del término se formalizó mucho después cuando Doña María de los Ángeles Barroso y Cotilla cedió cuatro caballerías de tierra con el propósito de ampliar la comunidad. Se considera la primera villa fundada en la provincia.

[9] El surgidero de Batabanó en un inicio sirvió de puerto al sur de La Habana para la comunicación marítima con la parte central y oriental de la isla (Santiago de Cuba).a través del Batabanó se estableció relaciones con el extranjero exportando e importando a Estados Unidos, Inglaterra y España la mayor parte de sus productos agrícolas provenientes de su territorio y de zonas aledañas.

ancladas en el puerto, propició a partir de 1550, un naciente movimiento comercial desde el interior hacia la Habana aprovechando los caminos abiertos en la etapa de conquista y ocupación de la Isla. Durante esos años aparecen los nombres, —en su mayor parte surgidos de voces aborígenes, accidentes geográficos, etc..—, que identificaron los puntos principales en el trayecto de los viajes. Sin embargo, el nombre de este lugar tiene un origen singular.

Existe una versión que la tradición oral ha convertido en leyenda que le atribuye esa denominación al hecho que, durante una de las frecuentes crecidas del río, se detienen en sus proximidades algunas carretas que conducían frutos menores al mercado habanero. Como la crecida duró varios días y aún no se había construido el puente, los boyeros (carreteros) tienen que permanecer en el lugar hasta que bajara el nivel de las aguas, hecho que los obligo a preparar alimentos con los frutos y viandas que transportaban cuyos residuos y semillas al ser arrojado en sus orillas encontraron tierra fértil creciendo rápidamente; fue precisamente la calabaza, fruto introducido por los colonizadores, la que más se extendió debido a su adaptación a la humedad formando un espeso Calabazar. A partir de entonces, a este tramo del río se le identificó como "Río del Calabazar" o "Paso de las Calabazas", a causa de la abundancia de dicho fruto. Existen otras versiones, pero esta es la interpretación que tiene más fundamento.

De acuerdo al más exacto rigor histórico, el nombre procede de muy atrás, cuando se abrió el camino de Matamanó (Batabanó), y se debe a la existencia de un espeso calabazar junto al río. La agradable temperatura y humedad así como la fertilidad de la tierra, óptimo para el desarrollo de esa planta permitió que sus tallos rastreros, con una longitud entre cuatro y seis metros cubriera sus márgenes, desde esa época a este sitio se le conoce con esa denominación que tiempo después se aplicó también al corral aquí mercedado.[10]

Los carreteros en sus frecuentes viajes comerciales se encargaron de divulgar el apelativo que la fuerza de la costumbre convirtió en nombre definitivo para esta parte del río, el corral aquí mercedado y para el primitivo ingenio azucarero levantado en su cercanía. Años más tarde sirvió para identificar al diminuto caserío erigido en su ribera, que desde un principio se le llamó "Aldea del Calabazar" o simplemente "Calabazar", como se le conoce en la actualidad.[11]

Durante los siglos XVI y XVII la población de la comarca fue mínima e inestable como resultado de las migraciones propias de la etapa. Después de los leñadores que irrumpen aquí con el propósito de talar los árboles maderables para obtener maderas preciosas para las naves y nuevas construcciones habaneras, llegaron los Isleños de Canarias que se dedican al cultivo del tabaco, le siguen indios Yucatecos, negros africanos y chinos traídos como mano de obra para trabajar las vegas, ingenios primitivos, sitios y estancias de labor, servicio doméstico o en la construcción del Ferrocarril del Oeste.

En resumen, si bien es cierto que desde el inicio de la ocupación y colonización de la isla los europeos ponen aquí sus pies en el siglo XVI y las primeras vegas de tabaco se afirman a inicio del siglo XVII, no es hasta el XVIII cuando su poblamiento es más acelerado producto del cultivo de la caña de azúcar y la aparición de estancias y sitios de labor. A ese crecimiento demográfico contribuye además de los nuevos cultivos, el arribo de nuevos

[10] Eduardo M. Bernal Alonso, "Calabazar: Síntesis Histórica." Editorial Imágenes, La Habana, 2002. Pág. 16.

[11] Oficina del Historiador de la Ciudad. Actas Capitulares de La Habana. Colección de documentos para la Historia de Cuba. Tomo III (1575-1578). La Habana, 1946. Pág. 167.

pobladores procedentes de los barrios de Jesús María, Guanabacoa y El Calvario,[12] resultado del incendio que afecto esas vetustas barriadas. De hecho, es ese último siglo cuando aparecen los primeros colonos firmemente establecidos aunque dispersos en estancias y sitios de labor, pero el caserío no surgió hasta finales de ese último siglo e inicio del siglo XIX. Su agradable clima, riqueza ambiental y sus saludables aguas de manantial lo convierten en lugar muy apropiado para pasar el verano. Sus antecedentes y el proceso de su decursar serán expuestos en los capítulos que se presentan a continuación.

[12] La Parroquia del Santo Calvario y el propio caserío de El Calvario, el más cercano al punto identificado "Calabazar", fue destruido en un voraz incendio en 1779. Algunos vecinos tuvieron que emigrar hacia las localidades más próximas.

Capítulo II
Resultado de las investigaciones arqueológicas
Luces y sombras de su prehistoria.

Se siente crecer la vida admirando
los contornos de la naturaleza.

José Martí

Antecedentes históricos del territorio

Para descubrir los antecedentes históricos del territorio habanero antes de la fundación de la villa de San Cristóbal por orden de Diego Velásquez, tenemos que guiarnos por las muy vagas noticias que aparecen en el diario de navegación de Cristóbal Colón o las que ofrecen los cronistas de Indias, principalmente Bartolomé de las Casas protector universal y principal apologista de los indígenas; el cronista de Indias Bernal Díaz del Castillo y Antonio de Herrera y Tordesillas, cronista, historiador y escritor del Siglo de Oro español. Sí este análisis se reduce únicamente a una comarca o localidad resulta aún más complejo porque ninguno de sus contemporáneos dejaron noticias escritas para obtener luces sobre tan importante asunto.

De modo que, para conocer la Habana precolombina o prehispánica debemos regirnos por el esquema de los lugares de mayor interés para la Historia de la Arqueología Indocubana, de Fernando Ortiz y Ernesto Segath, que fija posiciones de probables asientos y cuevas por ellos usados, así como las últimas investigaciones desarrolladas por la Universidad de la Habana, el Gabinete de Arqueología de la Oficina del Historiador de la Ciudad y la Academia de Ciencias de Cuba, resultados estos que han contribuido a esclarecer algunas incógnitas. A este esfuerzo se suma el trabajo desplegado por grupos aficionados a la arqueología y la espeleología, dedicados a buscar noticias y objetos aborígenes y que en sus andanzas y averiguaciones han logrado reunir numerosos ejemplares de la cultura indocubana. En estos estudios han comprobado que por lo general sus asentamientos eran de materiales precarios, por lo cual existen pocas evidencias de éstos en el territorio que hoy forma parte de la ciudad de La Habana. Por todo lo anterior, existen pocos hallazgos, y no se conoce mucho sobre sus creencias mágico-religiosas. Como resultado de esas investigaciones se supone que a las actuales provincias habaneras era tierra habitada, principalmente, por aborígenes de la cultura preagroalfarera porque los restos arqueológicos encontrados hasta hoy no han podido definir totalmente esta problemática. Los ejemplares y huellas más valiosas que podían esclarecer estas dudas han desaparecido a causa de la intensa remoción agrícola desde los primeros años de la colonización. Por tal motivo, el historiador actual se ve forzosamente limitado a un simple tanteo de este período precolombino cuyo origen mantiene todavía su gran incógnita. Por falta de esos elementos indispensables a cualquier investigación no se rebasa nunca la inmensa sombra que cubre la vida y costumbre de los primitivos habitantes de estos contornos. Sin embargo, existen evidencia y más evidencias pruebas, que hablan de la presencia de grupos de población autóctona en los contornos. Una razón válida es que estos parajes resultaban edénicamente apropiados para la vida de estos, debido a las favorables condiciones del terreno, la existencia de cuevas y abrigos rocosos, un caudaloso río donde abundaba la pesca y la lozanía de milenarios bosques con una rica fauna tropical muy propicio para hábitat de nuestros aborígenes.

Muchas opiniones se han vertido en torno a este asunto y no pocos hablan de la existencia de caseríos aborígenes en esta zona.

Algunos estudiosos sostienen que uno de esos poblados se encontraba en las proximidades de los manantiales de Vento, en aéreas del actual Zoológico Nacional. Otros argumentan su presencia en las tierras llanas entre las actuales poblaciones de Calabazar, Rancho Boyeros, Managua y El Calvario, principalmente en las dos últimas. Según documentos históricos y testimonios que se han sucedido de generación en generación se dice que el nombre originario "Managua" fue dado por los aborígenes nativos que aquí habitaban, la procedencia del nombre nativo Mana-agua o Managuana, primitiva denominación de la zona y poblado de Managua donde se conoce que existió un importante asentamiento indígena. que perduró durante el siglo XVI hasta el XVII. El corral mercedado a favor de Gerónimo de Vaca en el año 1573 tomó el nombre de San Francisco de Managuana, sin duda es una palabra de la lengua aborigen.

La presencia indígena en la comarca resulta también reconocida documentalmente en el Archivo de la Iglesia del Calvario. No es casual que en el año 1735, cuando se habilitaron los libros parroquiales en la Iglesia del Santo Calvario para inscribir los bautizos, los matrimonios y las defunciones de personas indias, negras y mulatas feligreses en esos libros[13] aparecen registros de sacramentos cumplidos en los que se especifica la condición de indio para su identificación. Del mismo modo, existe otra prueba documental en las actas del Cabildo de San Cristóbal de La Habana, que lo demuestra[14]. A mediados del siglo XIX, todavía se nombraba al puente que en el camino viejo a Güines cruza el rio Casiguaguas, como el de los Indios Guachinangos que significa cordiales y astutos.

[13] Parroquia del Santo Calvario. El Calvario. A. Naranjo. Libro de Asiento de Bautismo de Indios.
[14] Actas Capitulares de La Habana. Oficina del Historiador de la Ciudad. Colección de Documentos para la Historia de Cuba. Tomo II, 1946, pág. 108.3.

Otras pruebas que corroboran esta hipótesis son las siguientes: En la década del cuarenta del pasado siglo un grupo de investigadores encontró un hacha petaloide en el punto denominado Paso Seco[15], instrumento que se conserva en el Museo Montané, de la Universidad de la Habana.[16] Hallazgos aislados se reportan en la finca La Pita, cercana a las Tetas de Managua, aquí se encontró un percutor semiesférico, elaborado en un mineral que puede ser sílex, y en piedra se conoce de un hacha petaloide y un mortero en la meseta del Calvario, la primera por los años 50 y el segundo en el año 1990. La presencia material y huellas más importantes del aborigen en la cuenca del Casiguaguas resultó descubierta en el año 1992 ,en un residuario ubicado a 3,5 Km por la Avenida de Rancho Boyeros cercano al Husillo, constituido por restos del hombre primitivo de la "Cultura del Caracol" mesolítica con una notable industria microlítica. En este lugar denominado Casiguaguas, no se hallaron pruebas que indicaran el dominio de plantas o animales, la mayor parte de los restos corresponden a jutías, reptiles, aves, quelonios, crustáceos y peces, sugiriendo que éstos eran recolectores-pescadores-cazadores. También se han encontrado restos arqueológicos de esta cultura, entre ellas las misteriosas bolitas o esferas líticas denominadas esferolitos, conchas y caracoles en la llamada Cueva del Indio, en el Reparto El Globo, en Calabazar.

Las últimas investigaciones desarrolladas en 1994, por Gabinete de Arqueología de la Oficina del Historiador de la Ciudad en la denominada "Cueva del Indio Jibaro", en la margen izquierda

[15] Originalmente Paso Seco formó parte de esta localidad y municipio.

[16] Rivero de la Calle, Manuel. Las culturas aborígenes en Cuba. Ed. Universitaria, La Habana, 1966. P.168.5-.

del Arroyo Jíbaro[17], a unos 50 metros sobre el nivel del mar, en una solapa de 2 metros de altura por 2 de ancho, con una altura máxima de 2,30 metros, se encontraron nuevos residuos indocubanos. En las excavaciones realizadas en este sitio se halló restos de dieta (jutías vivientes y extintas y ratas espinosas desaparecidas: *Capromyidae*, *Capromyspilorides*, *Boromyssp*, etc, restos de aves, reptiles crustáceos ,moluscos terrestres y marinos y vertebrados de especies indeterminado. De igual modo, se encontró dos restos de taller de silex y restos craneales humanos (sic).De igual modo se han encontrado otros artefactos de piedra a cielo abierto, en las márgenes de dicho arroyo[18]. El autor de esta obra conserva en su colección personal algunos objetos de origen prehispánico hallados en el área.

Imagen gráfica que muestra lo que pudo ser una comunidad indocubana de la cultura preagroalfarera (recolectores,-pescadores -cazadores) asentados en estas tierras junto al rio Casiguaguas(Hoy Almendares) y el Arroyo Jibaro.

Una comunidad indocubanas como la que se presenta en este grabado existió en el cacicazgo denominado Managuana, y El Calvario en la cercanía de Calabazar.

[17] Rolando Crespo Díaz y Osvaldo Jiménez Vásquez. Arqueología precolombina del municipio Boyeros. Revista Arqueología No. 6, 2006.
[18] Ibidem.

Las culturas que se establecieron en esta comarca hace 2500 a 3000 años atrás tuvieron en cuenta las características de la vegetación así como la fauna terrestre y acuática presente en el entorno en aquellos tiempos.

En fin, estas y otras huellas demuestra la presencia de indocubanos de la cultura preagroalfarera (recolectores-pescadores- cazadores).en este punto de la geografía municipal. En el estudio que nos ocupa también existen pruebas en nombres aborígenes que avalan su presencia. La toponimia geográfica del territorio y sus alrededores ha conservado voces aborígenes usadas por los colonizadores y sus descendientes hasta nuestros días. La más cercana y que ha llegado hasta nosotros es "Casiguagua"[19], controvertido nombre,- ya desaparecido de nuestro vocabulario-, que ha sido motivo de especulaciones filológicas e históricas. Denominación que según algunos estudiosos identificó en tiempos precolombinos al río Almendares[20] y que ha servido de base a una leyenda transmitida por tradición oral hasta nuestros días; a pesar de las diversas interpretaciones, los especialistas aún no han llegado a un acuerdo definitorio. Otros vocablos con la raíz primitiva "gua" o "Jua" se presentan,– como ya se explicó–, en las palabras Managuana, que designa a la zona y poblado de Managua limítrofe con esta localidad; Guajay, Yubajay o Jubajay (que identifica la actual zona de Wajay) vocablo que ha sido objeto de

[19] El río Almendares era llamado "Casiguaguas", por los indocubanos en alusión a la legendaria figura de la madre indígena que prefirió ahogarse en el río junto a sus hijos antes de ser esclavizada por los conquistadores españoles, es valorada como la primera rebelde cubana. (Fundación Fernando Ortiz. Couceiro, 2007.

[20] El nombre actual de este rio habanero conocido como Almendares se vincula al apellido del Obispo Alonso de Henríquez de Armendaris (1543-1628)Había llegado muy enfermo después del largo viaje a esta Isla. Recupero con las aguas del rio ,tomado baños en una pequeña cascada existente en lo que hoy es Puentes Grandes, a partir de entonces se dio el apellido Armendaris a esta corriente fluvial, denominación que con el tiempo de fue transformando en Almendariz hasta identificarse como hoy, Almendares.

debate y desacuerdos. Según algunos historiadores- ese nombre se remonta a la época de nuestros aborígenes asentados en los húmedos terrenos llenos de grandes árboles, arroyos y lagunas en la región del Cacique Habaguanex, denominación que para algunos especialistas significa "pueblo del agua". No es casual la existencia de dos sitios arqueológicos próximos a su demarcación[21] y en las tierras hoy parte de Marianao, investigado recientemente por el Gabinete de Arqueología de la Oficina del Historiador de la Habana. La escritura del poblado Wajay con la letra W, no se define hasta el año 1762, cuando se produce toma de La Habana por los ingleses, la influencia de la lengua anglosajona marca su nuevo nombre de "Wajay[22].Otros nombres de lugares limítrofes, como por ejemplo: Ariguanabo, Bauta, Turibacoa, Guatao, Babiney, Mayanabo, etc. evidencia la presencia de pobladores autóctonos en la comarca. Todos estos nombres guardan entre sí una relación fonética digna de considerarse.

Uno de los vocablos que erróneamente se asocia con una voz indocubana es Cacahual o Cacagual. Pruebas documentales existentes en Bejucal y Santiago de las Vegas corroboran que en esta zona se cultivó cacao (*theobroma cacao*) en los primeros tiempos coloniales. A este hecho se debe el topónimo Cacahual, palabra mexicana de origen náhuat, que significa cacao. En nuestra opinión este último es el verdadero significado de tal

[21] Sitio Quibú. Se localiza a unos 1,5 kilómetros del antiguo central Manuel Martinez Prieto, entre los ríos Almendares y el Quibú. Además el Sitio Tres Palmas, un sitio a cielo abierto localizado a unos 1,000m mts al oeste del reparto La Catalina, Santiago de las Vegas. Se extiende hacia los poblados de Rincón, Murgas y Wajay.
[22] Jubajay, nombre con el cual aparece citado en un acuerdo del Consejo de Indias, el 22 de septiembre de 1758.Hecho que comprueba su origen anterior a la ocupación de la Habana por los ingleses. La denominación de Jubajay fue evolucionando hasta quedar con la impropia asimilación inglesa de Wajay, con el que ha llegado a nuestros días.(Gandarilla, Historia de Wajay)

patronímico[23].Este vocablos que erróneamente se asocia con una voz indocubana es el mismo, que se dio al arroyo afluente del río Almendares que desemboca próximo al puente del ferrocarril en esta localidad, así como a los denominados baños del Cacagual, lugar donde existió unos baños públicos muy visitados en el siglo XIX. Las pruebas documentales consultadas en los últimos tiempos evidencian que la etimología de esta palabra no tiene relación alguna con las lenguas indo cubanas.[24]

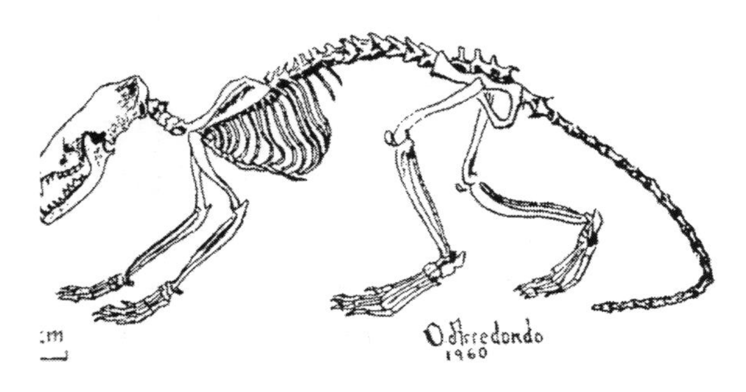

Restos de fauna prehistórica del pleistoceno encontrados en Calabazar y el actual reparto El Globo en la propia barriada.

Como parte de las investigaciones arqueológicas y espeleológicas emprendidas en este territorio es necesario resaltar las realizadas por el eminente paleontólogo y científico cubano

[23] Rolando Crespo Díaz y Osvaldo Jiménez Vásquez. Arqueología precolombina del municipio Boyeros. Revista Arqueología No. 6, 2006.

[24] La referencia histórica más antigua acerca de la presencia del topónimo Cacahual en el territorio data de los comienzos del siglo XVIII. Pruebas documentales existentes en Calabazar, Bejucal y Santiago de las Vegas corroboran que en esta zona se cultivó cacao (theobroma cacao) en los primeros tiempos coloniales. A este hecho se debe el topónimo Cacahual, palabra mexicana de origen náhuatl, que significa cacao. Esta plantación de cacao, tal vez más de una, debió estar asentada a todas luces en las alturas conocidas hoy con ese nombre y en las proximidades del rio en Calabazar pues en la primera mitad del siglo XVIII las tierras que se emplearon en La Habana para cultivar rosas de cacao estaban localizadas en los bosques más densos de Cuba. Y en zonas húmedas. Cuando en el siglo XIX este producto se sustituyó por el café en la memoria histórico de aquel pasado quedó el topónimo Cacahual. (ver Jiménez Vázquez, Osvaldo. Topónimos y presencia indocubana .Revista de Arqueología. No. 6. (breve artículo)2007. Pág., 218.Gabinete de Arqueología. Oficina del Historiador de la Ciudad)

Oscar P. Arredondo[25]. En sus andanzas por el área incursiono en la Cueva del Indio, en El Globo, sitio donde descubrió en 1960, restos de especies fósiles prehistóricos del *Neposohontes micrus*, que existió en el pleistocénico en este lugar. De igual modo, incursionó en la "Cueva del Indio Jibaro", junto al arroyo homónimo, donde también encontró restos fósiles muy valiosos para el estudio de la fauna cubana del pleistoceno.

En conclusión, lo expuesto hasta aquí demuestra la importancia de los estudios de la paleontología y arqueología en el territorio. Ellos muestran que el territorio donde hoy se encuentra enclavada esta localidad no solo fue en época prehistórica rica en una fauna endémica que vivió en el pleistoceno, sino también en época más cercana lugar donde los aborígenes cubanos plantaron sus pies, dispararon sus flechas, procrearon familia, enterraron sus muertos y obtuvieron su sustento amparados por los encantos y bondades con que la pródiga naturaleza doto esté rincón, todo muy propio de la primera etapa de la evolución social.

En los estudios arqueológicos y antropológicos no hay nada definitivo únicamente provisionalmente concluyente por eso es necesario realizar una investigación más a fondo para que esta idea pueda ser sustentada con nuevos materiales fósiles que aparezcan en el futuro, de modo que este no es un capítulo que pueda cerrarse definitivamente.[26]

[25] Oscar P. Arredondo de la Mata. Eminente paleontólogo cubano, estudioso de los vertebrados fósiles cubanos del pliocuaternario, y miembro de la Sociedad Espeleológica de Cuba desde 1945 Al morir, con la autoría de O. Arredondo, existían trabajos por ser publicados, incluyendo su mayor obra escrita "Los Vertebrados Fósiles del Cuaternario de Cuba," un libro con más de 800 cuartillas 1,300 grabados. Realizó investigaciones en Calabazar y El Globo. Murió el 20 de julio de 2001 en el Reparto Capri donde vivió 40 años.

[26] Eduardo Milian Bernal Alonso. Síntesis Histórica de Calabazar de la Habana. Editorial Imágenes, 2005.

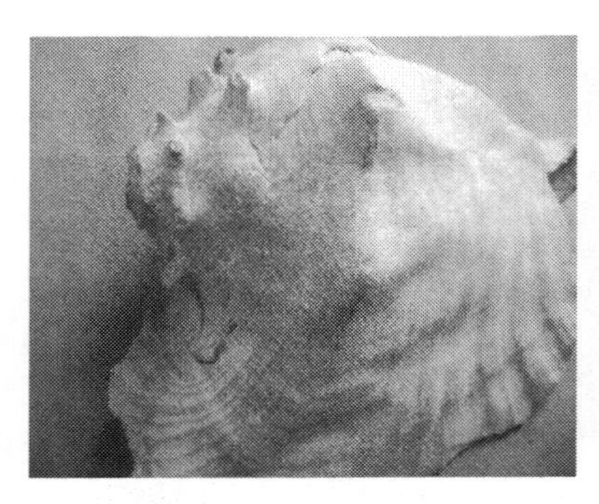

Fotuto elaborado en concha de Strombus gigas y restos de taller de silex y restos craneales humanos encontrados en la cuevas del Indio en las márgenes de Arroyo Jíbaro en el sitio de este propio nombre, en Calabazar.

Algunas piezas arqueólogas encontradas por los especialistas en algunos residuarios de la localidad y el municipio.

Cuchara parecidas a las gubias, encontradas en la cueva El Indio en el reparto El Globo. En ese lugar se han recogido también misteriosas bolitas o esferas líticas denominadas esferolitos, conchas y caracoles.

"Cueva del Indio Jibaro", en la margen izquierda del Arroyo Jíbaro5, a unos 50 metros sobre el nivel del mar, en una solapa de 2 metros de altura por 2 de ancho, con una altura máxima de 2,30 mts, se encontraron nuevos residuos indocubanos. En la foto niños visitando este sitio arqueológico hoy desprotegido.

Capítulo III
La dominación colonial (1510-1898)
Conquista y ocupación de Cuba y poblamiento europeo de la cuenca del Almendares
Evolución económico-social

Tumbaron todos los bosques,
chapotearon en sus feos trajines,
locos de gusto,
esparcieron horror a manos llenas,
agarraron su oro.
El espectro de Pánfilo de Narváez
iba en la lluvia riendo gordo.
Calabazar lo vio y también
Artemisa y el remoto Guáimaro.

Eliseo Diego

Para estudiar el proceso de conquista y colonización de las actuales provincias habaneras es necesario recordar en el presente capítulo cuestiones que se enmarcan en el contexto general de la historia de Cuba. En una fecha que se sitúa hacia el verano de 1510 arribaron los peninsulares a la Isla procedentes de la española, comenzó de este modo lo que se ha denominado la conquista y ocupación como remate del descubrimiento.

Primeros tiempos

En virtud de la ocupación forzosa y ulterior colonización dejó de ser la tierra libremente ocupada y disfrutada por los nativos, para convertirse en propiedad de la corona. Después del agotamiento del régimen de encomiendas los conquistadores comenzaron a distribuirse los predios arrebatados a los aborígenes recibiéndolas a través del sistema de mercedes otorgadas por los cabildos acorde a la jerarquía y el poder de los participantes en la empresa colonizadora imponiendo determinadas obligaciones a los beneficiarios. Sin embargo, la presencia de los peninsulares en esta comarca,-como ya se anticipó, se sintió desde mucho antes.

Instalado el primitivo asiento de San Cristóbal en la costa meridional y convertida en punto de penetración al interior, uno de los primeros caminos hacia la costa norte era el identificado como camino del "Matamanó" o "Batabanó", que conducía hasta el puerto de Carenas. Este camino primado, con mínimas variaciones en su trayecto es la actual Calzada de Bejucal, que por mucho tiempo representó una de las arterias principales de las comunicaciones en la Isla. Cuando la villa habanera quedó definitivamente establecida en la parte septentrional, "las comunicaciones desde Cuba, Bayamo, Sancti-Spíritus y Trinidad con la Habana y viceversa, fue más fácil por el Surgidero de Batabanó"[27].

Es de suponer que el intenso y frecuente trasiego por dicho camino que más que un camino era un verdadero trillo prácticamente intransitable, permitió conocer prontamente la ubicación de las mejores tierras para cultivos y crianza de ganado así como los lugares más apropiados para erigir pequeños ranchos y conucos destinados a dar servicios a los eventuales pasajeros que transitaban por aquellos apartados parajes, del mismo modo, el establecimiento temporal de leñadores dedicados al corte de maderas

[27] Ramiro Guerra, "Mudos Testigos". La Habana: Editorial Ciencias Sociales [1974]. Pág. 33

preciosas[28]. De esto se infiere que algunos europeos quedaron aquí radicados desde un principio. A pesar de la inexistencia de pruebas documentales que lo demuestre, hay certeza de que ya desde 1520-1550, por la Chorrera, Puentes Grandes, Alturas del Príncipe, Atares, Jesús del Monte y Arroyo Ginés, existían predios y pequeños sitios y estancias explotados por castellanos que representan la avanzada de la colonización. Sin ánimo controversial alguno ¿Por qué no pensar también que otros realizaran sus primeras incursiones siguiendo el curso del rio Almendares para explorar tierra adentro? Esta es una página difícil de desentrañar.

El otorgamiento oficial de las tierras en calidad de mercedes se inició en la Isla hacia 1536, fecha en la que los cabildos de Sancti Spíritus y la Habana realizan los primeros repartimientos. Las mercedes eran principalmente de dos tipos: los hatos o haciendas para la cría de ganado mayor y los corrales para la crianza de ganado menor.

Como parte de este proceso de división territorial, el 8 de noviembre de 1577, el Cabildo de San Cristóbal de la Habana registró la solicitud de merced del corral denominado "Calabazal", a petición del Regidor y Tesorero Real, Juan Bautista de Rojas, miembro de una de las familias de mayor rango y poder económico de la Isla. En el acta del cabildo celebrado ese día aparece la referida solicitud en los términos siguientes:

[28] La primitiva villa de San Cristóbal de La Habana resultaba una gran consumidora de madera preciosas y, por otra parte, también la necesitaban como combustible las naves de sus majestades que permanecían ancladas en el puerto de La Habana para abastecerse y hacer luego la travesía a *España*, así como la madera que se requería en las construcciones y labores en los trapiches, ingenios y estancias. Esta explotación maderera se extendió hasta los siglos XVII y XVIII, cuando se dictan las primeras y tardías medidas prohibitivas.

> *" ... viose e leyose una de dichas peticiones en que dice e pide el dicho Juan Bautista de Rojas, tesorero que en término desta villa, quatro leguas della está un pedaco de tierra vaco en que se puede poner un corral de ganado menor, que llaman Calabazal, legua y media de corral de Pineda. Suplico a su señoría sean servido de hazer merced de dicho sitio para en que ponga e pueble dicho corral; e que en ello recibirá merced de más de beneficios que se haze a esta isla...* [29]

El otorgamiento se hizo "sin perjuicio de tercero", para la cría de ganado menor, con la obligación de poblarlo en un término de ocho meses. Si se lee con detenimiento la referida petición se puede arribar a conclusiones esclarecedoras: primero; que hasta esa fecha no existía propiedad legal reconocida sobre estas tierras, salvo los ranchos y conucos erigidos junto al camino real y que ahora formarían parte de uno u otro corral; segundo; que desde lejanos tiempos se identifica este punto con el nombre Calabazar; tercero, la presencia de una naciente economía dependiente de la cría de ganado menor, principalmente porcino que no exigía un gran cuidado por la prodigalidad de los palmares y abundantes fuentes de agua potable; cuarto, el asentamiento con carácter estable de los primeros pobladores por cuanto un asentamiento con carácter estable de los primeros pobladores por cuanto una economía de estas características conlleva a la presencia de monteros y peones como fuerza de trabajo estable para acorralar al ganado que debe enviarse a la ciudad.

[29] Actas Capitulares de San Cristóbal de La Habana. Oficina del Historiador de la ciudad. Tomo III (1575-1578). Pág. 167. Esta cita es copia fiel del original. Se ha respetado la ortografía de la época.

Al igual que el resto de las haciendas de la Isla, en su centro se levantó la casa del viajero, provista de agua y leña para el uso de los que pasasen por el camino real; el bohío del mayoral, las casuchas de monteros y peones y un área destinada a cultivos de subsistencia para la alimentación del reducido núcleo humano. Como era usual, su propietario absentista, miembro de la élite engendrada por la colonización, residía en la capital y ocupaba un importante cargo en el cabildo de la villa.

Un exhaustivo estudio de planos y mapas de la época demuestra que el centro de este corral estuvo ubicado en la margen derecha del río, -justamente al borde del camino al Matamanó- , en el mismo lugar donde hoy se encuentra el reparto Las Cañas Bravas. Por el oeste linda con el corral de Sacalohondo; por el sur, se extendía hasta Rancho Boyeros; con el corral de La Chorrera, por el este; y por norte con el sitio nombrado Corralillo y el corral de San Juan. Dentro de sus derroteros quedaron incluidas las tierras en las que más de dos siglos después se crearon los caseríos de Calabazar, Rancho Boyeros y Arroyo Naranjo.[30]

Estos primitivos repartimientos de tierras se hacían sin orden ni concierto, con una brújula y un bramante[31]. La primera para indicar el rumbo, el segundo para medir. Si a esto se une que las mercedes no estaban cercadas ni deslindadas y en ocasiones se superponen unas sobre otras, se podrá comprender el porqué de los pleitos y frecuentes litigios, resultado de la confusión existente y de la voracidad de los propietarios más poderosos que en ocasiones alegaban su derecho sobre terrenos colindantes y realengos. Esta es la causa por la cual el corral "Calabazar", en ocasiones aparece con otra denominación o simplemente le

[30] Archivo de Indias. Plano del territorio de La Habana. (Hatos y Corrales). Madrid 1590-1775.El Plano aparece en la memoria gráfica de esta obra.

[31] El bramante era un hilo grueso o cordel muy delgado de cáñamo que se utilizaba para medir.

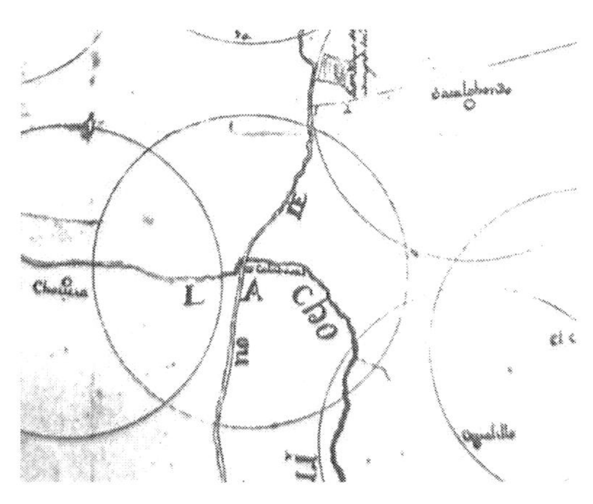

Plano No. 4. Hatos y corrales que existieron en la región Centro-Sur de la Habana. En un círculo mayor el Corral Calabazar en el camino Real del Sur y rio la Chorrera. Se aprecia como unos corrales se superponen a otros creando confusión al definir sus dimensiones. Los espacios entre ellos constituyen los realengos.

superponen otros limítrofes reduciendo su demarcación[32]. Esto se debe a los litigios territoriales-, que dicho de paso no eran poco-, con los corrales vecinos. Esta es la causa por la cual este corral en ocasiones aparece con otra denominación o simplemente le superponen otros limítrofes reduciendo su demarcación [33](Ver planos No. 4, 5 y 6) de la época). Por esa razón la historia de estas propiedades es muy accidentada. La precipitación de los repartimientos que en ocasiones se hacía difícil localizarlos, la inexactitud de sus medidas o la ausencia de reconocimiento oficial originó numerosos y complicados pleitos entre los colonizadores .En ocasiones algunos de estos hatos y corrales cambiaron de beneficiarios por derecho de herencia o simplemente por incumplir en el plazo señalado con los requerimientos establecidos por el cabildo.

Esta es la causa de que en fecha imprecisa, el corral "Calabazar", pasó a manos de Tomas de Torres, hasta su desaparición y fraccionamiento definitivo. Coincido con Ada Belén de la Cerda, Máster en Estudios Históricos Regionales y Locales, cuando expresa que "...no se ha podido esclarecer si Juan Bautista de Rojas

[32] Plano No. 4. Plano de 1775. Archivo de Indias. En un círculo mayor el lugar estratégico que ocupa el corral Calabazar. Los espacios entre ellos constituyen los realengos.
[33]Bernal O. cit...

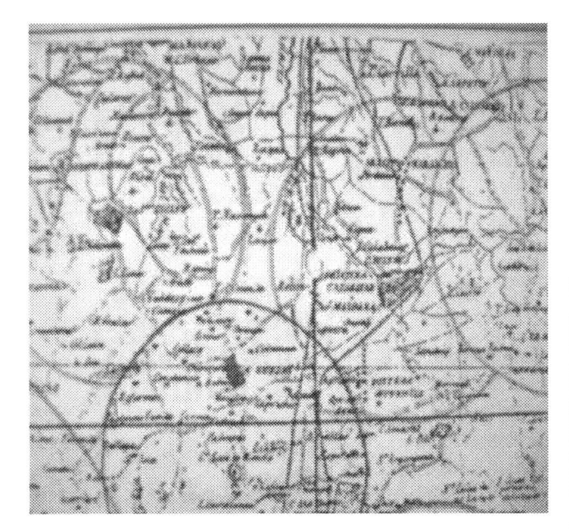

Plano No. 5. En este plano se define la posición que ocupan los corrales Calabazar, Sacalohondo, Jiaraco y Bejucal. Entre uno y otro plano se notan marcadas diferencias resultado de la inexactitud de sus medidas o la ausencia de reconocimiento oficial originó numerosos y complicados pleitos.

vendió el corral o simplemente pasó a manos de otros dueños por la nueva mercedación que se produce tiempo después, pues no se encontró ningún documento que hiciera referencia a este corral hasta 1636[34].Las Ordenanzas dictadas en 1574 por el magistrado de la Audiencia de Santo Domingo, D. Alonso de Cáceres, marco el inicio del desarrollo de la agricultura y estimuló el fomento de estancias y sitios de labor en la demarcación de hatos y corrales con el propósito de desarrollar el cultivo de frutos menores con el destino al abastecimiento de villas y ciudades así como a la flota. En estos se encuentran las bases del fraccionamiento futuro de las primitivas haciendas.

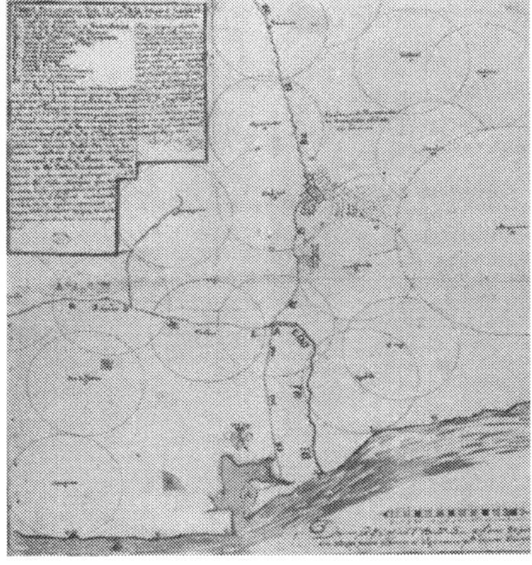

Plano No. 6 del territorio habanero con los principales hatos y corrales existentes . Archivo de Indias 1775. Se encuentra trazado a la inversa, es decir de sur a norte, "supuestamente" porque en el sur se encontraba Batabanó, puerto comercial principal de la Isla y el camino más importante de la época.

[34] Ada Belén de la Cerda Ortega. Calabazar una localidad olvidada por la historia. Tesis en opción al Título Académico de Máster en Estudios Históricos Regionales y Locales. Pág. 33.

La gran propiedad agraria a pesar de ser en sus orígenes una concesión individual "no podía poner obstáculos al desarrollo de la pequeña propiedad agrícola, ni crear dificultades a la formación de una clase de pequeños cultivadores independientes"[35]. de lo expuesto hasta aquí se deduce que, el corte de maderas preciosas ,la cría de ganado, la agricultura de subsistencia y el cultivo de frutos menores para la comercialización eran en los tiempos iniciales las actividades económicas practicadas por los primeros colonos establecidos en la comarca.

Nacimiento y desarrollo de las vegas de tabaco

En los inicios de esta etapa el tabaco[36] como artículo de consumo humano y medio comercial recibe sus primeras prohibiciones de cultivo. A pesar de tanto esfuerzo por neutralizar su difusión y comercio en Europa, rápidamente se va convirtiendo en un vicio de las sociedades europeas como un nuevo símbolo de elitismo. Pero no solo en el viejo continente el tabaco tuvo sus detractores, los choques entre vegueros y hacendados ganaderos, fue otra de las trabas internas iniciales con que el tabaco tuvo que luchar por imponerse en Cuba.

El panorama comenzó a cambiar a finales del siglo XVI hasta principio de XVIII, cuando el uso del tabaco fue tomando fuerza y se convirtió en un artículo comercial de primer orden en las exportaciones que se hacen desde la Isla. Esta es la causa de que las tierras bermejas fueron codiciadas para el desarrollo de nuevos

[35] Ramiro Guerra, Azúcar y Población en las Antillas . La Habana. Edic C. Sociales 1970 pág. 36-37. En esta cita se ha respetado la ortografía original del documento.

[36] El primer contacto de Colón y sus marinos con el tabaco, se lleva a cabo en la zona de Gibara, y a orillas de río Caunao, entre el 2 y el 5 de noviembre de 1492 . Según documentos existentes fueron los marinos Rodrigo de Jesús y Luis de la Torre, los primeros europeos que se ponen en contacto con el tabaco que lo toman de los aborígenes cubano.

cultivos. En este contexto, bajo el impulso de la comercialización, las tierras dedicadas al cultivo del tabaco son las primeras en alejarse de la zona de extramuros atacada por la agricultura de subsistencia y la naciente industria azucarera. Un rol determinante en el traslado de los tabacales a sitios alejados del centro urbano fue: primero las Cédulas Reales que prohibía su cultivo; segundo, el crecimiento de las vegas alrededor de La Habana trajo como consecuencia un cierto abandono de la cría de ganado y la atención a otros cultivos fundamentales, lo cual provoca que el cabildo decrete su prohibición de la siembra de tabaco en un radio de 4 a 5 leguas de la ciudad[37]. Tal medida favoreció a Calabazar, sitio colocado aproximadamente a cuatro leguas en la circunferencia de dicho radio por el sur delimitado por el río La Chorrera. A esto se agrega que tierra y clima de la zona era ideal para el cultivo de la aromática hoja. Su privilegiada ubicación geográfica, la feracidad de la tierra unido a su favorable clima fueron factores que favorece el establecimiento de los primeros cultivadores.[38] La medida dictada por el gobierno colonial tuvo sus efectos económicos inmediatos en el territorio con el arribo de los primero cultivadores canarios y el establecimiento de los primitivos vegueríos en la demarcación del corral.

[37] Julio Le Riverend, "La Habana; Biografía de una Provincia." La Habana, Edit. Imprenta Siglo XX. [1960]. Pág. 193.
[38] Lo más significativo e importante es su ubicación geográfica por la presencia del caudaloso río La Chorrera, que lo atraviesa y de uno de los caminos de mayor importancia de la época: el "Camino del Matamanó"o "Real del Sur", clasificado de Primer Orden por su importancia para la villa habanera. Dos recursos necesarios a cualquier comunidad humana para su desarrollo agrícola y comercial. Recordemos que históricamente los principales núcleos humanos en el mundo se inician junto a grandes ríos y buenas comunicaciones. Son suficientes algunos ejemplos demostrativos: La primada Baracoa, junto al río Miel; la primitiva Habana, en la desembocadura del Almendares; Güines creado a orillas del Mayabeque; Matanzas a orilla de dos; el San Juan y el Yumurí; San Antonio de los Baños a orillas del Ariguanabo, Jesús del Monte, junto al Camino Real del Sur, El Calvario y Managua junto a la calzada a Güines, etc.

Su migración se dirigió primero hacia Jesús del Monte, después de su establecimiento temporal en este punto se encamina hacia las tierras más fértiles y las riberas de los ríos más cercanos. “Hacia 1650, -ha escrito el prestigioso historiador Julio Le Riverand-, la expansión del cultivo del tabaco se concentró sobre los hatos y corrales de Managua, Sacalohondo, Calabazar y más tarde Santiago de la Vegas y Bejucal”. [39] Lo cierto es que no es errado suponer que en ese contexto ya existía una ínfima población dispersa por los alrededores de este punto y en las propias tierras realengas.[40]

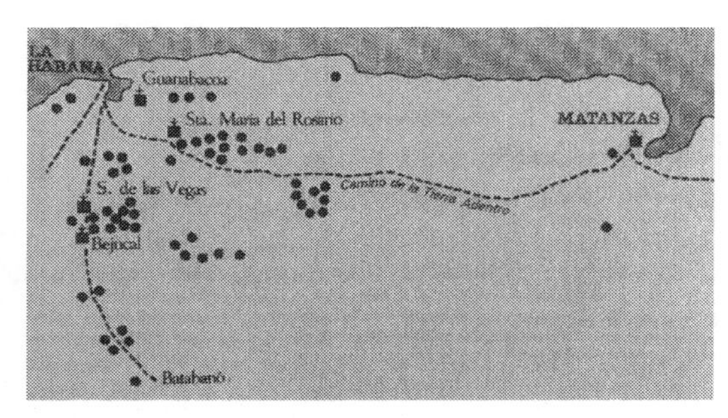

Plano No. 7 que muestra la posible trayectoria de los primeros caminos que partiendo desde la capital se enlazaba con el este, el oeste y el sur del territorio habanero.

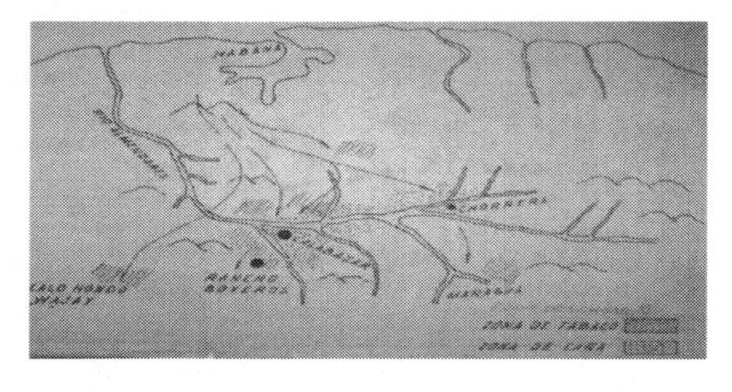

Plano 8. Una imagen gráfica de la migración del tabaco por el territorio de la Habana en el siglo XVII.

Sin duda esta migración contribuyo a la formación de uno los primeros “frente pioneros “en la profundidad del territorio que encontrando condiciones geográficas favorables ,—aguada y camino—, pudo haber conducido a la creación de una población primada en este punto, pero por diversos factores que se estudiaran más adelante no hubo tiempo para tal resultado.[41]

[39] Le Riverend. O. cit.
[40] Juan Pérez de la Riva. La división territorial y la conquista del espacio cubano. Período colonial y neocolonial(1511-1953). Manuscrito. B.N.
[41] Es probable que para esos años existiera un exiguo grupo de vecinos dispersos en el realengo conocido después por “Las Vegas”, que procedían de la costas sur, -sitio

Es así como los preciados terrenos de la cuenca del Almendares se abren a ese cultivo y otros frutos menores lo que se presentó un poderoso atractivo para el asentamiento de numerosos labradores. De esta manera el cultivo de la aromática hoja irrumpe en el panorama económico de Calabazar y su periferia con un auge creciente que se extiende a lo largo de los siglos XVII y XVIII. Esto coincide, -como se analizará más adelante-, con el establecimiento de los primitivos ingenios azucareros en la cuenca del Almendares. Los hacendados ganaderos se oponen a la entrega de tierras para el cultivo de la aromática hoja, y es posible que esa oposición frontal en más de una ocasión haya ido mucho más lejos, aunque por lo general fueran los vegueros los que ganaran el voto de las autoridades en estos conflictos.[42]

Por ser el tabaco una planta que necesita sol, se inició la tala de los milenarios bosques cuyos troncos eran trasladados hasta el Cerro o la desembocadura de La Chorrera aprovechando el caudal del río, en esos lugares eran recogidos y llevados a los aserraderos Las magníficas maderas, -cedros, robles, jiquíes, jocumas, quiebrahacha, etc., de gran belleza y durabilidad, despertaron tal admiración que llegaron a exportase para la edificación del

donde se encontraba el puerto principal de la Isla-, y que siguiendo el Camino Real rumbo norte, se establecen en él para dedicarse al corte de maderas y a la montería. Se ha comprobado con documentos de fecha 1559, que las tierras cercanas, hoy correspondiente a Bejucal, era una "montería del pueblo". Ver Leví Marrero, Ob. Cit. Tomo III. Pág. 51.

[42] El auge y difusión del tabaco en Cuba, da lugar a que constantemente se pidan tierras en usufructo para la siembra de la aromática hoja, todo lo cual trae consigo conflictos entre los Vegueros y los hacendados ganaderos, los cuales hasta el momento, sólo pensaban en acrecentar el número de sus tierras con el fin de poder seguir aumentando las cabezas de ganado, todo en relación con el fructífero negocio de alimentar las flotas que pasaban por Cuba y que hacían estancia en los seguros puertos de la isla, en espera de alguna reparación, así como de que se prepararan las cargas a llevar al puerto de Cádiz. Muchos fueron los factores que determinaron que estas disputas y conflictos entre ganaderos y vegueros, resultara la más de veces a favor de estos últimos, con un tácito reconocimiento de las autoridades.

palacio del Escorial y para la construcción de los buques de la famosa Armada Invencible. A consecuencia del corte indiscriminado de estos bosques, para utilizar las tierras para vegas de tabaco y siembra de caña de azúcar, a principio del siglo XIX no quedaba ya sino una estrecha faja arbórea a orillas del río, muestra de lo que había sido la espesa selva tropical que cubrió estos parajes.

Grabado que representa lo que pudo ser una original vega de tabaco en la cuenca del rio Almendares durante los siglos XVII y XVIII.

Lo cierto es que a principios del Siglo XVII, la zona sur de la Habana, era un espacio cubierto por bosques muy espesos, pero la Villa de San Cristóbal resultaba una gran consumidora de madera, por otra parte, también la necesitaban como combustible las naves de su majestad , así como la madera que se requería en las labores en los ingenios y estancias lo que provoco el consecuente desmonte de estos terrenos. La referida situación explica que el 8 de marzo de 1610, el cabildo de La Habana aprobara la siguiente moción del regidor Don Diego de Soto para limitar los desmonte indiscriminados .

Que por cuanto en los términos de esta ciudad se han concedido algunos sitios de estancia de labor e ingenios de azúcar y cañaverales a cuya causa se va gastando mucha leña, por cuya razón los vecinos e moradores de esta ciudad e por causa de las armadas de SSMM e flotas de navío que por este puerto entran, conviene que tenga término e parte señalada para proveerse e cortar leña de manera que no le falte, ni ninguna persona en manera alguna se le estorbe, sino que sea general para todos el común e provehimiento de esta ciudad e vecinos de ella. En las dichas armas e flotas de SS.MM o navíos tengan señalado lugar donde cortar e puedan proveerse de la leña, por ser cosa necesaria e le parecía que se le podía señalar el Monte que está de la otra banda del río de la Chorrera...(sic).[43]

Esta actividad se mantuvo de manera continuada durante siglo y medio hasta que en 1765, el gobernador Conde de Ricla dictó una orden prohibiendo los cortes, ya para esa fecha en el actual territorio la aparición de otras actividades económicas hacen presumible que la tala de madera también le afectara. Sin duda alguna, esos desmontes y la marcada erosión que trajo aparejada es la causa de que en la actualidad las tierras próximas a los márgenes del Almendares se caracterizan por la presencia de rocas calizas y dientes de perro que aparecen a flor de tierra.

El corte de madera y las sementeras de tabaco eran el ámbito productivo de pequeños agricultores criollos e inmigrantes de Islas Canarias, -gente humilde, ruda y laboriosa que generalmente trabajaba personalmente o con su familia, abriendo el surco de su vega, quizás en el inicio, sólo con la carga de un sol fuerte pero cálido, después junto a la familia que forma en aquel nuevo terruño y donde le nace una prole que toma la herencia paterna, pero que a su vez, es inyectada con algo nuevo, el criollismo. Además, enfrentando la voracidad de los grandes hacendados que los extorsionaban con las altas rentas que cobraban por el uso de las

[43] Actas Capitulares de San Cristóbal de La Habana. Oficina del Historiador de la ciudad. 8 de marzo de 1610.

parcelas o que sufrían las consecuencias de las arbitrarias medidas dispuestas por la metrópoli colonial. La más lesiva fue la conocida como el Estaco del Tabaco, que instauró la explotación monopolista de su producción y consecuentemente el acrecentamiento de las contradicciones entre los cosecheros los grandes comerciantes y funcionarios españoles lo cual condujo finalmente a la sublevación de los vegueros, acontecimiento estrechamente vinculado a la historia local y regional.

El primer hecho histórico

Dentro de la sociedad colonial los vegueros eran productores libres[44] o sometidos a alguna forma de servidumbre. A inicios del siglo XVIII, mientras la industria azucarera cubana atraviesa la etapa inicial de su historia, el tabaco recibe el influjo de ciertos progresos coyunturales. En la misma medida en que se acrecentó el interés por la comercialización interior del tabaco y se emprendió años más tarde su exportación a gran escala, la metrópoli vio en este producto una nueva fuente de ingresos y enriquecimiento por lo que decretó su estanco, que no era otra cosa que el acaparamiento por parte de la corona de toda la producción de la Isla, lo que significó de hecho la explotación monopolista de su producción, medida aplicada por el centralismo borbónico que afectaba seriamente no solo a los grandes comerciantes habaneros sino también a los cosecheros de la aromática hoja.[45] Estos

[44] El cultivo del tabaco, así como la preparación de la hoja para su consumo, tal y como había aprendido el conquistador del aborigen, "requería mucha maña, mucho cuidado y mucha experiencia" , lo cual no se lograba con el trabajo esclavo traídos de África. Esto animaba la emigración blanca de campesinos de Islas Canarias, los cuales poseían una experiencia determinada en la atención a los cultivos y presentaban aptitudes para llevar a cabo el desarrollo del nuevo cultivo. Esos hombres eran pioneros y antecedente más cercano de nuestros tradicionales guajiros.

[45] En este decreto del estanco, existen disposiciones específicas que son dignas de tener en cuenta para cualquier análisis; en primer lugar la determinación de zonas

últimos fueron utilizados por los grandes comerciantes como tropa de choque en el enfrentamiento al monopolio establecido por la corona española. Lo cierto es que la situación creada trajo aparejado un creciente malestar en los productores y en especial los de la Habana, por estar en ella en número mayor de vegas, hecho que convierte el territorio en el principal escenario del más antiguo movimiento de rebeldía ocurrido en la isla y el único genuino y exclusivo de carácter económico(sic).

El malestar se va convirtiendo en protesta verbal y de esta se pasó a la activa. En los campos los campesinos vegueros eran alentados con el propósito de rebelarse contra la injusta medida que afectaba principalmente a los más humildes, situación que condujo finalmente a la rebelión. Con una solidaridad muy desarrollada para la época los vegueros se rebelaron en tres ocasiones: 1717; 1720; y 1723, son inobjetablemente que ellas forman parte de "los acontecimientos más emocionantes de la historia de la isla en esos tiempos, pero es la última la que más se vincula con esta localidad. Sin duda, "el veguero reinició el grito resonante de libertad que no se escuchaba en nuestra tierra desde el inhumano chisporroteo de la pira de Hatuey".[46]

Si bien es cierto que durante las dos primeras el poblado de Jesús del Monte fue el punto de reunión de los campesinos que protestaban contra el monopolio, durante la tercera, las convulsas e irritadas masas de labradores procedentes de San Miguel

de cultivo, dándose a lugar que el tabaco producido en La Habana, era el de más alta calidad, por lo que el tabaco habano se mandaría a España y el resto se distribuyera en plazas dadas y señaladas en el decreto, señalándose que para asegurar el cumplimiento de este aspecto se promulgaba una diferencia de precios. A esto se sumó el volumen de exportación que unido a los precios, iba en contra de los intereses de los intermediarios, especuladores y comerciantes que mediaban entre el veguero y el área de comercio y principalmente los campesinos cultivadores de la preciada hoja. Esos hombres humildes eran utilizados ingenuamente como tropa de choque para defender esos intereses.

[46] Juan Francisco Zaldívar: Manos Fundadoras.

del Padrón, Guanabacoa, Jesús del Monte, el Calvario, Arroyo Naranjo, etc. se reunieron con sus colegas de Calabazar en un conocido recodo del río, bajo la sombra de una frondosa ceiba ya desaparecida, próximo al lugar donde años más tarde se levantó el primitivo puente de madera. En este histórico sitio, el 20 de febrero de 1723, los enardecidos campesinos acordaron destruir las cosechas de los propietarios que habían quebrantado los acuerdos de no vender el tabaco en efectivo, al precio de la tarifa oficial, no realizar nuevas siembras y además, arrancar el tabaco sembrado sin dejar una sola mata en pie. La historiografía tradicional al analizar este hecho, limitada por las escasas y en ocasiones confusas fuentes documentales existentes, ha considerado que durante las dos últimas sublevaciones, los cosecheros de Santiago de las Vegas y Bejucal incumplieron los acuerdos tomados por los amotinados traicionando el movimiento. Contrariamente a esta óptica de análisis, las últimas investigaciones realizadas y la consulta de los documentos elevados a la corona por los propios vegueros arrojaron numerosas situaciones contradictorias en relación con estos hechos y abre nuevas interrogantes que deben ser despejadas:

¿Se encontraban los humildes vegueros de ambas zonas en condiciones de aceptar las expoliadoras medidas impuestas por el monopolio español o por su idéntica situación económica sus intereses coincidían con los de sus colegas de otras regiones de la Habana identificándolos plenamente con el movimiento?

Si las vegas más florecientes existentes en las ricas tierras de Govea y Rincón y en los égidos de Santiago estaban bajo el dominio absoluto del Marqués de San Felipe y Santiago del Bejucal:

¿Acaso no cabe la posibilidad real de que este poderoso propietario, súbdito incondicional de la corona, haciendo valer su autoridad en sus dominios rechazara la aplicación de las medidas acordadas por los vegueros sublevados?

Si se acepta que los cosecheros de Santiago de las Vegas traicionaron el movimiento:

¿Cómo explicar que dos de los once vegueros fusilados y luego colgados en los árboles del camino de Jesús del Monte; Pedro González y Elías Martín, eran vecinos de Santiago?

En correspondencia con estas y otras incógnitas, por el momento se parte de la hipótesis de que "en esta jurisdicción ningún cosechero pobre traicionó al movimiento.[47]

Algunos historiadores aseveran que un estanciero nombrado Nicolás Rodríguez, que había presenciado el avance de los insurgentes desde el puente de Calabazar en dirección a Santiago de las Vegas, los delató, exponiendo que estos se proponían invadir dicha ciudad. Ante tal delación las autoridades coloniales se aprestaron a cortarles el paso a los rebeldes. En el sitio donde se produjo el enfrentamiento un veguero cayó muerto, varios resultaron heridos y once hechos prisioneros; el resto se dispersó internándose en los tupidos montes existentes en el lugar. Tiempo después aparecieron ocho osamentas en estos parajes que de pertenecer a los sublevados elevaría a nueve el número de caídos en el enfrentamiento.

Tres días después caían bajo las descargas del pelotón de fusilamiento los prisioneros. Así pagaron con el tributo de sus vidas aquellos campesinos,-protagonistas de la primera rebelión campesina en America-, su rasgo de civismo y su anhelo de libertad económica representativo del espíritu de lucha y rebeldía de nuestros hombres de campo.

Lo cierto es que dentro de todo este proceso que se identifica como la tercera sublevación de los vegueros, hay dos hechos

[47] Estrada Azucena y Nuri Campos. "Los vegueros en la historia habanera".

históricos relacionados con esta localidad que tienen un carácter irrefutable:

Que este sitio fue el punto de reunión de los vegueros durante dicha sublevación. Prueba de esta concentración en el lugar que hoy ocupa esta población lo es la propia sentencia de muerte que contra los rebeldes hechos prisioneros, dictó el 21 de Febrero de 1723 Gregorio Guazo Calderón, Gobernador y Capitán General de la Isla y que en una de sus partes dice textualmente: *... a cuio fin se juntaron en el río Calabazal, una legua distante de dicho partido de Santiago.* [48]

Grabado que muestra la represión colonial contra los humildes vegueros capturados y ahorcados cuyos cuerpos fueron exhibidos en el camino de Jesús del Monte con el propósito de atemorizar a los vegueros rebeldes. Dos de aquellos vegueros procedían de nuestra jurisdicción.

Que la emboscada de las fuerzas españolas contra los sublevados se realizó en un punto no identificado entre Calabazar y el lugar donde en la actualidad se encuentra Rancho Boyeros, aunque por la descripción que aparece en documentos consultados en el Archivo de Indias, se supone que dicho enfrentamiento se produjo en las alturas del Jíbaro, después del cruce del arroyo de su mismo nombre.

Concluida la rebelión, primera en la historia nacional, y suspendido el estanco del tabaco se reinició el florecimiento de las vegas a ellas se sumó la creación de molinos de rapé, levantados por poderosos hacendados y otros que se dedicaron a producir polvo de tabaco, muy solicitado en estos tiempos por la

[48] En esta cita se ha respetado la ortografía original del documento.

aristocracia europea. Hacia 1721-1725 se concedió licencia para no menos de 16 ó 17 molinos de rapé, todos erigidos en las márgenes del río, en el tramo comprendido el Cerro y la Chorrera de Managua. Dos de estos se levantaron en Calabazar por Juan Núñez de Castilla, Marqués de San Felipe y Santiago del Bejucal.[49] Corta fue la existencia de dichos molinos porque desaparecieron durante la enorme crecida del río en el huracán de 1791 y no se volvieron a levantar por haber pasado ya la edad de oro del comercio de rapé.

[49] Revista Habano, "Los molinos de tabaco hasta 1720." La Habana, febrero de 1940. pp. 10.

La industria azucarera en la cuenca del Almendares: auge y desaparición

De modo simultáneo, con el fomento de las vegas aparece, en la comarca,-como ya de enunció-, el cultivo de la caña de azúcar que al igual que el tabaco comenzó a extenderse por determinadas áreas de la campiña habanera en busca de tierras bermejas .Los primeros trapiches que emigraron de las cercanías de la Habana se orientaron en su desplazamiento hacia la fértil cuenca del río Almendares. Prestigiosos historiadores coinciden en que las tierras que bordean el río, en el tramo comprendido entre esta localidad y la Chorrera de Managua, corresponde a una de las más antiguas zonas azucareras de Cuba y citan entre los ingenios más importantes a: Paso Seco, Santa Catalina, Artillería Grande, Artillería Chica, San Agustín, Aguacate Ojo de Agua, San Pedro y Carbonero, El Rosario, Salazar, Retiro, Santo-Domingo, Barrera, Carrillo, Las Cañas, Calabazar, Nuestra Señora del Carmen, San Juan y Guadalupe, estos dos últimos junto al Camino Real del Sur. Todos erigidos entre 1650 y 1680.(ver plano de ingenios primitivos en la Habana) El fomento de numerosas plantaciones cañeras incidió, de modo decisivo, en el fraccionamiento de las primitivas haciendas. Es precisamente el corral "Calabaza uno de los primeros en dividirse en beneficio del desarrollo azucarero de la Isla. En 1645, su dueño, Don Tomas de Torres solicita al Cabildo de la Habana licencia: *... para despoblar de ganado menor, dejándole enteramente las tierras que le pertenecen conforme a sus mojones, ingenios...*[50].La demolición le fue concedida con la reserva de que labraría las tierras dentro del término de las ordenanzas y no prohibiera el uso de los caminos reales existentes. He

[50] Levi Marrero. "Cuba; Economía y Sociedad". Edit. Playor S.A. Madrid. Tomo III. Pág. 237.

aquí el origen del ingenio "Nuestra Señora de Guadalupe y San Francisco de Paula (El Calabazar)en 1682, con una extensión de 20 caballerías y una dotación inicial de once esclavos. Su primer propietario lo fue Bartolomé González Este ingenio contó, según la base de datos de la Dra. Mercedes García Rodríguez[51], con una Ermita, pero no se ha podido constatar de su existencia pues en ninguna otra bibliografía se señala: Nuestra Señora de Guadalupe y San Cristóbal(1680),propiedad del Capitán Manuel Chambel y Doña María de Rojas y Sotolongo. Ingenio: San Cristóbal Alias: Paso seco,(1750) propiedad de Pedro Joseph de Cárdenas, Presbítero y Don Ignacio de Cárdenas Vélez de Guevara, Marqués del Prado. Este primitivo ingenio contó con 24 caballerías de tierra y veintiséis esclavos. En 1765, sus propietarios adquieren once esclavos que se sumaron a la dotación de 26 ya existente. Era una de las mayores fábricas de azúcar establecidos en la zona. Las actas capitulares y empadronamientos que se conservan en el archivo del Museo Municipal comprueban que hacia 1700 existían en la jurisdicción numerosos trapiches y pequeños ingenios, demostrativo de que la producción de azúcar era un importante renglón económico. No es casual que por estos años el territorio donde se encuentra esta localidad se identifica indistintamente como Calabazar o "Vuelta del Ingenio".

El desarrollo azucarero experimentado representó –como ya se anticipó,- otro impacto destructivo para las áreas boscosas aún en pie. El cañaveral necesita espacios libres de otra vegetación, situación agravada porque la energía para mover los trapiches debía brindarla la leña y esta se obtenía en las proximidades de los

[51] Mercedes García Rodríguez. Bases de datos de ingenios en la cuenca del Almendares. Instituto de Historia de Cuba.

Grabado de un primitivo ingenio de los existentes entre los siglo XVII XVIII, entre Calabazar y la Chorrera de Managua.

rudimentarios ingenios [52]Pero como se ha visto en líneas precedentes, no fue el azúcar el único producto agrícola que se plantó en detrimento de los bosques de la comarca sino también el tabaco y las necesidades de las nuevas construcciones y los astilleros.[53] El panorama que se presenta al estudioso de este periodo de la historia local y regional se caracteriza por una lucha tenaz y serias contradicciones y enfrentamientos entre hacendados, productores de azúcar y vegueros por el dominio, mantenimiento y apropiación de las mejores tierras para sus cultivos. He aquí lo aludido en renglones precedente acerca de la imposibilidad de crear población alguna en este primer periodo colonial. En poco tiempo la naciente industria azucarera y los hacendados terminaron desplazando a la mayor parte de los cosecheros de tabaco. Finalmente, los grandes propietarios de tierras se convirtieron en dueños de ingenios. El territorio quedó como zona eminentemente cañera, productora del mejor azúcar que se conocía en el mercado de la capital hasta mediados

[52] Esta actividad económica se mantiene de manera continuada durante siglo y medio hasta que en 1765 el gobernador Conde de Ricla dictó una orden prohibiendo los cortes, ya para esa fecha en el actual territorio hace su aparición otras actividades económicas hacen presumible que la tala de madera también le afectara.

[53] Antonio Núñez Jiménez." Hacia una cultura de la naturaleza. "La Habana. Edit. Letras Cubanas. 1998. Pág. 305.

del siglo XVIII.[54] Esta es una de las causas que forzó a muchos labradores canarios a trasladarse a tierras realengas, hecho que representó la base algunos de los núcleos rurales de carácter estable surgido en el centro y sur de la jurisdicción habanera.

La apertura de las tierras vírgenes de Vuelta Abajo al cultivo de la aromática hoja constituyó otro factor que trajo aparejado la emigración de muchos vegueros hacia Pinar del Río.[55] No obstante, en la región quedaron algunos veguerios dispersos en manos de los labradores más aferrados al terruño y los de menos poder económico. En una época tan cercana como es 1911, aún existían en Calabazar dos vegas de tabaco con 7½ caballerías y 34 en Rancho Boyeros, residuo del fenómeno económico experimentado.[56]

El favorable panorama no fue duradero para la producción azucarera. Hacia 1770, se produce un conjunto de circunstancias que provocan serias variaciones que cambian sustancialmente la agricultura del territorio. En primer lugar, los indiscriminados desmontes privaron de abono y humedad a estos terrenos, lo que unido a su cansancio por la intensa remoción agrícola durante casi dos siglos así como la progresiva erosión, le quitan si fertilidad y vigor inicial. Segundo, en la medida en que aumentaba la tecnificación de dicha industria era necesario tierras frescas y

[54] Jacobo de la Pezuela "Diccionario Geográfico, Estadístico e Histórico de la Isla de Cuba". La Habana, 1863. Pág.41.

[55] Esta inestabilidad es, a mi juicio, (coincido con Ada Belén de La Cerda) una de las causa que, a pesar de las favorables condiciones geográficas dadas por la presencia de un caudaloso río y saludables aguadas, -además de un camino y su cercanía a la villa-, los cultivadores de tabaco asentados en estos contornos no pudieron ni tuvieron tiempo de crear poblado alguno y muchos tienen que alejarse tierra adentro, hacia el centro-sur del territorio, siguiendo la ruta del añejo Camino Real del Sur, en busca de terrenos bermejos más apropiados para ese cultivo, preferentemente hacia tierras realengas, creando la raíz de nuevos núcleos fundacionales existentes hasta nuestros días

[56] Carlos García Veliz y Augusto Casamayor. "Cuba Descriptiva". Instituto de Historia. La Habana,1911. Pág. 86-87.

apropiadas para una agricultura extensiva que propiciara el aumento de la producción y esto era imposible ya en este sitio.

De hecho, el desplazamiento del cultivo para otros terrenos existentes en el país se convirtió en una necesidad, ello determinó el progresivo abandono de estas. De este modo, las plantaciones e ingenios aquí levantados comenzaron a trasladarse hacia el este: Matanzas y la gran llanura de Colón y hacia el sur de la Habana. Esa emigración se inicia en la década del setenta del siglo XVIII. El ingenio Calabazar, propiedad de los herederos de Melchor Salazar, fue uno de los últimos en desaparecer (1785).

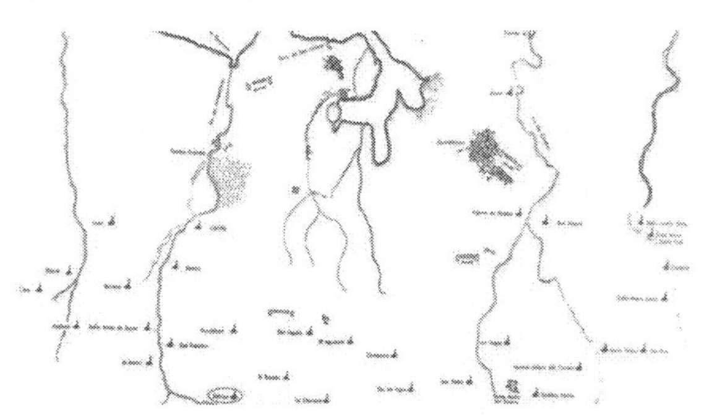
Plano de la distribución de los ingenios habaneros hacia 1768.

A pesar del tiempo transcurrido, la extinguida riqueza azucarera dejó aquí sus huellas, prueba de esto lo constituyen los restos de los ingenios San Juan, Güinera, Rosario y Guadalupe. También se conserva, protegidos por la moderna arquitectura del Restaurante “Las Ruinas”, los enmohecidos muros de piedra de la casa de vivienda y el cementerio de esclavos del ingenio “Paso Seco”, en tierras que en esa época pertenecieron a Calabazar, como mudos testigos del auge azucarero experimentado en el territorio durante los siglos XVII y XVIII. Como resultado de este complejo proceso que conduce al declinar, primero de la ganadería y después al éxodo del tabaco y el azúcar se producen grandes transformaciones en la estructura de la propiedad agraria. Como consecuencia las viejas haciendas cañeras se subdividieron en pequeñas y medianas propiedades agrarias heredadas, de uso múltiple, encubiertas bajo el rubro de estancias, potreros y sitios de labor cuya extensión dependía del poder económico de su propietario. para convertirlo en zona de fincas, estancias, sitios y potreros con una producción agrícola diversificada .Los cultivos de mayor difusión fueran: arroz, café, frijoles, maíz, plátanos, hortalizas, frutas, viandas, etc Precisamente, por estos tiempos aparece la estancia "Vínculo de Meireles" , donde años más tarde surgió el poblado de Calabazar, proceso al que se dedicará un espacio aparte en el próximo epígrafe.

Durante la toma de La Habana por los ingleses

Durante este hecho histórico desarrollado en 1762, se produce el sitio y bombardeo de La Habana por la flota inglesa, en estas circunstancias se decidió la evacuación de parte de la población de la capital, en particular mujeres, niños y ancianos, monjas y frailes. Estos vecinos salieron de la ciudad en busca de refugio en las poblaciones cercanas. Entre ellas el Calvario. Managua y Santiago de las Vegas por ser las más alejadas del lugar de operaciones militares. Otros damnificados se ubicaran en las estancias, ingenios y sitios de labor de la comarca. Por esta razón no es desacertado pensar que,- a pesar de la inexistencia de documento que lo atestigüe,- el ingenio Calabazar, represento uno de los que acogió a algunas víctimas.

El camino Real del Sur constituyo una de las rutas en el largo y penoso viaje que condujo a los refugiados, unos a pie, otros utilizando calesas, carretas, caballos y coches, hasta las localidades que cariñosamente los recibieron a pesar de lo escasos recursos que ellos mismos poseían.[57]

[57] Francisco Montoto. Historia de Santiago de las Vegas. Edición mecanografiada. Archivo del Museo Histórico Municipal. 1938.

Durante el tiempo que duro el conflicto, este territorio estuvo comprendido en lo que se ha definido como la retaguardia y la zona se convirtió en lo que se cataloga como lugar de aseguramiento de provisiones y reses necesarias para el suministro del ejército y la milicia así como para los refugiados en la villa santiaguera. Por estos meses el camino Real del Sur se convierte en uno de los más transitados de la Isla por las fuerzas defensoras y refugiados que se dirigen hacia el centro-sur habanero y por los encargados del aprovisionamiento de las villas cercanas. Fue Santiago de las Vegas el pueblo que más peregrinos albergo en su recinto.[58]

Existen pocos documentos que aporten testimonios de acciones combativas en el territorio centro-sur de La Habana. Sin embargo, no hay duda alguna que estancieros y otras gentes de campo se presentaron a combatir como voluntarios pero carecían de armas de fuego. No obstante, existe un elemento significativo que hace suponer el desarrollo de acciones militares en las proximidades de esta comarca; es la retirada que efectuó el coronel Caro, desde las lomas de Jesús del Monte hacia la loma de San Juan, donde hoy se encuentran los hospitales Julio Trigo y Aballí, en el actual municipio Arroyo Naranjo.[59] También el incendio intencional por parte de las fuerzas inglesas del ingenio "Carbonera", propiedad de Baltazar Sotolongo, en El Calvario.[60] Durante los enfrentamientos como afirma Waldo Acebo Meireles, participan vecinos del Calvario, entre ellos algunos esclavos o quizás vecinos de otras localidades cercanos, algunos muertos por lo cual el cura Pedro Castro Palomino, de la parroquia del

[58] Francisco Fina Garcia. Historia de Santiago de las Vegas. Ibidem.
[59] Waldo Acebo Meireles. La toma de La Habana por los ingleses: repercusión extramuros, noviembre 16, 2008 –Articulo de Internet.
[60] Ibidem.

Calvario carente de información no podría registrar esos detalles en el Libro de Defunciones y Enterramientos de la parroquia.[61]

Algunos ingenios ubicados en la cuenca del rio se fortificaron para enfrentar a los invasores ingleses. De igual modo, no es posible poner en duda alguna incursión de tropas inglesas hasta estos parajes utilizando el trayecto navegable del rio Almendares, pero hasta hoy no se ha comprobado esta hipótesis. Lo cierto es que concluidas las acciones y ocupada la ciudad por los ingleses, sus consecuencias no tardaron en manifestarse. Se inicio el despertar del comercio y la industria cubana y un balance positivo para la agricultura y la ganadería.

Evolución del territorio (1762- 1800)

En el proceso que se inició después de la ocupación inglesa de la Habana, se realizó un primer Padrón (censo) levantado por el cabildo santiaguero en 1766, uno de los pocos cuadros censales que se conserva hasta la actualidad, -independientemente de cualquier posible distorsión de sus cifras-, sustenta nuestro análisis y permite tener una idea de la evolución económico – demográfica del territorio.

Según datos que brinda este empadronamiento, la mayor parte de las tierras de "Vuelta del Ingenio" (Calabazar), estaban ocupadas por un ingenio azucarero y siete estancias agrícolas propiedad de Jacinto Barreto, Juan Antonio Mesa, Nicolás Valdivia, Agustín Sanabria, Rafael de la Cruz, Juan Travieso y Teresa Ambrosio .Le señala también la existencia de 60 potreros y sitios de labor en manos de labradores blancos y una población ascendente a 707 habitantes, cifra que incluye a 106 esclavos y 40 libertos, todos ocupados en trabajos agrícolas, elaboración de

[61] Ibidem.

carbón y labores domésticas. Se enumera 93 viviendas dispersas en los campos sin integrar caserío alguno.[62] La ventajosa ubicación de estas tierras, su carácter de punto de tránsito obligatorio y la importancia de una corriente fluvial como el Almendares cuyo caudal por entonces permitía la navegación de pequeñas embarcaciones hasta este punto, representa en su conjunto, factores que robustecen progresivamente su economía. No es casual cuando en 1775 se concibió un proyecto conocido como "Canal de Güines" con el propósito de trasladar por vía fluvial los productos agrícolas y las cajas de azúcar desde la rica llanura del sur de la Habana hasta la capital se pensó aprovechar el cauce del río pasando por Calabazar.[63] Sin embargo, por diversas razones, este canal nunca paso de la fase proyectual y nunca se ejecutó. Pero los estudios realizados sobre el terreno dio lugar a esplendidos mapas ilustrados con dos vistas de ingenios en recuadros, en ellos se comprueba la ubicación del ingenio aquí existente.

Realizado el estudio precedente estamos en condiciones de analizar los antecedentes que dieron origen a esta población habanera.

Antecedente, núcleo matriz y desarrollo de Calabazar de la Habana

Si bien es cierto que la denominación del punto identificado como Calabazar se conoce desde el siglo XVI, aquí no surge pueblo alguno hasta finales del siglo XVIII y principio del XIX, la propia estructura agraria existente lo impide .Es válido recordar de paso las cifras que recoge el Padrón de 1766, que corrobora esta

[62] Museo Histórico Municipal de Santiago de las Vegas. Archivo. Resumen del Padrón (Censo) correspondiente a 1766.
[63] Humboldt, Alejandro. "Ensayo Político sobre la Isla de Cuba. "La Habana. Edit. Cultural S.A.1930. Tomo III. Pág. 33-34.

conclusión. Hasta esa última fecha no hay señal de centro urbano ni actividad económica que conduzca a una fundación. A pesar de este inconveniente hay una realidad congruente mantenida: la ventajosa ubicación, su carácter de punto de tránsito obligatorio y la importancia de una corriente fluvial como el Almendares cuyo caudal por entonces,-como se enuncio-, permite la navegación de pequeñas embarcaciones hasta este punto, factores que en conjunto robustecen progresivamente la economía de la comarca.

El Vínculo de Meireles

Muchas son las interrogantes sobre el origen de la estancia "Vínculo de Meireles", de Calabazar, esto ha provocado no pocas especulaciones o erróneas de interpretaciones como resultado del desconocimiento de la accidentada historia de estas tierras.

¿A quién pertenecieron estos terrenos?

¿Por qué recibió ese nombre?

¿Cuándo se procedió a la parcelación y venta de estas tierras?

Para esclarecer este enigma se revisó las fuente bibliográfica y documental disponibles, que permitió obtener alguna información acerca del origen y evolución histórica de dicha propiedad independientemente que sobre este asunto existen espacios vacíos de los que no se posee datos concretos hasta el momento. Estos baches o zonas inexploradas constituyen punto de atención que deberán ser llenados en el futuro con una investigación más profunda. A pesar de esta limitación temporal, obra en nuestras manos la información indispensable para esclarecer en buena medida las incógnitas planteadas en líneas precedentes.

Las tierras pertenecientes a la estancia que sirvió de asiento a esta villa, originalmente era propiedad de Manuela de Meireles y

Bravo, dueña también de los corrales de Río Grande, Majana y San Marcos, en la región de Artemisa. Manuela falleció el 19 de diciembre de 1769; y antes, el 12 de diciembre de 1765, dispuso la creación de dos Vínculos.[64] Según una de las cláusulas de su testamento, mandó que a su muerte los cinco corrales que poseía en la región de San Marcos integraran "El Vínculo de Río Grande de Meireles", para su sobrina Rita de Arango; y con los bienes que tenía en tierras del Bejucal, el de "Santa Ana de Aguiar", para su sobrina María de Gertrudis de Aguiar.[65] De acuerdo a la última voluntad de la fundadora, quedaron constituidos ambos Vínculos. Es de suponer que esta posesión denominada "Santa Ana de Aguiar", con el avance del tiempo se fracciono en estancias y otras propiedades agrícolas menores, aquí se encuentra el origen de la estancia junto al río Calabazar convertida en adelante en una Obra Pía,[66] adscripta al "Vínculo de Río Grande de Meireles", hecho que le permitió identificarse también con esa denominación.[67] Cuando se produjo la tasación de estas tierras en 1779, su valor ascendía a $ 11,615 pesos reales.[68]

En las postrimerías del siglo XVIII estos terrenos, por derecho de herencia pasan a manos de Rosa de Arango y Núñez del Castillo, administradora del "Vínculo de Río Grande de Meireles" y de su esposo Don Rafael de Quesada y Arango, hombre de múltiples y variados negocios y propiedades y Rector de la Real Casa de

[64] Méndez, Isidro. "Historia de Artemisa."[Artemisa], Comisión de Historia del DOR, 1973. Pág. 32.

[65] B.N .Pérez Beato, Manuel. Ultimas disposiciones de Manuela de Meireles y Bravo. Sala Cubana. C.M Pérez. Pág. 621.

[66]Obra Pía: propiedad cuyos resultados se dedican a realizar obras de caridad en beneficio de alguna organización o institución religiosa.

[67]. Memorias de la Sociedad Económica Amigos del País. Instituto de literatura y Lingüística. Biblioteca.082-Mis- F-25.

[68] B.N .Pérez Beato, Manuel. Ultimas disposiciones de Manuela de Meireles y Bravo. Sala Cubana. C.M Pérez. Pág. 621.

Beneficencia de la Habana.[69] Ambos emparentados con el ilustre economista cubano, erudito e intelectual de vigorosa personalidad y fervoroso defensor de la cultura y del progreso moral y material de su patria: Francisco de Arango y Parreño.[70] Uno de los últimos descendientes de la familia Arango en esta población lo fue Don. Rafael Arango y Soto, nacido aquí el 27 de marzo de 1900.

La producción de la estancia El Vínculo de Meireles, en Calabazar era similar a la de las propiedades vecinas, típico de una economía minifundaria a la que corresponde una estructura social esclavista pero en la que se utiliza también la mano de obra asalariada de hombre que laboran por un exiguo jornal. Los productos agrícolas obtenidos se destinaban a satisfacer las demandas del mercado habanero. Con las ganancias de esas ventas se realizaban obras de caridad o se empleaban como dádivas para alguna institución benéfica, de acuerdo con la última voluntad de la fundadora.

Restos de muros de piedra de la vieja casa colonial de la familia Meireles ,propietaria de la estancia El Vínculo de Meireles en la confluencia del rio Almendares y Arroyo Jibaro, en Calabazar (Foto cortesía de Rubén A. Santo).

[69]. A.N. 1854. Expediente de nombramiento por S.M, el Rey. Legajo 403. No.15664.
[70] B.N .Conde de Jaruco. "Historia de las Familias Cubanas .La Habana, 1944. Tomo III.

Como se analizó en capitulo precedente, el interés despertado por la creación de un poblado en este sitio, se puso de manifiesto décadas atrás; estuvo dado por el sostenido crecimiento económico-demográfico experimentado durante los años de esplendor tabacalero, la presencia de dos condiciones esenciales: el rio y el Camino Real y la existencia de tres ventas o tabernas que –dicho sea de paso– ha sido el origen de gran parte de los pueblos de la Isla, así como por su favorable ubicación para la transportación hacia el centro-sur de la Habana. Las estadísticas del Padrón de 1766, es la prueba documental que avala la presencia de viviendas de labradores próximas al Camino Real y puente antes de la aparición del poblado. El referido censo le señala en ese año tres casas, pero desperdigadas aunque situadas dentro de un espacio cercano pero sin integrar caserío todavía, de acuerdo a las categorías usuales de la época, hecho que se produjo años más tarde. Sin embargo, todos los argumentos expuestos y los datos de las estadísticas puede considerarse elementos válidos para suponer la aparición de un caserío "en ciernes" en el espacio ubicado entre las dos corrientes fluviales próximas. Lo cierto es que un importante acontecimiento, la Real Cédula de fecha 24 de agosto de 1799, que alteró la cláusula del testamento de Manuela de Meireles y Bravo y

Viejo camino que conduce a las ruinas de la Casona colonial de los Meireles, propietarios de la Estancia homónima donde se fundó el pueblo de Calabazar.

aprobó la división del "Vinculo de Meireles" favoreció y aceleró la aparición de la aldehuela. Veremos a continuación tal proceso.

Como se formó el caserío

La disolución del "Vínculo de Río Grande de Meireles", de Artemisa se produce a fines del siglo XVIII, cuando el Rey Carlos IV, por Real Cédula alteró la cláusula del testamento de Manuela de Meireles y Bravo y aprobó su división,- una de las primeras autorizadas en Cuba -, y la venta de sus terrenos.[71] Esta disposición incluyó las tierras del Vínculo de Meireles de Calabazar por estar adscriptas a dicha propiedad. Esta medida se dictó en momentos de una intensa actividad de colonización interior y de escasez de terrenos disponibles para nuevos asentamientos poblacionales. En estas condiciones, y considerando su situación geográfica y la presencia de una vía de comunicación tan importante como la Calzada Real del Sur, así como la calidad de sus aguas de manantial los propietarios de la estancia comprendieron la posibilidad de aumentar su valor procediendo a la parcelación y venta de terrenos para atraer y fijar población, y, consecuentemente, el establecimiento de los primeros colonos con carácter estable proceso que se extendió hasta las postrimerías del siglo XIX, y que dio origen a la formación del caserío y la fundación del pueblo.

A inicio del siglo XIX, corresponde el lento proceso de formación y crecimiento de Calabazar como comunidad humana. Su célula embrionaria, su núcleo matriz lo fue el pequeño caserío surgido junto al río Almendares y el Camino Real del Sur mucho antes de su fundación oficial. La diminuta aldea apareció, principalmente, como consecuencia del río, pues su historial arranca

[71] A.N. Escribanía General. Legajo 904-1846. No. 2.

Baños públicos como estos se erigieron junto al puente y río en Calabazar.

cuando Don. Juan de Illas, solicita autorización a los propietarios de la estancia

"Vínculo de Meireles", para establecer en la vera del río, junto al puente y camino real, —en el sitio denominado "Ojito de Agua" —una casa para baños públicos así como algunos ranchos que servirían para alojar a los primeros visitantes. Este fue un factor determinante en el surgimiento de la pequeña aldea porque en esa época estaba muy generalizada la costumbre de pasar temporadas en el campo durante el verano. Puntos preferidos eran los caseríos cercanos a los ríos porque aún no era costumbre tomar baños de mar. El crecimiento económico y demográfico de la capital dio impulso a este tipo de recreación. Algo similar se produce en otros lugares de la región habanera:

Guanabacoa, Madruga, Baracoa (Bauta), Santa María del Rosario, etc, que eran famosos también por sus aguas Su privilegiada ubicación en el trayecto de la ruta obligatoria de la expansión colonial hacia el centro – sur de la Habana y las perspectivas de progreso que eso representa fue otro factor que contribuyó al natural agrupamiento de las viviendas y consecuentemente al aumento del número de vecinos.

La presencia de florecientes estancias agrícolas y fincas rústicas en los contornos representa también un importante incentivo económico que cautivó a algunas familias procedentes de Santiago de las Vegas, con el propósito de trabajar la tierra y tomar los baños del río en el verano.

De acuerdo al más exacto rigor histórico que se avala con las fuentes documentales consultadas, se ha podido comprobar que el primer colono aquí radicado fue Juan de Illas, propietario también de otras tres parcelas de tierra de la estancia Vínculo de Meireles, con el propósito de edificarlas para alojamiento de los forasteros y construir la vivienda de su familia. Prueba de esto lo es la Partida de Bautismo de su hija Ángela Josefa de la Cruz, nacida en Calabazar.[72] Otra prueba inequívoca es la declaratoria de heredero que hace Don Juan de Illas a favor de sus parientes José Díaz, Agustín R. Cervantes[73] y Modesto de Cuadra, todos residentes en este lugar.[74]

Entre los primeros vecinos del naciente caserío se distingue; Juan de Illas, Carlos Cervantes, Félix Suárez e Ignacio Zangronis.[75] Después de aquellos primeros residentes, pero todavía en los tiempos iníciales, otros nombres se sumaron a la lista de nuevos pobladores a pesar de que aún el número de habitantes era muy exiguo.

Las primeras construcciones eran rústicos ranchos de tabla, embarrado y techo de guano con caballete, típico hábitat de una humilde vecindad, erigidos próximos al primer establecimiento para bañistas. Cuando aún no se había construido la Calzada Real y tampoco el ferrocarril, era un caserío nimio, uncido siempre al mismo tamaño, sumido en el silencio y al anónimo de su minúsculo existir, estimulado en su aburrimiento únicamente por el

[72] Partida de Bautismo .Iglesia Parroquial de Santiago de las Vegas, 28 de junio, 1837.

[73] Entre los primeras que construyeron su casa de temporada se recuerda la distinguida familia habanera Castro Palomino, en una casa quinta de la calle Fundación donde también residió el ilustrado editor e intendente Tomas de Agustín Cervantes y Castro Palomino Fue director del periódico La Tribuna en 1890. Emparentado con José Agustín de Castro Palomino.

[74] A.N. Escribanía de Varios. Legajo 86. No. 1229.

[75] Francisco Fina García. "Apuntes Históricos de Calabazar". Revista Antorcha [CIR] .Santiago de las Vegas., 1940. Pág. 32.

arribo de los primeros bañistas o por el paso de las carretas conducidas por los bueyeros o boyeros, que trasladan mercancías hacia la capital y de los viajeros que sobre bestias de monta o a pie transitan por el polvoriento camino real.

La "Aldea del Calabazar", como era identificada en esos tiempos, adquiere el carácter de poblado hacia 1820, más claramente hacia 1825, que comenzó a despegar por la fama de sus aguas y el número de pobladores. Con ello se edifican las primeras viviendas de piedra y coco y techos de tejas. De manera simultánea se levantan los primeros comercios que ofertan víveres y hospedaje garantizando la permanencia de los visitantes así como el descanso de los caminantes.

Los progresos alcanzados por el caserío, la importancia que presenta a finales de la década del veinte y la comprensión por las autoridades coloniales de las ventajas económico-demográficas que esto representaría para la jurisdicción hizo impostergable su fundación oficial. En mucho contribuyó a su crecimiento la ubicación a orilla de la Calzada Real del Sur[76] (hoy calzada de Bejucal) y el trazado de las paralelas del Ferrocarril del Oeste, inaugurado el 23 de junio de 1861[77]. Estas vías de comunicación facilitaron el acceso a un número mayor de veraneantes.

[76] Museo Histórico Municipal. Archivo. Libro de Actas del Cabildo de Santiago de las Vegas. 15 de octubre de 1830.
[77] A.N. Junta de Fomento. Legajo 159. No. 7792.

Fundación Oficial

El crecimiento e importancia económica que va alcanzando por la pequeña aldea hizo impostergable su reconocimiento como entidad poblacional.

En reunión del Cabildo celebrada el 15 de octubre de 1830, en la ciudad de Santiago de las Vegas, y según aparece en el libro de actas de esa corporación, se tomó el acuerdo siguiente:

> *Se dio lectura a una representación del Caballero Síndico Procurador General, por lo cual promueve el fomento de una nueva población a orillas del "río del Calabazar" y que se denomine "Santa Cristina de la Nueva Palmira"*[78] *se nombre un comisario para el celo y cuidado de aquel punto con las circunstancias que constan en su tenor, dotado en 31 de agosto último y en vista se acordó darle los correspondientes informes a los señores comisarios del Ayuntamiento.*[79]

El nombre propuesto únicamente aparece en los documentos oficiales y en los planos originales, porque nunca llegó a imponerse pues no siempre los acuerdos oficiales responden al mejor

[78] Eso respondía a una costumbre colonial con lo cual las autoridades rendían honores a los monarcas utilizando sus nombres para identificar territorios, pueblos, ingenios, etc. De igual modo se hacía con las iglesias y los nombres de los santos, cuestión que no era nueva en nuestra Isla. En este caso particular se saludaba las nupcias de la Reina María Cristina de Borbón. No es de dudar que el nombre aprobado se hace también con el propósito de eliminar el nombre, los artículos y el adjetivo que identificaba este punto como parte de la capital.

[79] Museo Histórico Municipal .Archivo. Libro de Actas del Cabildo de Santiago de las Vegas. 15 de octubre de 1830.

Reina María Cristina de Borbón en cuyo honor se fundó oficialmente el anejo pueblo. Ese nombre de fundación (Santa Cristina)solo aparece en los documentos oficiales todos lo continuaron identificando con su denominación originaria: Calabazar.

juicio y conveniencia, el pueblo por intuición y respeto a la tradición, cuida que se subsanen los errores. De hecho el añejo apelativo se había generalizado y todos lo seguían aplicando al pequeño poblado, sin que nadie le dé el ordenado por el cabildo. Los vecinos de entonces y después, hasta el presente, han continuado llamando a esta localidad Calabazar, muestra del profundo sentido de pertenecía de su humilde vecindario (ver anexo).

Por todo lo expuesto hasta aquí, el 15 de octubre como fecha en que cada año esta localidad celebra su cumpleaños es válida y digna de festividad, porque ese día, pero de 1830, es cuando su existencia como nueva población quedó legalmente reconocida en Cuba y ante la corona española. Sin embargo, es ilustrativo subrayar que el vetusto nombre, dado al primer corral aquí establecido a partir del 8 de noviembre 1577, hace más de cuatro siglos, es cuando verdaderamente se inició la historia de este paraje. Una y otra fecha son legítimas y dignas de recordar en las crónicas de la historia local.

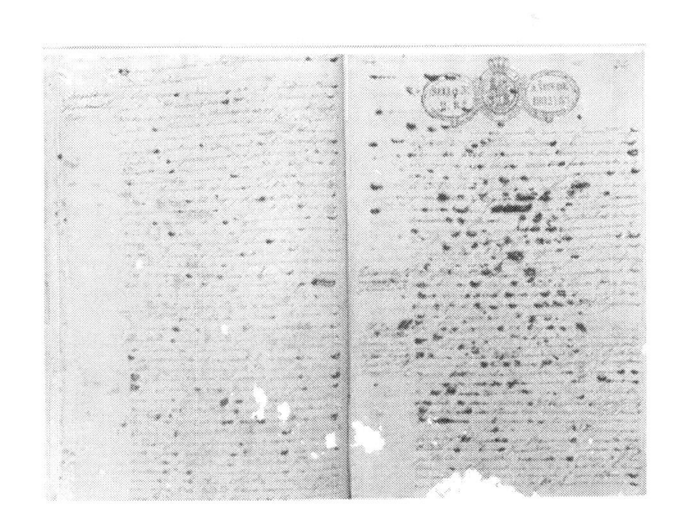

Actas de Fundación del pueblo titulado Santa Cristina de la Nueva Palmira (Calabazar) Actas Capitulares. Museo Histórico Municipal.

El Trazado del Nuevo Pueblo

...llevan las calles historia,
y guardan en su memoria
las piedras que te formaron,
las manos que te levantaron
tu pedestal en la gloria.
VICTOR PUERTODAM

Poco después del acto de fundación oficial, se procedió al repartimiento de las parcelas y al delineamiento de las calles que cruzarían la nueva villa. La primera calle fue Fundación "hoy 279", porque en ella se inició el caserío a lo largo del río; Vínculo "281", por ser el nombre de la estancia donde se asentaron las primeras viviendas y por vincular los caminos a Santiago y Las Guácimas; Meireles "283", por el apellido de los propietarios de las tierras donde se establecen los primeros colonos; Término "285", porque en ella termina el área de viviendas construidas; Habana "287", la calle que une el camino de Santiago con el que conduce a la Habana.

Cuando se procedió al trazado del pueblo se le dieron los nombres siguientes de norte a sur: Fundación, del Vínculo, de Meireles, del Término, de la Habana. A estas primeras calles transversales se le agregan otras dos: Cárdenas ,"298" y Callejón de los Berros "277".

De este a oeste se diseñaron ocho calles: Quesada ,"118", Estrella, "116", Real del Sur (Arango) "114", Espada, en recordación al Obispo Espada "112", San Antonio "108", Calle Real, "104", Santa Rosa, "102" y Cerrada del Oeste "100".[80]

[80] Museo Histórico Municipal, Santiago de las Vegas. Libros del Cabildo 1830-1850.

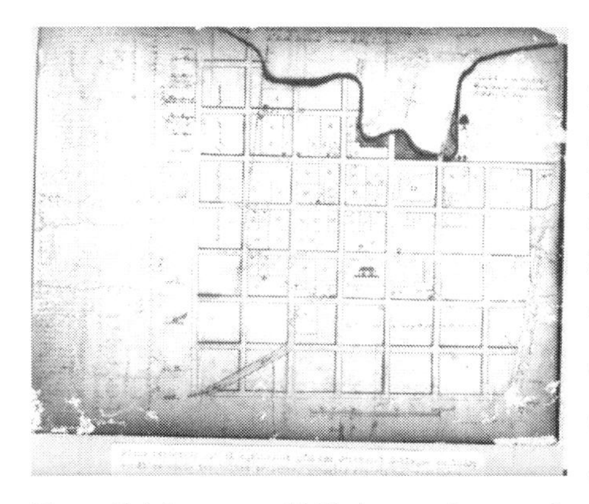

Plano Calabazar en 1860, levantado por el agrimensor Cristóbal Gallego durante el trazado de la población titulada Cristina.

Cada uno de estos nombres requiere un estudio particular, pues lo más instructivo de cada pueblo colonial es el proceso morfológico de sus calles, arrancando del primer trillo, sendero o camino, pues su bautismo obedeció a una tradición, tuvo su origen en un suceso local, en un hecho, un apellido ilustre, en un acontecimiento, etc. Ellas tienen el sello individual del tiempo y del hecho que lo motivó, por esas circunstancias, por tradición o simplemente por consenso público, a pesar de que sus nombre han cambiado en varias oportunidades, han ganado el derecho a mantener sus denominaciones originales. Cuando la tradición tiene afirmación popular y lógica perdura pesa las exigencias ambientales o de la modernidad. La nomenclatura actual carece de solidez, a no ser simplemente decir donde se vive y como se puede llegar sin equivocación a una dirección determinada, por tal razón los calabazareños de más edad siguen dando a la mayoría de estas los legítimos nombres antiguos.[81] Lo cierto es que todas se encuentran bien trazadas y delineadas, libres de cualquier sinuosidad aprovechando el espacio que describe geográficamente una especie de triángulo que se encuentra entre el río Almendares y Arroyo Jíbaro.

[81] Reciente ha surgido una iniciativa de los artesanos ceramistas de la localidad para identificar las calles con sus antiguas denominaciones en tabletas de cerámica. En las esquinas de las calles más céntricas de la población.

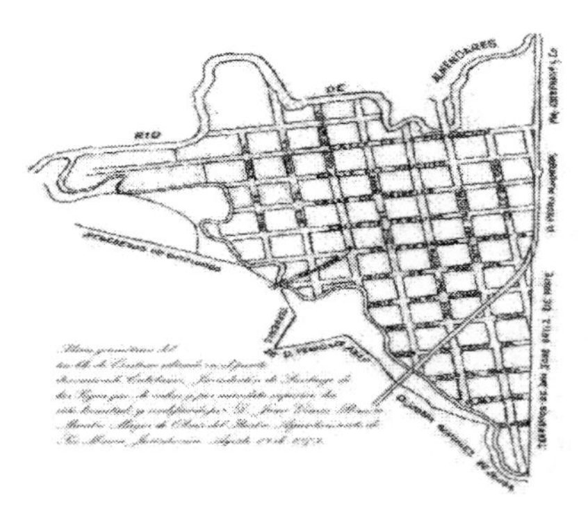

Plano confeccionado en 1873, por Juan Gómez Romero, Maestro Mayor de Obra del ayuntamiento Municipal. Reducido por el agrimensor Oscar Batista Álvarez, el 19 de noviembre de 1932. Si se compara ambos planos se comprueba el crecimiento del poblado en solo trece años.

En la vida institucional la nueva población experimentó muchas modificaciones a lo largo de los años. En un principio pertenece política, judicial y económicamente a Santiago de las Vegas como un cuartón de su jurisdicción, pero en la medida en que el naciente poblado adquiere mayor importancia se convirtió en Partido. La autoridad principal del Partido era el Capitán Pedáneo. Uno de los primeros lo fue Don. Juan del Junco en 1811.[82] En estas condiciones permaneció hasta que, con la restauración del régimen absolutista de Fernando VII, el Ayuntamiento de Wajay, surgido en 1814, dejó de existir retornando a su condición de Partido sujeto a Santiago de las Vegas. Con la nueva estructura, la cabeza del Partido se traslada a ese punto bajo cuya administración se incluyen los caseríos de Aguada del Cura, Rancho Boyeros y Calabazar. En estas condiciones permaneció hasta 1860, cuando nuevamente la cabeza del Partido se traslada a Calabazar debido a la importancia que adquiere este poblado con la construcción de la Calzada Real, el ferrocarril y la activa vida económica que se desarrolla en torno a los baños públicos.

Como resultado de la reestructuración del régimen municipal establecido por Real Decreto de 9 de junio de 1878, nuevamente

[82] A.N .Junta de Fomento. Legajo 125. No. 6198.

Wajay regresa a su condición de Partido, mientras que Calabazar y Rancho Boyeros pasan a formar parte de la cabecera jurisdiccional como dos barrios independientes. De hecho se convierte en uno de los de mayor renombre de la jurisdicción respirando días de bonanza y prosperidad. Dentro de su demarcación estaba comprendido el pueblo de su nombre y el cuartón Catalina. Su población en estos años asciende a 2183 habitantes.[83]

Desde el punto de vista jurídico, la localidad se encontraba incorporada al Partido Judicial de Bejucal.[84] Esta situación le hace tener una triple dependencia: dependía económicamente de la Habana; políticamente de Santiago de las Vegas y judicialmente de Bejucal, lo que resultó perjudicial y engendró un poderoso sentimiento segregacionista que será analizado en el próximo epígrafe.

[83] A.N .Junta de Fomento. Legajo 125. No. 6198.

[84]Martínez Salvi, Juan. F. "Guía de La Habana. "Imprenta La Correspondencia de Cuba, La Habana,1884. Pag.5.

La vida económica-social (1800-1902)

Al principio de creado el caserío, la mayoría de sus pobladores eran de tipo transitorio, moradores "flotantes", que se limitan al hospedaje durante el verano o comerciantes "absentistas" residentes en la capital o en la cabecera jurisdiccional y que únicamente se trasladaban a este punto durante la temporada, sin preocuparse por el brillo ni el engrandecimiento local. El resto del año su vecindario se reduce a un corto número de vecinos, en la mayoría labradores empobrecidos.[85] Esta característica se reflejó de manera directa en el lento crecimiento demográfico durante las dos primeras décadas de su existencia. Este panorama comenzó a cambiar a partir de la tercera década del siglo XIX, cuando se produce fundación, ensanche y ampliación del poblado.

A pesar de las objeciones que se pueden hacer a las estadísticas coloniales y a su grado de confiabilidad porque en ocasiones se limitan a enumerar solo la población urbana o en el peor de los casos la integra con datos de la jurisdicción en su conjunto lo que impide establecer secuencias comparativas prolongadas, el cuadro estadístico de 1841 ofrece,- a pesar de sus limitaciones-, una imagen de esta localidad a mediados del siglo.

Según esas cifras, la villa contaba en esa fecha con 10 casas de mampostería y tejas y 3 de guano y tabla, dos tiendas mixtas, una fonda hospedaje, 1 panadería, 1 café – billar, 1 zapatería y 1 tabaquería. Su población asciende a 99 habitantes, de ellos 67 blancos,11 libres de color y 21 esclavos dedicados a las actividades más diversas; servidumbre, trabajos agrícolas y elaboración de carbón en los montes cercanos. La población negra representa el 20,79 % de sus habitantes.

[85] A.N. Gobierno Superior Civil. Legajo 20. No. 1159.

Ya para 1846, se observa un ligero crecimiento demográfico; en ese año alcanza los 146 habitantes, esto se debe, principalmente, al arribo de algunas familias habaneras que abandonan la capital huyendo de las contaminadas aguas de las Zanja Real, muchas se establecen aquí para toda la vida. La Sala Capitular recibió por estos años las solicitudes de Juan Valerio, José Perlacia, Joaquín Castro Palomino, Andrés Vismara Re[86], Dionisio Roig y Pedro Torres, entre otros. Pero es a partir de 1847-1850, en adelante, cuando se puede verdaderamente hablar de un crecimiento en las diferentes esferas de la sociedad local.

[86] Andrés Vismara Ré, natural de Suiza, ebanista, casado en La Habana en 1858, con Mariana Calvat Messine natural de Francia, maestra de francés. Vismara llegó a Cuba en 1850 y en 1852,huyendo de las contaminadas aguas de la Habana, compraron la casa que ya existía, en calle Vinculo, después del cruce del ferrocarril. Durante La Guerra del 1895 la casa fue usada por los mambises para dormir y descansar en la enorme sala señorial donde también la familia les ofrecía alimentos. Actualmente esta casa ha sufrido una reparación, parte de ella ha sido dividida en otras pequeñas viviendas y el portal de enormes columnas de piedra es hoy sólo un recuerdo de lo que fuera una hermosa mansión colonial.

Crecimiento de Calabazar en la segunda mitad del siglo XIX

En la medida en que las aguas de este punto ganan en celebridad y mejoran las comunicaciones con la construcción de la Calzada Real del Sur, en 1847, en esa misma proporción aumentará el número de nuevos vecinos y visitantes. Por esta razón, no es casual que antes de transcurrir el primer cuarto de siglo de su fundación comience a manifestar un discreto crecimiento demográfico urbano y consecuentemente, la construcción de nuevas edificaciones de mampostería y tejas destinadas a viviendas o de "casas-quinta" de temporadistas. Los primeros vecinos en edificarlas fueron, Manuel Venerio, Francisco Magín y Agustín Cervantes.

El cuadro censal de 1854 le señala, 4 casas de mampostería y tejas en calle Vínculo; 4 en Fundación, una de ellas de dos plantas ocupada por 1 tienda mixta-fonda y hospedaje nombrada "La Equidad", propiedad de Ángel Morales y 1 en calle Espada. Casas de tabla y tejas, 6 en Fundación, 4 en calle Real y 2 en Calzada Real del Sur. Casas de tablas y guano, 8 en Meireles; 3 en Vínculo; 6 en Fundación; 1 en Espada y 8 en Calzada Real del Sur. Las estadísticas registran además 1 tejar; 1 panadería; 1 zapatería y 1 tabaquería, y se está en proceso de construir una Ermita, la cual se halla en estado de recibir madera. En las proximidades del poblado se enumeran cuatro estancias agrícolas; "El Vínculo de Meireles", propiedad de Rosa de Arango y Rafael de Quesada;" Toledo", de Don Ignacio Zayas; "Los Mangos", de Don Melchor Salazar y "La máquina", de Don Manuel E. Campos. Contaba además con 17 potreros, 26 sitios de labor, uno de estos nombrado "Pancho Simón", propiedad de José Bayona, Conde de Casa Bayona, en la actualidad allí se levanta la escuela

Vocacional Lenin. El mencionado censo le señala además la existencia de 1 taberna y 1 casa fuera del poblado así como un caserío con 10 casas nombrado Rancho Boyeros. En ese año Calabazar alcanzó los 165 habitantes, pero con una marcada tendencia a su aumento como resultado de las ventajas en las comunicaciones y de los cambios económicos que se van produciendo.

Según las estadísticas eran propietarios de viviendas los siguientes individuos por calles:

Calle Real:	Francisco Barreal, Dolores Pérez, Domingo Lima, Antonio Navarro, Francisco Hernández, José Pastrana, José Hernández y Manuel Estrada.
Calle Vínculo:	Francisco Gallardo, Ángel Morales, Bartolomé Batista, Juan Baguer, Bernardo Matamoros, Francisco Guzmán, Juan Castro, María Francisca, Agustín Cervantes y Dionisio Roy.
Calle Fundación:	Crispín Moreira, Manuel Delgado, Antonio González, Félix Suárez, Marín Gener, Simón Hernández, Antonio Felipe, José Herrera, Olallo Felipe, Lucas Padrón y Vicente Torres.
Calle Espada:	Ramón Soto y José Falcón.
Calzada Real:	Gregorio Sepea, Gabriel Parra, Magín Corominas, José I. Díaz, Francisco Zaldívar, José de la Luz Perdomo, José Díaz, Juan Hernández, José de Jesús González y Josefa González.
Calzada Real del Sur:	Martín Contreras, María Mejías, José E. Pérez, Juan Correa, Francisco Brito, María Bernal, Francisco Barrio, Antonio González y José Nicasio Roque.

De igual modo, aparecen los principales establecimientos existentes en la localidad:

Establecimientos	"Moctezuma", tienda mixta y billar de Antonio Navarro
	"San Juan", panadería propiedad de Juan Baguer
	"La Equidad", tienda mixta, fonda y billar, propiedad de Ángel Morales.

No cabe la menor duda que la segunda mitad del siglo XIX, es el periodo histórico que marcó el despegue económico– demográfico de esta localidad. A este crecimiento contribuye los factores ya enumerados en líneas precedentes, pero es la inauguración del "Ferrocarril del Oeste", el 23 de junio de 1861[87] el ingrediente decisivo. Cuatro días antes del Santo Patrón de este pueblo, la prensa habanera daba a conocer los preparativos y festejos en dicha villa por la inauguración del ferrocarril[88].Esta fue la causa determinante que dio impulso a este sitio como pueblo balneario y lugar de paseos y para pasar el verano. El ferrocarril y la Calzada Real del Sur representan en esos años las principales arterias de comunicación con el centro-sur de la Habana.

En 1860, se construyó el hotel "La Brisa", edificio de dos plantas ubicado en calle Meireles y San Antonio (desaparecido), propiedad en sus primeros tiempos de los hermanos Juan y Manuel Sariol, "El Morro", tienda mixta y hospedaje, en las proximidades del puente sobre el río Almendares. "La Cabaña", tienda mixta próxima al arroyo Jíbaro, en la salida a Santiago.

Durante años estos comercios florecen, representan los más importantes de la comunidad. A fines de la década del sesenta

[87] A.N. Junta de Fomento. Legajo 159. No. 7792.
[88] Gazeta de la Habana, periódico oficial del Gobierno, no 138, miércoles 19 de junio de 1861.

aparecen nuevos comercios y talleres que dan la medida de la evolución económica de la villa:

Hotel "La Brisa"

En la calle Meireles No.15, Tomás Coloma abre una herrería para herrar a fuego y cuidar animales. En calle Principal, Venancio Méndez establece una tienda de ropa y Ramón Pérez, una peletería y sombrería. Cristina Hernández abre una tienda mixta, una zapatería propiedad de Gregorio López, una tienda mixta-fonda y tabaquería (todo bajo el mismo techo), propiedad de Marcos Fernández. Una fonda – billar de Valentín Blanco, la primera farmacia por Diego Mora y en calle Fundación se produce la apertura de los baños públicos propiedad de Aurelio Suárez y familia. Por su parte, Antonio Figueroa cede 1608 varias planas, en terrenos del Vínculo, para una plaza de mercado y Remigio Delgado abre la primera carnicería. En las proximidades del arroyo Jíbaro se produce la apertura de una cantera de piedra que será la proveedora de materiales para las nuevas construcciones.

Los progresos experimentados también inciden en la agricultura. Por estos años aparecen nuevas fincas, entre las más florecientes se recuerda: "El Progreso", propiedad de Ignacio Zangronis; "Río", de Rosario Román; "Arroyo Jíbaro", de Teresa C. Molina; "Paso Seco", de Francisco Gómez Masa, la estancia de "Ponce" y los potreros "Marín", "Sotolongo" y "La Esperanza", entre otras. Estos predios cambiaron muchas veces de nombre y propietarios, pero aún se conserva el recuerdo de las más relevantes.

Es esta época cuando se establecen los primeros pobladores de origen chino desplazados por la creciente urbanización de la capital y la desaparición de la Zanja Real. Los asiáticos comenzaron el cultivo de vegetales en los alrededores de Calabazar, principalmente junto a las márgenes del rio, a la entrada del poblado. Esos cultivos se amplían a inicio de la república creciendo la colonia asiática residente en el vecindario.

Como se puede comprobar, durante estos años perduró una economía basada fundamentalmente en los baños, la actividad comercial, la pequeña industria artesanal y la agricultura, que hacen que los progresos alcanzados sean más dinámicos que los de décadas anteriores.

En 1860, el agrimensor público Cristóbal Gallegos levantó con minuciosidad uno de los planos originales que se conserva hasta la actualidad. En él se anota con pulcritud y claridad las calles existentes, parcelas repartidas, viviendas construidas, el terreno de la iglesia y la relación nominal de los propietarios por calles.[89]

En el corto período de dos años "se levantan 41 casas más, la mayor parte de mampostería y tejas, además de una iglesia parroquial, se crea la primera escuela de enseñanza elemental, dos nuevos establecimientos de víveres-fonda-hospedaje y una tabaquería, así como los recreos indispensables de un pueblo de temporada: billar, valla de gallo y una glorieta sólida, elegante y pintoresca[90].Una demostración de la evolución demográfica del naciente caserío es el cuadro elaborado en 1860, donde se señala el número de pobladores por calle.

[89] A.N. Gobierno Superior Civil. Legajo 20. No.1159
[90] Ibídem.

Vecinos por calles según datos estadísticos de 1860

Calle Fundación	Pedro Romay, Rita Álvarez, Pablo Campos, Ángel Morales, Lucas Padrón, José Herrera, Miguel Rodríguez, Rafael Díaz, Pedro Torres, José Falcón, Delia Suárez, Antonio Aparicio, Antonio Gómez y Dionisio Roy.
Calle Real:	Dionisio Roy, Dolores Hernández, Francisco Borreal, Juan Duartes, Antonio Hernández.
Calle Vínculo:	Eugenio Hernández, Juan B. Días, Miguel Macías, Benito Batista, Francisco Martínez, Herederos de Cervantes, Francisco Mederos, Juan Azoy, Antonio Guzmán, Juan Acoy, Antonio Guzmán, Ramón Cabello, Antonio Maturín, A. Berroa, Miguel de la Vega, José Morales, Bartolomé Batista, Ángel Morales, Antonio Navarro, Francisco Hernández y Concepción Hernández.
Calle Meireles	J. Miguel García, Gregoria Cepeda, Francisco M. Pérez, Gabriel Parra, Rafael Torices, Víctor Bruguer, Magín Corominas, Pedro Torres, R. Padilla, M. Espinosa, Bárbaro Sondero, Ángel Morales, Carlos Vega, Lucas Padrón, S. Noroña, Francisco A. Pérez, Miguel Vargas y José López.
Calle Espada:	José María Lemus, Carlos Vega, Víctor Níger, Augusto Alberto, Dolores Moreno.
Calle Berros:	Juan Mederos y Antonio Felipe.

Demostración inequívoca de este crecimiento lo es también el cuadro estadístico de 1862, en él se le señala una población ascendente a 632 habitantes, es decir467 más que en el censo de 1854. De este número, 410 son blancos, 90 libres de color y 132 esclavos. Es de suponer que esta última cifra incluye el reducido grupo de asiáticos y yucatecos que aquí existían en esta época, aunque inexplicablemente el referido censo nos los clasifica por su lugar de procedencia.

Entre las décadas del setenta y noventa del siglo XIX, aparecen nuevos comercios, talleres y pequeñas y medianas industrias que en su desarrollo alcanzan fama regional, provincial y nacional. Son generalmente inversiones que pudiéramos llamar interlocales, que se establecen amparadas en determinadas concesiones municipales: En 1871, la Sociedad Estefaní y Cía abre un alambique de licores y fábrica de destilación de melaza y mieles en la fina ""El Molino"; Nemesio Garte pide autorización para poner a funcionar una fábrica de almidón junto al río y construir una represa para mover la referida industria. En la calle Vínculo No.1 se instala la fábrica de fósforos "La Defensa", propiedad de Julio Guichard, además inician su producción dos nuevos tejares, y una fábrica de tabaco torcido.

Surgimiento de la industria del tabaco

Esta localidad inicia por esos años la pequeña producción de tabaco, una tradición, que, como ya se analizó en capítulos anteriores, se remonta al siglo XVII y XVIII, con las vegas de tabaco cultivadas por familias de origen canario. Sin embargo, la fabricación de tabaco torcido no surge hasta la década del cuarenta del siglo XIX, cuando aparece el primer chinchal dedicado a estos menesteres, y que tiene un carácter eminentemente local. De este modo. aparecen los primeros artesanos tabaqueros independientes y otro número laborando en los pocos talleres existentes. Desde el censo de 1846, se comprueba su presencia. Ya para 1856, son dos las tabaquerías creadas y en la década del setenta se agrega una más propiedad de Marcos Fernández[91].

En estas tabaquerías algunos vecinos encontraron el sustento diario, mientras otros, aprenden el oficio, eran los aprendices que padecen todo género de humillaciones y las más duras tareas, algunas ajenas al aprendizaje del arte de torcer tabaco. En aquellas primeras manufacturas o fábricas, se instituye el lector de tabaquería a partir de 1865, primeramente en la capital, luego se extendió a todas las localidades del país, con esto se elevó el nivel cultural de los obreros del ramo. Esta industria local,- aunque tardíamente,- no estuvo ajena a esas lecturas. Esto tuvo su influencia en la creación de un gremio en el ramo y la incorporación de algunos trabajadores del tabaco a las luchas independentistas, principalmente en 1895, hecho que será analizado en otro epígrafe de esta obra.

En 1892, la compañía norteamericana "Havana Comercial Company", decidida a controlar la producción tabacalera, adquiere varios almacenes y 12 fábricas importantes de la capital. Una de estas se abrió en Calabazar, lugar donde existía tradición tabacalera, trabajadores con experiencia en el oficio y un número importante de desocupados. En la nueva industria unos 100 obreros lugareños Supuestamente encontraron plaza, pero los "afortunados" estaban obligados a trabajar extensas jornadas por un exiguo salario que malamente le dada para comer y vestir. La expoliación, los bajos salarios y las pésimas condiciones en que laboraban desembocan tempranamente en conflictos y contradicciones que alcanzan su punto más alto a inicio del nuevo siglo como se verá en otro epígrafe de este libro.

[91] Museo Histórico Municipal, Santiago de las Vegas. Libros del Cabildo 1850-1857.

Parte de la vajilla del Hotel "La Brisa" valiosas piezas históricas que hoy se conservan gracias a la protección de una familia descendiente de los propietarios.

Pablo Bregolat Rosell, fundador del Tejar homónimo en una foto familiar.

Primitiva entrada del Tejar Bregolat con su hilera de árboles y las edificaciones radicadas a su entrada.

Es imposible escribir la historia de este pueblo y de su evolución económica sin esbozar algunas ideas acerca del nacimiento y desarrollo de la industria del barro por el rol que esta desempeñó en la comunidad. Se ha comprobado que los primeros objetos de barro se fabricaron en los primitivos ingenios aquí instalados, en ellos se producían las hormas utilizadas en la producción de azúcar, pero era una actividad también muy primitiva, ajustada a las necesidades de la producción y de la subsistencia de los esclavos. Ese es el inicio de una industria que con el paso de los años hizo tradición en esta villa.

Patio con las piezas tradicionales producidas listas para la venta.

En 1892 el catalán Pablo Bregolat Rosell adquiere la finca "Los Mangos", del antiguo ingenio Calabazar, próxima al poblado, para erigir una fábrica de materiales de construcción, el denominado Tejar "Bregolat".

Naves y chimenea de la naciente industria.

Debido a la naturaleza de su suelo, en esta localidad comenzó a desarrollarse la industria del barro a partir de 1850, con la edificación del primer tejar de que se tiene noticias. Es muy lamentable, por la ausencia de documentación histórica, no saber el lugar de su ubicación y el nombre de su propietario. Pero no existe duda alguna que este surge al calor de las nuevas construcciones levantadas por los temporaditas y residentes. Por la misma causa comenzaron a funcionar algunos hornos de cal y una cantera de piedra nombrada "Cantera Jíbaro".

La industria tejalera local adquiere mayor importancia a partir de 1860, cuando se edifican las casas – quinta más importantes.

Pero fue la construcción del Canal de Isabel II (Canal de Vento), la que le imprime el impulso decisivo. Las exigencias de materiales de construcción para dicha obra y su cercanía a Calabazar hizo necesario abrir un rústico camino desde Vento hasta este punto, por esta ruta se trasladan las enormes piedras de la cantera, los ladrillos y otros utensilios de barro necesarios para la subsistencia de peones y esclavos que laboraban en lo que se convertiría en la gran obra de la ingeniería del siglo. Este fue el principal estímulo para la apertura de dos nuevos tejares, el incremento del número de trabajadores de la arcilla y, - por qué no -, de afamados maestros del barro cuyos nombres se han borrado en las páginas del tiempo pero que no dudamos de su existencia. Todos dejaron las huellas de sus manos en las obrar que realizaron y cuyos resultados aún se observan en fachadas, techos, patios y en el propio Canal de Vento.

Muestra de artículos de barro elaborados en el antiguo Tejar Bregolat (Siglo XIX).

El instante cimero de dicha industria se produce en 1892, cuando el catalán Pablo Bregolat Rosell adquiere la finca “Los Mangos”, del antiguo ingenio Calabazar, próxima al poblado, para erigir una fábrica de materiales de construcción, el

Vasija que es objeto de muchas interpretaciones. Algunos lo consideran simplemente un recipiente decorativo otros que estaba destinado a fines industriales o añejar y conservar vinos. Durante años permaneció en la entrada del Tejar Bregolat (hoy René Bedia)

denominado Tejar "Bregolat"[92].Pionero de la Industria Alfarera Nacional, edificado en calle Término y Línea del ferrocarril. Bregolat, "previamente había asistido a la Gran Feria Exposición de Chicago, de carácter internacional, en la que apreció de cerca la multiplicidad de artículos que Estados Unidos producía en la industria alfarera y de cerámica, gran parte de ellos absorbidos por nuestro mercado. Esto y su deseo de radicar en nuestro país, basándose en sus conocimientos técnicos, y pensando con acierto, que una industria de esta índole tendría de hecho una parte del mercado cubano, lo estimuló a crear la industria[93]."El nuevo tejar, "- como asevera Anita Arroyo en su obra Las Artes Industriales en Cuba-", nace con el ansia de seguir y triunfar en la implantación de una industria artística que en Cuba se desarrollaba primitiva y deficiente"[94].

Esta industria se dedicó en sus primeros tiempos a la fabricación de ladrillos, tejas, losas, tinajones así como objetos decorativos para jardines e interiores: jarrones, macetas y otros propios de la cerámica artística de carácter industrial[95].Sin embargo, el

[92] Registro de la Propiedad de Bejucal. Escritura No. 293. La Habana, 7 de enero, 1892.

[93] Diario de la Marina. La Habana, viernes 11 de abril, 1952.

[94] Arroyo, Anita. "Las Artes Industriales en Cuba". La Habana, 1943.

[95] Pablo -Bregolat Rosell, Catalogo de la ."Industria Alfarera Cubana". Calabazar de la Habana, 1919.Pág. 42.

verdadero desarrollo de la alfarería y la cerámica local se produce a inicio del siglo XX, con el establecimiento de nuevos tejares y talleres.

Demografía y segregacionismo: sus causas

Paralelamente a la "prosperidad económica" que alcanza este pueblo, se va consolidando el poder de los propietarios rurales, comerciantes y dueños de las casas de baños, peninsulares y criollos, en cuyas manos se encuentran la administración local y que habitualmente residen en La Habana donde tienen sus principales negocios e intereses y que únicamente se trasladan a este lugar durante el verano, cuando crece la concurrencia de temporaditas, las fiestas, paseos y romerías que le reportan grandes ganancias. La creciente umbilicación económico – social de la localidad con la capital, y su condición dependiente de una triplicidad jurisdiccional: Santiago de las Vegas cabecera municipal; Bejucal, partido judicial y La Habana centro económico principal. Y, por otra parte, la lejanía y las deficiencias de la transportación para la solución de los problemas Jurídicos, el pago de impuestos, etc. es aprovechado hábilmente por los propietarios absentistas encabezados por Rafael de Quesada, propietario de la "Obra pía de Meireles", Ángel Morales, Dionisio Roy, Lucas Padrón y Pedro Torres, para fomentar un estado de opinión segregacionista en el vecindario, con el propósito de incorporar esta localidad a la jurisdicción de la Habana como una Capitanía de Partido, lo que sin duda, representaría determinadas ventajas que harían crecer sus inversiones. Para lograr su propósito estimularon en los vecinos sentimientos adversos a la localidad cabecera [96] . En los

[96] A. N. Gobierno Superior Civil. Legajo 20. No.1159. 1856.

documentos consultados aparecen en detalle los argumentos utilizados, todos de carácter económico – jurídico; elevados al Gobierno y Capitán General de la Isla. Para analizar dicha solicitud se creó una comisión investigadora que arribó a las siguientes conclusiones: "...que la triple jurisdicción en que se encuentra Calabazar es lo más anómalo y debe ser lo más oneroso posible..."[97].

Lo cierto es que este sentimiento segregacionista era estimulado por la elite habanera con inversiones locales. Surge cuando este núcleo humano comenzó a desarrollarse y cobró vida propia, en momento en que la triplicidad de jurisdicción impedía su desarrollo, en los vínculos económicos externos, y, por qué no decirlo también, en la desatención en que permaneció el poblado durante muchos años a pesar de su prosperidad económica; he ahí las raíces nefastas pero ciertas de ese sentimiento de segregacionista que lejos de desaparecer,- por diversas causas-, fue creciendo y se extendió hasta el siglo XX, alcanzando su clímax,-como veremos más adelante -, hacia la década del 40 de ese propio siglo. Sin embargo, es necesario esclarecer, que esta población nunca llegó a sufrir la ceguera del localismo estrecho y enfatuado que hace de la villa un caprichoso microcosmos y que tanto perjuicio causó en la historia. Tampoco los calabazareños desarrollaron sentimiento alguno de animadversión a los forasteros de cualquier procedencia, por el contrario, con estos vivió y se mezcló en fraternidad. Ese fenómeno como ya se analizó tiene en esta villa otras causas: "el pueblo debe su nacimiento y sostén al intercambio con la capital y con la cabecera jurisdiccional, hasta el extremo que todavía vive a ellas atadas como por un ombligo. De igual modo, durante muchas décadas, las riquezas aquí producidas han tomado esa dirección en perjuicio de la localidad."

[97] Ibídem.

En resumen, en los años precedentes al estallido de la guerra del 95, Calabazar era un centro económico importante y próspero. Es de hecho, el barrio de mayor actividad mercantil e industrial después de la cabecera municipal. Tal proceso solo se vio interrumpido por el Bando de Reconcentración dictado por Valeriano Weyler, en 1897, que provocó el éxodo de numerosos pobladores, situación que condujo a la reducción del número de habitantes así como del grueso de los temporaditas que lo frecuentaban. Índice que nos ofrece una panorámica de la reducción demográfica lo es el censo de 1899, donde se le señala una población ascendente a 1152 habitantes, es decir, 1502 pobladores menos que el último censo levantado durante la colonia[98].

En próximos epígrafes de esta obra se verá las consecuencias que estos cambios traen para la villa y la metamorfosis económica que de ellos se deriva.

La Iglesia Católica "San Juan Bautista"

Los antecedentes más lejanos de la Iglesia de Calabazar se remontan a fines del siglo XVIII y principio del XIX. Se conoce la probable existencia de una ermita de tabla y guano en el ingenio "Nuestra Señora de Guadalupe y San Francisco de Paula" (El Calabazar) en 1682[99]. Salvo esta referencia histórica, se desconocen hasta hoy noticias de su proceso anterior, y cómo surgió la idea de su creación. Según se ha comprobado, desde 1774, el Rey, ejerciendo el patronato real, ordeno que los curatos de campo pudieran situar templos auxiliares cada cuatro leguas para suministrar los sacramentos, pero en 1807, el Obispo de la Habana redujo esta distancia a dos leguas lo que multiplico la posibilidad de erigir

[98]Censo de 1899.Oficina Nacional del Censo. 1899.
[99] Mercedes García Rodríguez. Ibidem.

templos en medios rurales, conscientes del papel que estos podían desempeñar dentro de las nacientes poblaciones. Esta última es la fecha que supone se creó o traslado-, al desaparecer el ingenio Calabazar-, la primitiva ermita en la naciente aldea, antecesora directa de la iglesia construida tiempo después. Se desconoce su ubicación originaria pero se supone que la rustica edificación de tabla y guano se levantó en la Calle Fundación, junto al rio. Se dice que fueron devotos de origen canario los que propusieron su construcción. Lo cierto es que esta primera ermita, en tierras del Vínculo de Meireles, desempeñó las funciones de iglesia desde 1807- 1808, en adelante para atender al reducido vecindario que se iba agrupando en torno a los baños creados por. D. Juan de Illas. Juan José Díaz de Espada y Fernández de Landa, conocido históricamente como Obispo Espada y de quien nuestros José Martí dijo: "... aquel obispo español que nos quiso bien...", fue quien la agregó en 1827, como auxiliar de la Parroquia de Santiago de las Vegas[100]. Esta condición es reconocida también en 1853, por el Obispo Francisco Fleix y Solans.

Obispo Juan José Díaz de Espada y Fernández de Landa. Creador de la Iglesia del Calabazar.

La edificación de la iglesia actualmente conocida debió pasar por un proceso de cambios y traslados hasta ocupar el lugar donde hoy se levanta en el Parque Central de la población. En la medida que va creciendo el caserío con el arribo de nuevos vecinos y

[100] O.H .Martin Leiseca, Juan. "Apuntes para la Historia Eclesiástica de Cuba." La Habana, 1938. Pág. 405.

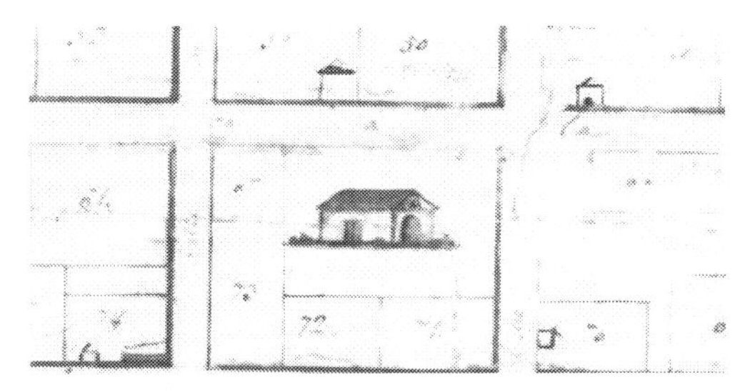

De acuerdo a un añejo plano de la fundación del pueblo de Calabazar esta vivienda que más se destaca en el área cercana al emplazamiento actual puede corresponder a la primitiva ermita creada por el Obispo Espada.

temporaditas y por consiguiente, la necesidad y demanda del culto religioso, determinó que a principio de la década del cincuenta, se dieran los primeros pasos con el propósito de construir una iglesia de cantería y piedra con una arquitectura colonial tardía. Con este fin, Don Rafael de Quesada, administrador del "Vínculo de Meireles", hizo donación de una extensa parcela de su propiedad[101].

El sitio escogido para su emplazamiento se estaba convirtiendo ya en el más atractivo por la activa circulación, los establecimientos más importantes y las casas – quintas construidas.

El 8 de octubre de 1855, Francisco Barreal, comisario del barrio, autorizó la tasación de los terrenos destinados a erigir la iglesia. El 10 de octubre de 1856, el presidente del Ayuntamiento municipal colocó la primera piedra para la construcción de la nueva iglesia de Calabazar. En el Archivo Histórico del Arzobispo de la Habana consta el expediente con los proyectos constructivos presentados. El primero de estos planos proyecta una majestuosa construcción con dos campanarios, - similar a la iglesia de Santiago de las Vegas -.Sin embargo es aprobado el que presento Don Mariano Cortés, por ser el más económico[102].

El compromiso constructivo es asumido por el moreno libre Juan Sánchez maestro de albañilería y Magín Corominas, de carpintería. Participan en su construcción un considerable número

[101] O.H. Archivo del Obispado. Expediente No. 4. Libro 1.
[102] A.N. Gobierno Superior Civil. Expediente 43.(Obispado de La Habana).

de jornaleros blancos y morenos libres [103].Los materiales para la edificación se obtienen en la cantera del Jíbaro, en el primitivo tejar y de los bosques residuales existentes en la cercanía de la localidad. Para 1857, ya se habían concluido los trabajos. La primitiva ermita de tabla de tabla y guano había sido sustituida por una modesta iglesia a un costo de $ 8 100,00.[104]

Iglesia Parroquial de San Juan Bautista y San Antonio de Padua, en el actual Parque Máximo Gómez. A pesar de sus múltiples reconstrucciones por dentro y en el exterior ha mantenido su estructura original desde que se cambió tu techo de tejas por solida placa que la ha dado un aspecto abovedado.

Las características de esa iglesia aún se conservan,-pero con algunos cambios,- como parte de su estructura constructiva original. Aunque sus exteriores no resaltan por ser majestuosos ni ofrece un marcado valor arquitectónico constituye una rustica construcción de tipo colonial tardío. Es un templo sólido de cantería y piedra con techo de tejas de dos aguas que empataba con la estructura original. Estaba compuesto de una nave central de un solo cuerpo, de 30 varas de largo y 11 de ancho. En sus inicios carecía de campanario hasta su reconstrucción en 1862.

En su interior muestra riquezas comparativas a las de cualquier otro templo de la época: presbiterio, sacristía, pila bautismal de mármol, púlpito y confesionario. En el altar mayor estaban situadas las imágenes de San Juan Bautista y San Antonio de Padua, la virgen de la Caridad del Cobre, la Purísima Concepción,

[103] O.H. Archivo del Obispado. Expediente No. 4. Libro 1.
[104] Ibidem.

Nuestra Señora de la de la merced, Nuestra Señora de los Desamparados y la imagen de San José.[105]

La abovedada iglesia que hoy vemos con sus gruesas paredes y típico campanario es por su rico historial una de las edificaciones coloniales de mayor interés en la comunidad. En torno a ella se agrupa el pueblo como buscando su protección y calor.

El 17 de mayo de 1859, un grupo de vecinos solicitan al Obispo de la Habana que erija en curato de ingreso su ermita, pues, hasta ese momento solo pueden oír misa los días festivos. Esta solicitud motivó la instrucción de un voluminoso expediente que incluye las opiniones de los titulares de las parroquias vecinas que resultarían afectadas por una nueva jurisdicción parroquial a saber: Santiago de las Vegas, Santo Calvario y Jesús del Monte.[106]

Obispo Francisco Fleix y Solans bendijo la iglesia de San Juan Bautista como parroquia de ingreso.

Después de pasar por todos los trámites legales y aprobados por Su Majestad la Reina, en Real Orden del 4 de abril de 1861, la nueva ermita es elevada a la categoría de Parroquia. Esta noticia apareció publicada en el Diario de la Marina con fecha 5 de mayo del propio año. [107] Finalmente, el 27 de mayo de 1861, Francisco Fleix y Solans, Obispo de la Habana, erigió canónicamente esta iglesia en curato de ingreso, se bendice el pueblo y se adopta como titulares y patronos a San Juan Bautista y San Antonio de Padua y por limites jurisdiccionales, por el Norte, todo el caserío de Arroyo Naranjo media legua de distancia por la carretera; por el Este al fondo de

[105] Rvdo. Jesus Cairo. Calabazar y su Historia .Material Informático. Parroquia San Juan Bautista y San Antonio de Padua. 2003. Pág. 42.
[106] O.H. Archivo. Ibídem.
[107] Diario de la Marina, La Habana, 5 de mayo, 1861.

dicho caserío hasta encontrar la Serventía de la Cruz que conduce a la Parroquia del Calvario, tomando su derecha hasta llegar al potrero Paso Seco y límites de la Iglesia de Managua, Parroquia del Wajay, por el Sur, el Portazgo de Boyeros y callejón de Noriega, por su izquierda con dirección a Paso Seco y límite de la feligresía de Managua, distante del caserío del Calabazar media legua y una más de cuarto de la Parroquia de Santiago de las Vegas.[108]

El correspondiente decreto aprobatorio aparece anotado en el libro primero de bautismo de españoles, que da comienzo al 24 de junio de 1861, con el bautismo de Juan Bautista Poey, hijo legítimo de Juan Bautista natural de Francia y María Inés de Arango, natural de la Habana y vecinos de esta feligresía [109].

El primer bautismo de negro esclavo correspondió a Agripina Alemán, el sábado 29 de junio del propio año, hija de la morena María de los Dolores Castilla, natural del Calvario y de padre no reconocido, esclava de Don. Nicolás Alemán [110].Esta iglesia posee documentos sobre bautizos y casamientos de los pobladores que testifican los asentamientos desde 1861, porque los anteriores o han desaparecido o aparecen incluidos en los libros de la Iglesia Parroquial de Santiago de las Vegas.

El primer párroco interino de esta parroquia lo fue el Presbítero Francisco de Paula Fernández, que desarrolló su ejercicio hasta 1864, cuando es designado el sacerdote Rafael Sal y Lima como cura beneficiado para desarrollar sus funciones en esta Iglesia.

Después de su aprobación como Parroquia y designados los patronos correspondientes, comenzaron a desarrollarse las

[108] Obispado de La Habana. Archivo. Expediente 4. Libro No. 1.
[109] Archivo Parroquial. Iglesia San Juan Bautista de Calabazar. Libro de Bautismo de Blancos. Libro 1.Pag. 1. 1861.
[110] Ibídem.

famosas y tradicionales fiestas patronales y populares en torno a San Juan Bautista, costumbre surgida de la devoción religiosa de los calabazareños. Según refiere la tradición oral, las primeras festividades de este tipo se realizaron el 24 de junio de 1862.No existe hay hoy constancia documental conocida que ofrezca luz sobre el inicio de la recordada tradición.

La modesta construcción que sirvió de templo religioso permaneció con su estructura original hasta 1862. En ese año, el cura párroco se queja que: "... la iglesia parece más un almacén de depósito que una institución cristiana, ofreciendo un desolador contraste con los bellos edificios que se levantan en el poblado..."[111].La respuesta de las autoridades eclesiásticas no se hizo esperar, en ese propio año es aprobada su ampliación con un elegante pórtico y pequeña torre campanario muy peculiar para situar tres campanas. Según testimonios de los pobladores más antiguos, esas campanas que se conservan hasta nuestros días fueron donadas por Rafael de Quesada y su esposa Rosa de Arango, propietario de los terrenos legados para la construcción.

De modo simultáneo, el Obispo inició expediente para erigir otra iglesia en Arroyo Naranjo. En los documentos que se conservan en los archivos del Obispado de la Habana constan las fechas de las reparaciones de esta iglesia en 1870, 1872,1876 y 1882[112].

Entre todos los sacerdotes que desarrollaron su ejercicio en la Iglesia de Calabazar se destaca la presencia del venerable patriota Presbítero Rafael Francisco Agüero Sal y Lima[113]. Este sacerdote fue un incansable luchador por la independencia de Cuba del colonialismo español por esta causa entregó su propia vida .A principios de la Guerra de los Diez Años, le fue ocupado un depósito

[111] O.H. Obispado. Archivo, Expediente 9. Legajo No. 59.

[112] O.H. Obispado. Archivo. Expediente 4. Libro 1

[113]. Presbítero Rafael francisco Agüero Sal y Lima. Fue el primer sacerdote independentista en la historia de Calabazar. (Ver Anexo No.12)

de armas debajo del altar mayor, hecho que determino su deportación a Fernando Poo, lugar donde murió.

En la obra Historia Eclesiástica de Cuba, de Ismael Testé, se expresa erróneamente que en esta parroquia desarrolló su evangelio el Presbítero José Cecilio de Santa Cruz y Ponce de León, otro de los curas patriotas luchador por la independencia nacional. Sin embargo, en el proceso de búsqueda en los libros parroquiales y en el Archivo del Arzobispado de la Habana esta información no ha sido comprobada hasta hoy.

Durante la etapa colonial esta Iglesia es visitada por la máxima jerarquía religiosa de la Isla. El primero, el Obispo Espada cuando la erigió auxiliar de la parroquia de Santiago de las Vegas; la de Fleix y Solans cuando la bendijo como parroquia de ingreso; el 5 y 6 de abril de 1884, llegó a esta iglesia procedente de Santiago, Ramón Fernández de Prevola y López, Obispo de la Habana y Caballero de la Gran Cruz Americana de Isabel la Católica, con el propósito de realizar una visita pastoral e inventario de la parroquia. Del mismo modo, realizaron visitas a este templo, Manuel Santander y Frutos en 1889 y Ramón de Pierola y Huarte, en 1891.[114]

[114] O. H. Obispado. Archivo. Expediente 4. Libro 1.

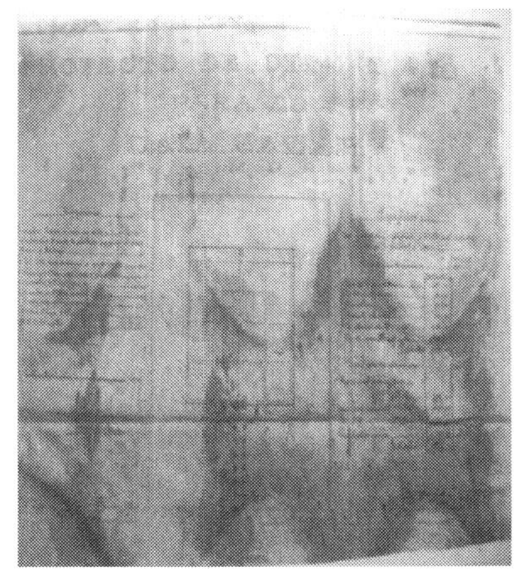

Plano original y Memorias del proyecto del cementerio del Jibaro.

Esta institución religiosa en su decursar desempeñó un papel fundamental en la creación del cementerio de la localidad. Hasta esos instantes los enterramientos de realizaban en las proximidades de la iglesia o en el fondo de uno de los cuarteles del ejército colonial, en calle Espada y Fundación, El 11 de septiembre de 1876, se constituyó una Junta Parroquial presidida por el cura Sebastián Herrera, se realizaron colectas públicas y fiestas para recaudar los fondos necesarios y finalmente se adquirió el potrero Sotolongo, en el camino a Santiago con los $ 14.500 pesos acumulados por ese concepto .En agosto de 1882, fue inaugurado oficialmente la necrópolis de Calabazar popularmente conocido como cementerio del Jíbaro[115].

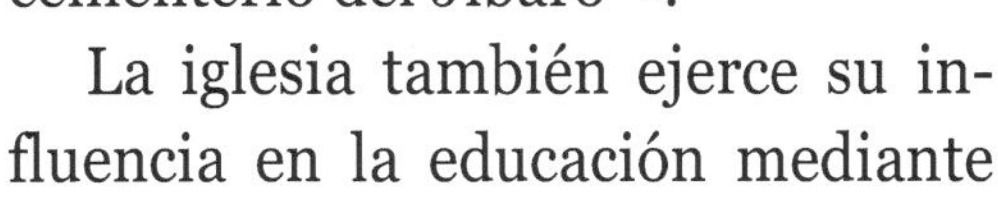

La iglesia también ejerce su influencia en la educación mediante su vinculación a la enseñanza Por tradición oral se conoce que durante la contienda independentista de 1895, las fuerzas militares españolas convirtieron este templo en un verdadero cuartel y almacén de pertrechos de guerra haciendo muy difícil y peligroso el desarrollo del culto y poniendo en peligro la vida de los feligreses.

[115] José R. Castillo Pacheco. Entrevista .Calabazar.

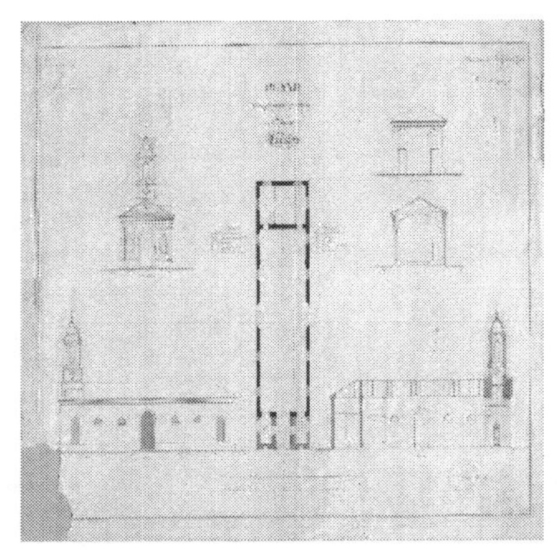

Plano elaborado para la ampliación y mejoría de la iglesia del San Juan Bautista del Calabazar. Archivo histórico del Arzobispado de la Habana.

Según testimonio de José R. Castillo Pacheco, testigo presencial de este hecho, en amena e interesante entrevista realizada en 1965, nos narró que: "... cierto día, bajo el azote de una severa tormenta, un oficial español trató de penetrar a caballo por el pórtico de la iglesia pero en esos precisos instantes fue fulminado por una descarga eléctrica provocándole la muerte instantánea..."[116] Todo el vecindario afirmó que eso era un castigo divino por el sacrilegio cometido.

Durante la etapa colonial la parroquia tuvo varias reparaciones[117].A pesar de sus múltiples reconstrucciones por dentro y por fuera, en su conjunto, se mantiene pintoresca en medio del parque que la rodea como un rico patrimonio local y municipal.

Desde su inauguración, en ella han ejercido su magisterio numerosos sacerdotes en la etapa colonial hasta 1900.[118]Esto puede ser consultado en la obra digitalizada "Calabazar y su Historia".(inédito), 2003.De la autoría del Rev. Jesús Francisco Cairo

[116]. La ubicación de los terrenos dedicados al cementerio es la siguiente: Carretera Habana a Santiago, entre el Km. 12 y 13. La cerca de piedra del potrero conocido como de Sotolongo, orilla Oeste de esta carretera, pasa por las inmediaciones de un jagüey que en ella existe. la caballería 33543 m2 Extensión del cementerio incluyendo los muros 10,027 m2 declinación 50 20' NE. (9). En Agosto de 1882, fue inaugurado oficialmente el cementerio de Calabazar.

[117]. José R. Castillo Pacheco. Entrevista .Calabazar.

[118] En el Archivo del Arzobispado de La Habana aparecen registrados inventarios de la Parroquia San Juan Bautista y San Antonio de Padua de Calabazar correspondientes a los años 1884, 1888, 1890, 1891,1892,1993, 1995 y 1899 en el Legajo 59 expediente 8.

con la colaboración e información aportada por del autor de este libro.

Estos han sido los sacerdotes que ejercieron su vida pastoral en esta Parroquia hasta el inicio del siglo XX. Algunos desempeñaron un sobresaliente rol en la historia eclesiástica de Cuba, entre otros el Presbítero Rafael Francisco Agüero Sal y Lima[119], que

[119] Nombres de los sacerdotes que han atendido durante esos años la Iglesia de este pueblo desde su fundación en junio de 1861 hasta 1900.Estos nombres aparecen en el orden siguiente: Junio de 1861, P. Francisco de Paula Fernández, cura interino. Julio de 1864, P. Rafael Sal Lima cura beneficiado. Febrero de 1865, P. Santiago Papiol Román, cura párroco de N. S. De la Candelaria del Wajay e interino de esta. Marzo de 1865, P. Rafael Barranco Martínez, cura párroco interino. Diciembre de 1865 P. Lima. Marzo de 1869, P. Pedro J. Martínez, cura interino*. Mayo de 1869, P. Eduardo Ángel Álvarez, cura interino. Junio de 1869, P. Joaquín de Jesús de Arcarazo, cura párroco interino. Abril de 1870, P. Braulio de Orúe, cura interino. Agosto de1872, P. Ricardo Romualdo Díaz Porras, profesor de segunda enseñanza y cura interino. Agosto de 1872, P. José María Borregos, cura párroco interino. Diciembre de 1874, P. Manuel Lagos, cura interino. Abril de 1875, P. Victor M. Lorenzo y Lorenzo, cura interino Diciembre de1875, P. Fernando José de Quesada, cura beneficiado de Ntra. Sra. Del Pilar de Vereda Nueva e interino de esta. Mayo de 1876, P. Salvador García de las Peñas, cura interino de Santiago de las Vegas y encargado de esta. Junio de 1876, P. Sebastián Herrera, cura párroco. Febrero de 1879, P. Rafael Basvanio Martínez, cura párroco interino Abril de 1888, P. Bernardo María Luelmo, cura párroco. Junio de 1890, P. Luis de Usabal, párroco interino. Mayo de 1891, P. Antonio del Río García, párroco interino. Diciembre de 1893, P. Vicente Ferrer de la Cruz, cura párroco .Junio de 1895, P. Pio de Santos Abad, cura párroco de Santiago de las Vegas y encargado de esta. Septiembre de 1895, P. Bernardo Ramírez Álvarez, cura interino Enero de 1896, P. Vicente Ferrer de la Cruz, cura párroco .Junio de 1897 a Octubre de 1900, P. Jorge Curbelo, párroco de Santiago de las Vegas encargado de esta Iglesia. 119 Presbítero Rafael Francisco Agüero Sal y Lima,(1832-1869) fue el primer sacerdote independentista en la historia de Calabazar. De pensamiento claro y alma luminosa, nació el 5 de febrero de 1832 en la ciudad de San Cristóbal de la Habana. Fue bautizado en la iglesia del Espíritu Santo, en Cuba y Acosta, el 20 del mismo mes y año según aparece en el libro 33, folio 19, No 123, de los archivos de dicha iglesia. Según Isabel Testé, su vida y obra se encuentra en el libro No. 43 de esa parroquia. Fueron sus padres Don Pedro Agüero y Benita Sal y Lima. El 14 de junio de 1851, con solo 19 años, pide una beca para estudiar en el Seminario de San Carlos y dispensándole la edad es aceptado. Al culminar sus estudios Sal y Lima es enviado a impartir sus servicios religiosos a la ciudad de Morón. El 13 de octubre de 1859, renuncia a la Cátedra de Latinidad de mayores de la parroquia de Morón, desempeñándose como cura

como se estudiara en otro epígrafe, se convirtió en paradigma de la lucha independentista, Rev. Pedro José Martinez[120] y el Rev. Braulio Orue Vivanco quien se desempeñó como primer obispo de Pinar del Rio[121].

Braulio Orue Vivanco (1843-1904) cura interino de Calabazar (1872).

La Cultura y Tradiciones locales
Las fiestas patronales

Calabazar es un pueblo de costumbres y tradiciones. Las fiestas patronales tuvo originalmente una motivación religiosa. Al estar constituido en esa época el vecindario mayoritariamente por devotos católicos era esta la fiesta principal y más importante, al igual que en otros pueblos de Cuba, En esta población se celebra todo los 24 de junio para honrar al Santo Patrono, San Juan Bautista, bajo cuya advocación estaba el pueblo y su iglesia parroquial. Se trata de una tradición implantada, esencialmente, en los países de cultura hispana. Estaba dirigida a promover los valores

interino hasta que en 1864, es designado la parroquia de Calabazar como cura beneficiado.

[120] El P. Pedro José Martínez y González Fue cura párroco de Ceiba del Agua e Interino de Calabazar y San Jose de las Lajas. Al fallecer era Congregado de la Orden de San Francisco de la capital.

[121]. Rev. Braulio Orue Vivanco (1843-1904) Fue ordenado de subdiácono el 17 de julio de 1864; de diácono el 26 de mayo de 1866 y de sacerdote el 19 de mayo de 1867. Celebró su primera misa en el monasterio de Santa Teresa el 18 de junio de ese mismo año. Fue teniente cura de la parroquia de Nuestra Señora de Monserrate, coadjutor de Calabazar de La Habana en 1870. Era cura interino del Santo Ángel de La Habana cuando fue preconizado primer obispo de Pinar del Río, Murió el 21 de octubre de 1904.

religiosos, deportivos y culturales. Desafortunadamente, a pesar de la minuciosa búsqueda, hasta hoy no se ha encontrado documento alguno que permita ver la reglamentación y desarrollo de dicha festividad en sus inicios. La única referencia encontrada hasta hoy acerca de sus preparativos e importancia es la que aparece en la Gaceta de la Habana del miércoles 19 de junio de 1861, en ocasión de la inauguración del viaje inaugural del Ferrocarril del Oeste de la Habana[122].(Ver anexo 1) Cuatro días antes del Santo Patrón de este pueblo, la prensa habanera daba a conocer los preparativos y festejos que se realizarían en junio de 1861,[123].(Ver anexo 1) Ante la proximidad del relevante acontecimiento en el "poético y misterioso pueblo de Calabazar", el Capitán General de la Isla concedió licencia al vecindario del citado pueblo (solo por este año) para que celebrara con una feria en los días 23, 24, 25 y 26 de junio con las solemnes fiestas religiosas a San Juan Bautista, Patrono del esta población ; bazares, rifas, loterías, fuegos artificiales, bailes, competencias y peleas de gallos con el propósito de reunir fondos para otras obras en la capital. Finalmente el ferrocarril es inaugurado el domingo 23 de junio de 1861.La crónica que aparece en ese periódico es verdaderamente ilustrativa y da una imagen fidedigna del desarrollo de la festividad durante esos días:

"Bien se han divertido y siguen divirtiéndose los vecinos del Calabazar. Pocas veces se ha visto embullo igual. La afluencia de personas era tal así de la Habana como de otros puntos, que bien se puede decir sin temor de fallar á la verdad que la población no bastaba para contener semejante concurrencia. Y si no que lo digan los que habiendo llegado al Calabazar por la mañana tuvieron que regresar al

[122] Ibidem, no. 144, miércoles 26 de junio de 1861.
[123] Gaceta de la Habana, periódico oficial del Gobierno, no 138, miércoles 19 de junio de 1861.

anochecer a la Habana para comer, porque en la invadida población no pudieron encontrar qué ni dónde hacerlo.

Y se agrega a continuación:

¿Y cuál ha sido la causa de este desusado movimiento? Las causas han sido dos: los cuatro días de ferias concedidos al Calabazar por el Gobierno y la facilidad de trasladarse allí por medio de los carros del ferro-carril que se inauguró el domingo. ¿Y para que tanto movimiento? Para gozar de las peleas de gallos, de las carreras de caballos; de los bailes y sobre todo para ir á alegrarse con alegría de los demás. Así es que hubo muchedumbre en todo y en todas las partes. Se comió mucho, se bebió más, y el dinero rodó como si la crisis no pesase sobre nosotros" "...Dicen que Guanabacoa y Puentes Grandes están temblando de susto al ver el vuelo que toma por momentos su nueva rival. El caso no es para menos. Tan inmediato, tan bien situado, con su cristalino río, con tan frescos baños, no hay que dudarlo: el Calabazar tiene delante un bellísimo porvenir. Pues á quien Dios se los da, que San Pedro se los bendiga. Por lo que hace a San Juan no ha sido nada el caso en bendiciones. Veamos cómo se porta el príncipe de los Apóstoles cuya festividad se halla ya cercana.[124]

Según testimonios de antiguos pobladores, días antes de la celebración un pregonero iba por las calles de la zona vieja del poblado anunciando la programación. Un Comité Organizador constituido por el cura párroco y una comisión de feligreses y vecinos era el encargado de la programación a desarrollar cada año.

LA CELEBRACIÓN CONSTABA DE DOS MOMENTOS PRINCIPALES:

1)Los actos religiosos: Un oficio solemne en el interior del templo con una hora santa donde se hace oraciones y canticos alusivos al patrón, finaliza en horas de la tarde con la procesión del

[124].Gaceta de la Habana, periódico oficial del Gobierno, no 138, miércoles 19 de junio de 1861.

santo. Los fieles acuden masivamente a la parroquia la víspera y durante todo el día de la celebración para honrar a San Juan Bautista. Después de los rituales en la parroquia se hacía una procesión con el patrón por las principales calles del caserío acompañada de una multitud de curiosos y fieles que portaban a San Juan Bautista en hombros, con esto culmina la festividad religiosa

2)Las celebraciones paganas: tienen lugar en las calles de la localidad; incluía verbenas, juegos, corrida de cintas carreras de saco. cabalgatas y bailes públicos. en las sociedades de Instrucción y Recreo y hasta fiestas enteramente profanas. En el centro del pueblo y en los alrededores del templo se desarrollan las actividades festivas con carpas de comidas, bebidas, ferias, juegos, ventas de diversos artículos, etc.

En la Sociedades de Instrucción y Recreo, se realizaban bailes exclusivos para los visitantes de la ciudad. Los que no podían entrar en las sociedades existentes por carecer de recursos o por el color de su piel, se dirigían a la calle Fundación y Calzada Real del Sur, en las proximidades de los baños públicos, donde existe desde 1854 una glorieta con un piso de tablas y techo de guano que se utilizaba para ofrecer las famosas canturías y guateques de Calabazar con güiro, guitarra y tambor, así como bailes públicos. Eran noches de tómbolas, cohetes explosivos y de algarabía aldeana. Entre plegarias y bailes, durante tres o cuatro días, se realizaban estos festejos.

Las fiestas patronales tenían gran brillantez por sus competencias de caballería realizadas en la plaza de la iglesia o en un improvisado hipódromo existente en la finca Los Mangos. Esto constituía un verdadero atractivo para los veraneantes y campesinos de las cercanías. El pueblo se llenaba de jóvenes de otras localidades vecinas que venían de romería buscando distracción.

Lo que constituía el encanto de los temporadistas y de los bañistas de la ciudad eran los paseos a caballos por la pintoresca campiña, los juegos, bailes de sociedad, de las representaciones teatrales, lidias de gallos finos y otras diversiones propias de la época. Para ellos el verano se convertía en un episodio de fiestas y alegrías y el pequeño poblado adquiría una extraordinaria actividad en la que apenas alcanzaban las tabernas, las fondas y hospedajes para albergar tantos forasteros. La diversión favorita de los vecinos eran las peleas de gallos que cada temporada se realizaba en una valla de la calle principal, próxima a los baños del río. Una de las primeras lidias de gallos de que se tiene noticia se efectuó entre Junio y Octubre de 1859 con el objetivo de recaudar fondos para construir unos baños públicos.

Durante dicha festividad, los esclavos pertenecientes a los estancias, canteras, tejares y casonas de temporadas recibían licencia de sus amos para disfrutar de esos festejos. Era la única etapa del verano en que había detonante y escandaloso movimiento , el pueblo se transforma en desbordantes visitantes que venían a participar en la procesión y en las variadas actividades que se ofrecían .Una red de comercios era la base de los festejos. Todo era plácido y alegre. Constituye una manifestación de las culturas existentes en el marco de la pequeña comunidad objeto de estudio.

Muestra de la religiosidad y el misticismo predominante en esos tiempos es que se tenía la creencia que si el día del San Juan las mujeres se cortaban las puntas de su pelo les crecería una cabellera más abundante y hermosa y que el efecto sería mejor si el corte lo realizara una mujer embarazada primeriza. Esto era una costumbre enraizada que ha llegado hasta nuestros días. Un valioso testimonio de estas fiestas lo ofrece el Dr. Juan Tomás Roig en junio de 1894, al abandonar su casa de Santiago de las Vegas camino de la emigración narra que:

"...casi me ahogaba la emoción al pasar por Calabazar, donde se celebraba bulliciosamente, entre farolitos de colores y viva música, los festejos tradicionales del San Juan..." [125].

Los bailes daban fin a la celebración. Los había para la gente del campo y para los visitantes de la ciudad. Eran noches de tómbolas, cohetes explosivos y de algarabía aldeana. Terminados los festejos los forasteros y visitantes se desplazan a sus pueblos, todo vuelve a quedar en soledad y silencio hasta el próximo año.

Por lo demás, la vida religiosa en esta localidad durante la colonia se manifestaba también en la fiesta pagana que los amos permitían los fines de semanas a los infelices esclavos para que estos, entre bebidas alcohólicas y bailes olvidaran la explotación a que eran sometidos. A pesar de no tener toda la información necesaria, se sabe que en siglo XIX esas fiestas y toques de santos eran tradicionales y representan una valiosa reserva de nuestro folklor nacional.

[125] Simón Valdés, Francisco. "Semblanza de Juan Tomas Roig" .Publicaciones del Municipio Santiago de las Vegas.1953.Pag. 18.

Los baños públicos y las temporadas: dos tradiciones desaparecidas

En la mayoría de las poblaciones de Cuba y América hispana existieron baños públicos cuando aún no era costumbre bañarse en el mar, esta tradición perduró hasta hace pocos años en ciudades y pueblos de Hispanoamérica donde se conserva la herencia y tradiciones coloniales.

Los baños privados existentes en esos tiempos en las viviendas no ofrecían la comodidad necesaria. Ni siquiera aquellos que vivían con holganza y lujo se preocupaban por construirlos de forma adecuada. Por entonces el interés estaba en el derroche de riquezas en otras instalaciones de la vivienda.

En beneficio de la higiene comunal se fueron popularizando los baños públicos, principalmente los creados en las márgenes de los ríos o en los lugares donde existían manantiales medicinales. De manera simultánea se iba revitalizando y generalizando en el siglo XIX, la vetusta costumbre de pasar temporadas en el campo durante la estación calurosa, el lugar más apropiado era la cercanía de las corrientes fluviales importantes, uno de los más próximos a la capital es el Almendares.

En la medida en que crece la celebridad de los manantiales de este sitio habanero y las bondades curativas de sus aguas que contienen nitro y magnesia, sustancias minerales muy apropiadas para curar ciertos males, en esa misma proporción aumentó el número de veraneantes y nuevos vecinos procedentes de Santiago de las Vegas, Jesús del Monte, el Calvario y Arroyo Naranjo en busca de baños medicinales o para mitigar el calor. Otro factor que contribuyo al crecimiento demográfico fue el asentamiento de algunas personas procedentes de La Habana que huyen de las contaminadas aguas de la denominada Zanja Real. Es evidente que las excelentes aguas aquí existentes acabaron por consagrar a esta villa como población.

A esta altura de nuestra obra es necesario aclarar que la casa de baños creada en este sitio por Juan de Illas no fue la única existente. Poco tiempo después, en otro recodo del río, exactamente donde comienza la calle Espada se crean otros baños propiedad de Aurelio Suárez y familia y los del español Antonio Estrada.

En la margen derecha, río abajo, se abren otros baños denominados "Las Cañitas", que nunca alcanzaron la popularidad de los anteriores. Sin embargo, el de mayor prestigio y renombre por la calidad de sus aguas se nombró "Baños del Cacagual", creados a mediados de siglo en la confluencia del arroyo de su propio nombre y el río Almendares, - en la jurisdicción de Arroyo Naranjo-, a unos 300 metros del puente del ferrocarril y cuyos restos pueden ser apreciados todavía. Sus aguas contienen sales marinas, yeso e hidroclorato de magnesia y otras sustancias medicinales pero estos establecimientos de baños no funcionaban todo el año sino únicamente en el verano cuando eran visitados por una gran concurrencia de temporadista

Desde esos lejanos tiempos esta localidad goza de celebridad, no solo por la calidad de sus aguas, sino también por su apacibilidad, la belleza del paisaje, el silencio acogedor del campo y el verdor de los contornos. Su fresca temperatura en verano y de frío seco en invierno lo convierte en sitio muy apropiado para alejarse de la atmósfera malsana de la ciudad. Apenas el visitante arriba a estos parajes siente los pulmones aligerados por el aire tónico y reconfortante. Por eso no eran casuales los numerosos casos de longevidad existentes en el poblado en las edades comprendidas entre 95, 100 y 105 años[126].

[126] B.N. Libro Resumen del Censo de 1846(Sala Cubana).

Algunos temporadistas edificaron aquí casas-quintas de significación, no por su arquitectura ni belleza de ornato interior o exterior, sino por su amplitud y número de aposentos, amplitud y número de aposentos, corredores, cocinas, comedores, zaguanes así como jardines y patios con arboledas que eran verdaderos oasis. Estas casas se construyeron en las calles céntricas, pero las más importantes se encontraban en las calles Fundación, Vínculo y Meireles: la de los Macías; La quinta de los Cervantes; los Vismara, los Amaros, la de Lufriú; la de los Mantecón, la casona de María Josefa Isaguirre y la de los Pastranas, entre otras...

En sus memorias con fecha 30 de junio de 1870, el Capitán Pedáneo[127] del Partido , José S. Barrera, manifiesta lo siguiente:

En sus memorias con fecha 30 de junio de 1870, el Capitán Pedáneo99 del Partido , José S. Barrera, manifiesta lo siguiente:

“ ... el Superior Gobierno en 1860 tuvo en bien fuere trasladada mi residencia a Calabazar donde hoy se haya por ser esta población de fomento moderno, con 173 casa, entre ellas algunas que pueden competir con las mejores de la capital, línea y paradero del Ferrocarril del Oeste, estación telegráfica, la calzada que desde la Habana conduce al Bejucal y atraviesa por medio del poblado, un cuartel de la Guardia Civil, Administración de Correos, la Iglesia Parroquial, médico y botica y dos escuelas de niños de ambos sexos, y el caudalosos río Almendares que su corriente hace límite a la calle Fundación y da en general un aspecto agradable a la población...”[128]

Este documento es, sin dudas, una prueba fehaciente que muestra el crecimiento de la localidad en esa época y los progresos urbanos que la convierten en sitio apropiado para verán. Pero

[127] El Capitán Pedáneo era la autoridad representativa del poder estatal colonial en un determinado territorio.

[128] A.N. Gobierno General. Legajo 19. No.684.

a Calabazar, - por la modernidad del ferrocarril-, no solo se iba a los baños públicos o de temporada, sino también como aventurada romería a hermosos parajes, excursión y paseos. De hecho se convierte en uno de los lugares de reunión de los habaneros durante el verano. Lo que constituye el encanto de los forasteros eran los baños del río, las representaciones cómicas, carreras de caballo, peleas de gallos finos, mascaradas y bailes y otras diversiones propias de la época. Para ellos el verano se convierte en un episodio de fiestas y alegría y el pequeño poblado adquiere una extraordinaria actividad, apenas alcanzaban las tabernas, fondas y hospedajes para alojar tantos forasteros.

Como resultado de las investigaciones realizadas para la redacción de esta obra se halló una noticia de curiosidad histórica nunca antes expuesta: las visitas de un niño de triste mirada, pobremente vestido pero de inquebrantable temple y precoz talento, con regocijo infantil, - en una de las pocas veces que así lo vemos -, por el íntimo e intenso goce que le produce el contacto con la naturaleza de la cual sería siempre un fervoroso amante; se trata de José Martí, acompañado en estos paseos por José Ignacio Rodríguez, preceptor de la escuela de Rafael Maria de Mendive. Visitas y paseos que jamás olvidaría y que con su propia pluma rememora en carta fechada en New York, en abril de 1892, dirigida a Gonzalo de Quesada:

Querido Gonzalo:

"... dígale a José Ignacio que, entren o salgan congresos, yo soy siempre para él, el niño amoroso y agradecido a quien llevaba de paseo al Calabazar. Cuando uno va a morir, tiene miedo de ser desamado.

Goce y quiera a su José Martí[129].

Según testimonio recogido a los calabazareños de mayor edad, se habla de la supuesta breve estancia en este pueblo de sus padrinos José María Vázquez y Marcelina de Aguirre como causa de estos viajes. Sin embargo, los argumentos de mayor peso recaen en la presencia de algunos familiares cercanos a Leonor Pérez, como causa de estos paseos. No obstante, esto no se ha comprobado en ninguno de los documentos consultados. No obstante lo anterior, acerca de la veracidad de las visitas de Martí a esta población durante su niñez no hay duda alguna.

Una prueba convincente, lo constituye una foto de Martí niño en Calabazar, que en mi época de estudiante tuve el privilegio de ver en manos de una anciana vecina del poblado .Foto de medio cuerpo (inédita) que desafortunadamente ha desaparecido de nuestra escena y se ha perdido su rastro. Hurgando en este acontecimiento se ha podido comprobar la presencia de familiares del Apóstol en esta localidad, algunos que aún viven en esta población.[130]. Sin embargo, existen varias incógnitas, - por la ausencia de manuscritos o testimonios -, que acaso la historia no llegue nunca a descifrar. Este es un terreno en el que los interesados en

[129] José Martí Pérez. Carta dirigida a Gonzalo de Quesada. New York: Obras Completas abril, 1892. Tomo I, pág. 401.

[130]. En el proceso de indagación sobre este curioso acontecimiento, se comprobó la presencia de dos primas que aún residen en esta población.

la investigación de la historia podrán encontrar un amplio campo por desentrañar. (Ver anexo)

Durante el tiempo que duró la tradición de los baños públicos, las temporadas y paseos, la población era más homogénea, existía más interés y vigilancia por todo lo local. Se miraba con vehemencia el prestigio y las glorias internas. Características que mantuvo hasta fines del siglo XIX. Ese sabor peculiar y el generoso ambiente que lo circundaba se vieron interrumpidos únicamente por la contienda independentista de 1895. Concluida la guerra se produce cierto restablecimiento de la costumbre de los baños, las temporadas y paseos pero sin alcanzar la brillantez de épocas precedentes, son los primeros síntomas que demuestran que la centenaria tradición comienza a languidecer. A principio del siglo XX, hubo intentos encaminados a restablecer ambas prácticas. En esa dirección se movieron, en noviembre de 1910, los esfuerzos de Aurelio Suárez, vecino de la Habana y los del Coronel del Ejército Libertador, José Miguel Hernández, residente en esta localidad pero ya había pasado la época de su esplendor. Recordemos que por esos años se habían abierto los baños de mar, algunos próximos a la capital como los existentes en el litoral del Vedado. Es singular y paradójico que poco después, cuando las aguas fueron entubadas y dirigidas por la mano del hombre, desplazaron a las corrientes naturales, baños y pozos decayeron y hasta se extinguieron cuando apareció el servicio de acueducto. Sin embargo, hasta la década del treinta del siglo XX, como se expondrá en uno de los capítulos más adelante permanecen los paseos, las excursiones, los bailes y las romerías, tradiciones que sirvieron de inspiración a ilustres visitantes representativos del arte y la literatura de la época.

Hoy apenas quedan señales de los célebres

y ubérrimos manantiales medicinales y baños públicos, menos aun de las cristalinas aguas del Almendares fuente de inspiración y poesía, río al que la notable poetisa Dulce Maria Loynaz dedicó uno de sus mejores poemas.

"Quien pudiera como el rio, ser fugitivo y eterno: Partir, llegar, pasar siempre y ser siempre rio fresco..."

Durante mucho tiempo las márgenes del río fueron deforestadas para construir industrias y embalses, hoy se hace casi irrespirable. De aquel fuerte y caudaloso Chorrera o Almendares, como decían nuestros primeros cronistas ,queda como mudo testigo de su pasado histórico apenas un hilillo de agua. La desaparecida tradición, la alta contaminación a que ha sido sometido el preciado líquido, además del descuido de la mano del hombre han provocado una peligrosa crisis hidrológica de incalculables consecuencias para la salud y la vida si no se detiene la contaminación.

Otras tradiciones importantes

Además de las fiestas patronales, también hubo fiestas bailable en otras ocasiones: Flores de Mayo; Los bailables de Navidad y Nochebuena, los de máscara, etc. porque los aficionados al baile constituían la mayoría, o como diría un testimoniante, "... la afición al baile casi toca en locura..."[131]

Para asegurar la distracción de los visitantes se abrieron varias instituciones de recreo que ofrecían bailes, juegos, representaciones teatrales y tertulias literarias. En 1871, quedó inaugurado el teatro y sociedad "Santa Teresa", primera de su tipo en el municipio, propiedad de Narciso Mestre. Era un Centro de Instrucción y Recreo que contribuyo al desarrollo literario y a la cultura popular, organizando actos culturales y eventos de entretenimiento para los temporadistas. En 1873, se abre la "Sociedad Popular de Calabazar"[132]. El 30 de mayo de 1891, quedó constituida la sociedad "Hipódromo de Calabazar", formada por individuos de ciertos recursos económicos; comerciantes, propietarios, profesionales, etc., con el propósito de dedicarse a la cría de caballos de raza y a la construcción de un hipódromo para carreras de caballos y otros espectáculos para los temporadistas[133]. Por estos años surgen otras sociedades de instrucción y recreo pero de corta existencia. Las más famosas desaparecieron durante la guerra de 1895.

A pesar de la fuerte influencia cultural de la Habana y de Santiago de las Vegas, existían cosas típicas de este pueblo. Como se vio en renglones precedentes muy famoso fue el tabaco por la

[131]. Eduardo M. Bernal Alonso. Síntesis Histórica de Calabazar de la Habana. Edit. Imágenes, 2000.O.Cit.
[132]A.N Registro de Asociaciones. Expediente 555. Grupo 160.
[133] Ministerio de Cultura. Catálogo de Instituciones Culturales de los siglos XVIII y XIX. Centro Juan Marinelo.

experiencia de sus torcedores que eran preferidos en todo los sitios, dentro y fuera del país. Pero lo distintivo de esta comunidad era su industria alfarera y sus aguas de manantial que eran transportadas en carretas a otras poblaciones cercanas, cuando aún no se había construido el acueducto. Un lugar significativo ocupa las tradiciones relacionadas con las costumbres campesinas así como las costumbres y creencias de los negros y descendientes de africanos.

Otro de los entretenimientos de los calabazareños era el béisbol introducido aquí a principio de la década del ochenta por el joven periodista habanero Casimiro Izalbe, que venía de temporada a este pueblo[134]. Ya desde 1886, hay lugareños incorporados a la novena de pelota del C.I.R de Santiago de las Vegas[135]. A finales del siglo XIX y principios del XX, ya Calabazar tenía su propio equipo de pelota, que tantas emociones despertó en grandes y chicos[136].

Además de las tertulias en las calles y en las sociedades de recreo, la estación del ferrocarril es el sitio de reunión preferido por la juventud que espera el paso del tren de Batabanó como un gran acontecimiento. El viejo caserón de madera y tejas, ubicado al final de la calle Meireles era uno de los centros principales donde se aglomeraban viajeros, vendedores de confituras y curiosos en espera del arribo del tren.

[134]Oscar Batista. Entrevista. Calabazar. 2008.

[135]. Historia del Beisbol en Santiago de las Vegas. Equipo de Investigaciones Históricas del INDER, 1986.(inédito).

[136]. A esa institución perteneció el patriota calabazareno Néstor Sardiñas que murió en los campos de Cuba defendiendo la libertad.

PERSONAJES TÍPICOS DE LA ETAPA

Existieron otras estampas del pasado que no se deben olvidar cuando se escribe la historia local. Hechos y personajes típicos, dignos de recordar. Entre los personajes se destaca el aguador, figura muy pintoresca que recorría las calles del poblado vendiendo agua de manantial a las casas que carecen de pozos y aljibes, o transportando el preciado líquido con miles de fatigas hasta Arroyo Naranjo y Santiago de las Vegas para surtir de agua a esas poblaciones. La alta estima de esas aguas determinó el arribo de nuevos vecinos de la capital y de pueblos comarcanos esto dio lugar a una frase que ha llegado hasta nuestros días: "El que toma agua de Calabazar se queda".

También era frecuente ver por las polvorientas callejuelas el carro de la carne, tirado en esos tiempos por un buey y más tarde por un mulo. En esos años el matadero estaba situado donde cierra la calle Meireles con el Arroyo Jíbaro. En este lugar se sacrificaban tres reses cada dos días y cuatro cerdos al mes.

En el epígrafe precedente se expuso como en los primeros años el pueblo carecía de cementerio, pero se supone que hubo algunos enterramientos de soldados españoles en el patio del primer cuartel, al final de la calle Espada, junto al río, pero lo cierto es que las inhumaciones de civiles en un inicio se hacían en los terrenos proximos a la Iglesia; en los cementerios de Arroyo Naranjo y en Santiago de las Vegas hasta 1882, en que se terminó e inauguró el cementerio local. el traslado del cementerio fuera de la recintos poblacional se produce con el propósito de evitar epidemias y contagios con graves enfermedades que causaban decenas de muertes en esos tiempos. A partir de entonces se convirtió en una costumbre el traslado de los cadáveres en hombros, desde la villa hasta el cementerio local. A partir de la inauguración de esta necrópolis se han sepultados aquí los miembros de las familias más ilustres de la comunidad.

Otra de las tradiciones de profunda raíz popular lo fue el culto a la ceiba. Aquellos vecinos que peinan canas saben que desde que abrieron sus ojos notaron que en cada manzana crecía una enorme y majestuosa ceiba, - algunas ya desaparecidas por el avance urbanístico o por el corte indiscriminado -, que despertaban la curiosidad de todos los visitantes.

Según la leyenda, este árbol que algunos consideran sagrado y venerado; fue sembrado en medio de cada cuartón o manzana durante la fundación y trazado del poblado con el propósito de perpetuar aquel acontecimiento, costumbre usual en esos tiempos. Recordemos que siglos atrás, también bajo la sombra de una ceiba se celebró la primera misa durante la fundación de San Cristóbal de la Habana. La más vetusta y frondosa se levantaba en la margen izquierda del río, justamente frente al puente que da acceso al pueblo y bajo cuya sombra, según la leyenda se reunieron los campesinos vegueros sublevados en 1723. Por alguna razón es la única que aparece en los mapas y planos más antiguos de la comarca. Como sucede en otras zonas del interior de nuestro país durante algún tiempo circulo la leyenda que un fantasma se veía por las noches sentado bajo esa añosa ceiba. Para unos era un esclavo que fue azotado y que allí murió, para otros el espíritu de alguno de los vegueros rebeldes asesinados en 1723. Al parecer, el misterio echado a rodar era para atemorizar a los curiosos, cuando en realidad era un adulterio secreto, astutamente escondido bajo la fachada del espectro de la ceiba que resulto finalmente dos personas desconocidas residentes en sus proximidades y no ninguna aparición. Así termino aquella leyenda que perduro varios años. La proliferación del robusto árbol,- el único que por la forma redonda de su copa no le caen los rayos-, contribuyó a que en torno a él se desarrollara también la superstición y la hechicería. Era el lugar sagrado donde se depositaban ofrendas a las deidades de los cultos sincréticos. Esto permitió que se generalizaran un sinnúmero de leyendas que se han transmitido hasta nuestros días.

Durante la guerra de independencia de 1895, las fuerzas colonialistas utilizaron las ceibas existentes en medio del poblado como torres de vigía con el propósito de detectar la proximidad de las tropas cubanas. Otras tenían además la función de mirador como la existente en los terrenos de la finca América. Por todas las razones expuestas es necesario detener las manos de aquellos que provocan su corte indiscriminado porque con ello están borrando la causa que las originó en medio del poblado.

Personajes típicos

Desde la fundación del poblado y su evolución surgen personalidades típicas que, con sus acciones, han marcado para siempre su historia con una huella imborrable de su presencia. Algunos con sobrenombres o apodos, como expresión de caracterización, cariño, simpatía, o burla en algún caso. Entre los personajes típicos de la época se recuerda al más popular desde los primeros tiempos: el aguador, encargado de suministrar agua de manantial a los residentes más poderosos, además los vendedores callejeros. Las calles eran recorridas por individuos que realizaban venta de artículos necesarios a la vida diaria, se hacía proponiéndolos en tableros, en carretas, etc. Hasta la leche se expendía al pie de la vaca. Este comercio suigéneris se extendía todo el día. Esos vendedores de diverso origen derivaron en personajes típicos de extraordinaria popularidad en la época. Un lugar especial ocupo entre esos personajes únicos los conocidos "galleros", encargados de la cría de gallos para las frecuentes peleas, además eran considerados también como personajes peculiares los bañeros dueños de los baños públicos. Desafortunadamente algunos de esos nombres se han borrado de la memoria histórica local.

Cuando se estableció el alumbrado público con la instalación de los primeros 50 faroles de gasolina en diferentes esquinas del área urbana, surge otro personaje muy popular: el farolero, que tenía como tarea principal encender, apagar y mantener activo ese sistema de alumbrado. Uno de los últimos farolero lo fue Juan Morera[137].

Personalidades ilustres

Algunas figuras destacadas de la cultura provincial o municipal residieron o visitaron la villa en el siglo XIX, concurrían de temporada en el verano o desarrollaron sus actividades en la localidad. Entre esas personas de vasta cultura se identifican, entre otras el ilustre editor habanero e intendente Tomas Agustín Cervantes y Castro Palomino el poeta y filósofo de Santiago de las Vegas Teodoro Cabrera[138]; José y Ramón Alemán, fundador de la primera orquesta municipal. En las Ciencias, el doctor Eduardo Cortés, el científico botánico Juan Vilaró Diaz.[139] los Licenciados en farmacia. Silvestre Pérez de las Heras, decano de la medicina en este pueblo y Diego Mora Madrazo, conocido farmacéutico de

[137] Carmelina de la Lastra. Entrevista. Calabazar. Abril, 1970.

[138] Teodoro Cabrera. (25/09/1862) (17/11/1932)Fue el más alto poeta de su tiempo en el municipio, guía y orientador de toda la juventud intelectual. Su casa era centro de concentración de poetas y gentes inquietas. Junto con Edmundo Escalante creó un grupo de aficionados al teatro que actuaba y cantaba en Santiago y en otras localidades a donde eran invitados.

[139]. Juan Vilaró Díaz (1838-1904) Zoólogo, Botánico y Médico. Se le considera como uno de los científicos cubanos más fecundos de su tiempo.

Santiago de las Vegas; en el campo del periodismo el reportero habanero Casimiro Izalbe, y en la educación la maestra de origen francés Mariana Calvat Messine, maestra de francés de una sólida cultura y esposa del ciudadano suizo Andrés Vismara Ré[140], vecino que se destacó en el arte de la fina carpintería ebanista, entre otros. De igual modo, en la educación escolar la ilustre y prestigiosa pedagoga Zenaida Álvarez Esting, integrante de una de las antiguas familias de la villa.

Por las facilidades de comunicación en ferrocarril y berlinas, frecuentaban el poblado, durante las temporadas de veranos y fiestas patronales, importantes personalidades de la elite capitalina y compañías de teatros habaneros y espectáculos circenses visitaban la población.

Principales familias.

La historia de esta comunidad está íntimamente vinculada e sus orígenes a varias familias, unas establecidas definitivamente, otras de temporada. Algunos vecinos de la estirpe más antigua de esta localidad, puede que no tengan descendientes entre los residentes actuales, pero sí dejaron una huella imborrable en el territorio que los perpetúa como calabazarenos. Lamentablemente, en algunos casos la información es muy limitada, porque no fue posible encontrar familiares o descendientes que ofrecieran detalles. No obstante, hasta nuestros días han llegado los apellidos más célebres y anejos, entre otros: los Meireles; los Bravos; los Cervantes Castro Palomino; Zangronis; los Macias; Isaguirre; Negrín; los Suarez, Mederos, Berroa; los Batista; los Lufriu; los Mantecón; los Hernandez Falcon; los

[140].Andrés Vismara Ré, natural de Suiza, ebanista, casado con Mariana Calvat Messine natural de Francia, maestra de francés. Vismara llegó a Cuba en 1850. En 1852,huyendo de las contaminadas aguas de la Habana, compraron una casa en calle Vinculo y línea del ferrocarril, Durante La Guerra del 1895 la casa fue usada por los mambises para dormir y descansar en la enorme sala señorial donde también la familia les brindaba alimentos. Muy visitada por importantes figuras de la república

Sardinas; Los Vismara; Corominas; De la Lastra; Mederos; Padrón; Estrada; Roy; los Bregolat, los Vichot, etc. En la década del 40 del XIX, comienzan a introducirse una cantidad de yucatecos y chinos contratados que junto a los esclavos africanos dejaron aquí sus huellas. A final del siglo aparecen numerosos peninsulares de diferentes regiones de España principalmente asturianos, gallegos, mallorquines, etc. A esta relación se añadirán otros establecidos aquí a inicio del nuevo siglo.(ver anexo nombres y apellidos de vecinos). En conclusión, todas estas costumbres y tradiciones fueron conformando una personalidad característica y una idiosincrasia peculiar, que hacen de este pueblo un lugar acogedor y familiar, integrado por personas hospitalarias y entusiastas. Ciertamente muchas de esas tradiciones han desaparecido al paso de la modernidad o han sido olvidadas dentro de nuevas formas. Nuestra misión es conservar las mejores y más valiosas para depositarlas en manos de los futuros ciudadanos.

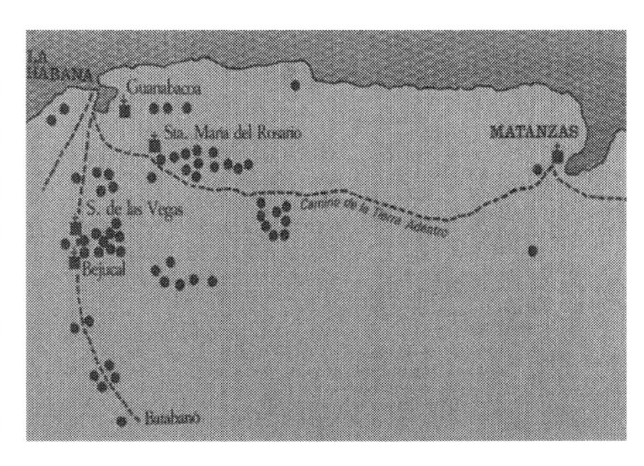

Plano con los caminos que conducían desde la Habana a las principales poblaciones del territorio. En él se observa el Camino Real del Sur catalogado de primer orden desde la capital hasta el Batabanó.

La historia de las comunicaciones en esta comarca se inicia desde los primeros años de la conquista y ocupación de la Isla. Precisamente, como ya vimos en epígrafe precedente, por ese tiempo se abrió el primer camino de que se tiene noticias, que partiendo de Batabanó conducía a la costa norte atravesando una tupida y selvática vegetación que en ocasiones había que desmontar a golpe de machete, era el denominado camino del "Matamanó" o "Batabanó", que tuvo singular importancia para la vida de la colonia. Prueba de ello es que en diciembre de 1557, hubo un fuerte temporal que bloqueó este camino hacia el interior, donde existían las principales fuentes que surtían con sus productos a los pocos pobladores y a las armadas que frecuentaban el puerto de la Habana y el cabildo ordenó hacer un repartimiento entre los vecinos para que lo repararan ante el Día de Reyes[141].

Con el tiempo la primitiva vía se convirtió en el camino Real del Sur, que de camino y de real únicamente tenía el nombre porque se hacía intransitable en época de lluvia por el fango y las crecidas del río Almendares y el Arroyo Jíbaro, lo que en ocasiones impedía las comunicaciones con la capital y encarecía el costo de

[141]. Pérez Beato, Manuel. "La Habana Antigua" .Apuntes Históricos Tomo I. pp.**27.**

la transportación de mercancías desde el interior hacia el mercado habanero perjudicando la estabilidad y desarrollo de las nuevas comunidades surgidas en la fértil planicie. La solución inmediata era violar ambos obstáculos naturales, con ese propósito, el 4 de septiembre de 1774, el gobierno colonial ordenó la construcción de un puente sobre el río, en el punto conocido por "Paso del Calabazar", este puente fue construido con gruesos pilares de madera dura sobre las que se levantaba el armazón de maderos, cubiertos a su vez por el terraplén del piso. Altos pretiles protegían de posibles accidentes de carretas y transeúntes. A pesar de su solidez, corta fue la vida de dicha obra porque quedó totalmente destruida durante las fuertes crecidas producidas durante el "temporal de los puentes", los días 21 y 22 de junio de 1791, situación que provocó un verdadero desastre en toda la cuenca del rio Almendares.

El rio se convirtió en una terrible fuerza de destrucción y muerte en toda su cuenca. Los terrenos cultivados a lo largo de su recorrido de casi 50 Kms, que sostenían y abastecían de alimento a La Habana, fueron convertidos en un extenso lago de este modo desaparecieron todos los cultivos en Calabazar, Wajay, Santiago de las Vegas, Bejucal, Santa María del Rosario, Managua y en todo su curso. Inundaciones, sacudidas del vientos huracanados, ráfagas sostenidas que hacían temblar a los más valientes, destruían cuanto encontraban a su paso: viviendas, caminos, puentes, bosques centenarios, árboles corpulentos, ganado mayor y menor, aperos de labranza, alimentos y hasta personas eran arrastrados sin auxilios, por la furia del Almendares El río se desvió de su cauce y los Puentes sobre el rio y el Arroyo Jibaro quedaron destruidos dejando el barrio totalmente aislado. Se considera el primer gran desastre geográfico y económico en toda la comarca y más allá.

Reunido el Cabildo de Santiago de las Vegas el 6 de julio del propio año para analizar las consecuencias de la tragedia, hubo de informarse lo siguiente: *"... el río Calabazar, con formidable crecida subió como unas doce varas sobre el puente recién construido recibiendo este el daño de sus contornos y suelo de su tránsito quedando arrasado..."*[142]

La devastadora crecida de las aguas arrastró las casas cercanas a sus orillas ahogando a algunas personas y animales, "...siendo más penoso el estrago que hizo desde el paso que llaman de "Soto", hasta el tumbadero de Armendáris, pues arrancó de raíz los montes que poblaban dichas orillas dejando el terreno árido, lleno de profundos socavones y descubierto enormes peñascos que nadie había visto antes..."[143].

La destrucción del puente sobre el río Calabazar, interrumpió transitoriamente las comunicaciones y el tráfico mercantil que únicamente se podía realizar por un vado en época de sequía. Valorando la importancia de esta vía que representaba una de las arterias principales de comunicación con el centro y sur del territorio y la necesidad de emprender la construcción de una obra resistente a las grandes crecidas, las autoridades coloniales aprobaron la erección de un nuevo puente,- en esta oportunidad de piedra-, sólido y de gran durabilidad. De manera simultánea se iniciaron los trabajos para levantar otro sobre Arroyo Jíbaro, en

142. Actas capitulares de San Cristóbal de La Habana. Tomo I.(1550-1565). Pág. 157.
143 B.N. De Arrate Valdés, Félix." Historia de la Isla de Cuba". Los tres primeros historiadores de la Isla De Cuba. La Habana, 1877. Tomo III.

Transportes como estos fueron los primeros en transitar por el Camino Real del Sur conducidos por bueyeros o carreteros para trasladar los productos agrícolas a la capital.

sustitución de unos troncos de madera dura que descansaban sobre bases de canto y que hacían altamente peligroso el camino en este sitio, para construirlo hubo necesidad de seleccionar el lugar más cómodo hacia el oeste, por lo que fue necesario hacer la calzada que habría de empatar el puente al camino, por el norte y sur. Esta es la causa del desvío que aún se conserva en la ruta de dicha calzada al llegar a Calabazar. El alcalde de la jurisdicción, Antonio Díaz Mirabal encomendó su construcción a un labrador nombrado José Espinosa quien cobró por hacerlo $375.00, pero el alcalde reportó una cuenta ascendente a $ 2185.00 embolsándose una alta cantidad a costa de la obra.

Estos puentes, construidos con el sudor y la sangre de esclavos y jornaleros libres, formaban parte del conjunto infraestructural concebido por hacendados y comerciantes, que al tener en sus manos el control de la producción de la Isla en función de un mercado internacional en expansión, necesitaban un rápido y seguro acceso de las mercancías al puerto de la Habana, único por el cual podía efectuarse los embarques al exterior en todo el occidente y para ello requerían vías de comunicación seguras y libres de todo obstáculo. Esto explica él por qué a su inauguración, el 23 de enero de 1793, asistiera el propio gobernador General Don Luis de las Casas, acompañado de una corte de personalidades y altos funcionarios: Alejandro Ramírez, el Presbítero José Agustín Caballero; el Tesorero José María de Soto y el administrador de Correos de la Habana Francisco de Salas Toledo, entre otros.

Algún tiempo después, de su pomposa inauguración, como resultado de su deficiente construcción, al cruce de chirriantes carretas cargadas de azúcar, café y tabaco, y especialmente las fuertes crecidas, el puente sobre Arroyo Jíbaro se vino abajo. Realizadas las investigaciones correspondientes, el alcalde Mirabal fue detenido e internado en la fortaleza del Morro hasta que por su cuenta volviera a construirlo. La Junta Económica del Real Consulado y el propio Don Luis de las Casas, encomendaron el proyecto de la reconstrucción al ingeniero Antonio Fernández Trebejo, que a su vez se asesoró de Juan Villarín, maestro mayor de la capital, el que determinó cuales eran los materiales idóneos: piedra, ripio, cascote y cascajo.

Con tal propósito se convocó a una subasta pública por medio de cedulones y divulgado por un pregonero, el negro José Criollo. Un solo postor se presentó, Juan Antonio Pozo, quien prometió levantarlo con solides, puntualidad y duración, compromiso que cumplió adecuadamente.

Durante la etapa colonial ambos puentes sufrieron reconstrucciones y reparaciones. El puente sobre el río fue reparado en 1802; 1803, 1811 y ambos en 1826 durante los huracanes de 1844 y 1846, estos quedaron en mal estado, pero fueron reparados por la Real Junta de Fomento de la Isla de Cuba[144].

Durante las fuertes lluvias y la devastadora crecida del 23 de agosto de 1852 que provocaron serias afectaciones al puente

[144] A.N. Gobierno Superior Civil. 1846-47. Legajo 1303. No. 50651.

sobre el río y ahogando a una persona después de haber salvado a un Regidor del Ayuntamiento, tuvo que ser reconstruido nuevamente[145]. En adelante se pensó que lo más práctico para protegerlo era el ensanche del cauce y desagüe del río, las excavaciones con este propósito se inician en 1856, con un movimiento de 1857, 448 metros de tierra[146]. Dos años después se reparó y pintó nuevamente para quedar hacia 1918, con una estructura similar a la que presentó hasta su demolición en el 2010 sin respetar su carácter patrimonial.

Puente sobre el rio inaugurado el 23 de enero de 1793 por el propio gobernador General Don Luis de las Casas, acompañado de una corte de personalidades y altos funcionarios del gobierno colonial. Fue reconstruido en 1852 y demolido dicho patrimonio en el 2010.

Hasta 1844, la historia de las comunicaciones en esta comarca se limita al Camino Real del Sur, el de Las Guásimas y algunas serventías y malos caminos y veredas infestados de malhechores en espera de la mejor presa para desvalijarlo de sus prendas personales, pero el más importante era el real del Sur, porque por él se desplazaban las carretas con las cajas de azúcar, los bocoyes de miel y los productos agrícolas hacia los centros de recepción. En ese último año se inició la construcción de la denominada Calzada Real del Sur, siguiendo la

145. A.N. Gobierno Superior Civil. Legajo 690. No.22645. (1852)

146. He aquí el origen de los seis desagües que se realizaron al puente para permitir el paso de un volumen mayor de agua. Sin embargo, eso no impidió que en muchas ocasiones las aguas de las frecuentes crecidas pasaran por encima del puente.

trayectoria del añejo camino colonial. Años más tarde cambiaría su nombre por Calzada de Bejucal, como la conocemos hoy.

Esta vía partía de Jesús del Monte con 8 a 10 varas de ancho, 32 puentes y portazgos y una extensión de 26 kilómetros. Llegó a Calabazar como su gran tramo, en 1847. Al año siguiente se emprendió su extensión hasta Santiago de las Vegas, para este fin hubo que eliminar una bifurcación del camino en la salida del puente de Arroyo Jíbaro, pues aquí dicha vía se dividía en dos, a ambos lados de la loma del Jíbaro, volviéndose a unir pasada dicha elevación.

Puente sobre el Arroyo Jibaro después de su reconstrucción por el ingeniero Antonio Fernández Trebejo, que a su vez se asesoró de Juan Villarín, maestro mayor de la capital. La responsabilidad de su erección correspondió a Don Juan Antonio Pozo.

Durante el trazado de esta calzada se plantaron los árboles (algarrobos, flamboyanes, jagüeyes, laureles, etc.., que en su desarrollo se entrelazaron formando un florido túnel que da la sensación de un parasol práctico que aún proporciona sombra y brisa a todo el que utiliza dicha calzada. Imagino la belleza de esa calzada cuando veo algunos de aquellos viejos árboles, únicos supervivientes, en el trayecto entre Arroyo Naranjo y Calabazar. A partir de entonces estuvo servida por dos empresas de Berlinas[147] que salían diariamente de la calle Amistad, en la Habana. Dos de

[147] Berlina: carruaje de caminos con el departamento delantero con una sola fila de asientos .Este tipo de transporte era tirado por caballos.

Durante el trazado de esta Calzada en 1844, se plantaron los árboles (algarrobos, flamboyanes, jagüeyes, laureles, etc.) que en su desarrollo se entrelazaron formando un florido túnel que da la sensación de un parasol(imagen actual).

Montículo junto al puente y rio en Calabazar que señala el kilómetro 12 de la Calzada en este punto de su trayectoria. Desde la construcción del nuevo viaducto se encuentra abandonado a la entrada de la población.

estos carruajes permanecían en la población para casos de necesidad. De esta fecha data también la construcción de la casa del Peón Caminero, a la entrada del puente, hoy parte del Reparto Las Cañas. Esta vivienda servía para alojar a los trabajadores encargados de reparar el puente y dicha calzada.

En esos tiempos un viaje en estos transportes hasta la capital resultaba una empresa tan complicada y peligrosa como ir a la parte oriental del país, porque exigía minuciosos preparativos porque era cuestión de largas horas y ajetreos, con la peculiaridad de que durante el trayecto, a derecha e izquierda era de extraordinaria atracción los bellos paisajes que se encadenaban en cada tramo, principalmente en las cercanías de la inclinada y resbalosa loma de San Juan (hoy Aballí), y en los parajes de Arroyo Apolo, caracterizados por los arroyos, los cañaverales, algunos ingenios y las viviendas campesinas dispersas en el campo.

Casa del Peón Caminero, a la entrada del puente en el reparto Las Cañas. Esta vivienda hoy en ruinas servía para alojar a los trabajadores encargados de reparar el puente y dicha calzada.

La construcción de la nueva calzada, el establecimiento de la línea de diligencias y el hecho de convertirse esta localidad en ruta y parada obligatoria de esos primitivos transporte en su ir y venir de la capital, representó un fuerte estímulo para el asentamiento de nuevos vecinos, la edificación de viviendas y comercios y la llegada de más forasteros a tomar los baños del río o simplemente de temporada durante el verano. A partir de este acontecimiento vial, la actividad y la vida de esta población han estado ligada a las comunicaciones por su ventajosa posición geográfica. De esto ha dependido en buena medida su prosperidad o su languidez. Sin embargo, 1860-61, resultan los año que marcan un hito en las comunicaciones locales. En esos años la empresa "Ferrocarriles del Oeste", inició el trazado de los primeros 12,9 kilómetros hasta esta población utilizando para ello la mano de obra de colonos chinos[148], se construyó el primitivo puente de hierro sobre el río y se edificó después la estación denominada

[148] Gaceta de la Habana, periódico oficial del Gobierno, no. 144, miércoles 26 de junio de 1861.

"Paradero de Cristina,[149]"en la capital, que debe su nombre a la calzada de Cristina que cruza por sus proximidades[150].

El domingo 23 de junio de 1861, fue el día histórico y festivo en que arribó la primera locomotora a vapor que cubría el itinerario desde ese paradero de hasta esta localidad. La prensa de la época recoge en sus páginas las festividades desarrolladas y la euforia de la población por tal acontecimiento. Es válido reiterar las líneas que aparecen a continuación:

Calabazar. Bien se han divertido y siguen divirtiéndose los vecinos del Calabazar. Pocas veces se ha visto embullo igual. La afluencia de personas era tal así de la Habana como de otros puntos, que bien se puede decir sin temor de fallar a la verdad que la población no bastaba para contener semejante concurrencia. Y si no que lo digan los que habiendo llegado al Calabazar por la mañana tuvieron que regresar al anochecer a la Habana para comer, porque esa invadida población no pudieron encontrar qué, ni dónde, hacerlo. ¿Y cuál ha sido la causa de este desusado movimiento? Las causas han sido dos: los cuatro días de ferias concedidos al Calabazar por el Gobierno y la facilidad de trasladarse allí por medio de los carros del ferrocarril que se

[149] La Estación o Paradero de Cristina nominada así en honor a la reina Doña María Cristina de Borbón, Regente del Reino de España y por encontrarse junto a la calzada de su propia denominación.(Hoy es Monumento Nacional). Aquí radica el singular museo del ferrocarril cubano donde se pueden apreciar equipos, instrumentos y documentos del sistema ferroviario cubano en diferentes épocas y la vieja estación ferroviaria. El Ferrocarril del Oeste comenzó a prestar servicios desde la Estación Cristina en 1861, con la inauguración del primer tramo entre Cristina y Calabazar.

[150]. De acuerdo a José M. de la Torre en su libro de historia de La Habana "Lo Que Fuimos Y Lo Que Somos o La Habana Antigua y Moderna" publicado en 1857: La Calle Cristina corre al oeste del Castillo de Atarés (la Avenida del Puerto corre al este del castillo) desde el Mercado Único hasta la intersección de Agua Dulce. Por esa intersección cruza la Vía Blanca y es donde termina la Calle de Agua Dulce y la Calzada de Infanta y comienza la Calzada de 10 de Octubre. Su denominación de Calle de Cristina. Se identifico así por la reina doña María Cristina, casada con don Fernando VII, en 1829".

inauguró el domingo. ¿Facilidades hemos dicho? Que facilidad ni que ocho cuartos! ¿Era acaso posible conquistar un asiento en los coches del camino de hierro asediados por una multitud que los asaltaba al momento de llegar con irresistible impulso? Pues bien, a falta de los coches allí estaban las berlinas brindando las comodidades que ofrece. Si él era excelente! ¡pagar veinte y ocho pesos que se dejó pedir un berlinero por salvar aquella distancia? Tales disparates no deben hacerse nunca, sobre todo en tiempos de crisis vale más tomar el partido que muchísimos tomaron, esto es el de regresar a sus casas renunciando a emprender un viaje que tan caro había de costarles ó que habían de realizar bajo un grado de presión nada agradable por cierto en temperatura tan elevada como la actual, pues han de saber nuestros lectores, si es que lo ignora, que los carros llevaban pasajeros en el interior, en el exterior, en las plataformas y hasta en el techo. El caso era ir; los medios importaban poco; un cuarto de hora con corta diferencia que dura el camino pronto pasa.[151]

Y agrega a continuación

¿Y para que tanto movimiento? Para gozar de las peleas de gallos, de las carreras de caballos; de los bailes y sobre todo para ir a alegrarse con alegría de los demás. Así es que hubo muchedumbre en todo y en todas las partes. Se comió mucho, se bebió más, y el dinero rodó como si la crisis no pesase sobre nosotros. Hay situaciones en que la mano entra en el bolsillo sin pararse a contar el dinero que de él se saca, y aquella fue una de ellas. Dicen que Guanabacoa y Puentes Grandes están temblando de susto al ver el vuelo que toma por momentos su nueva rival. El caso no es para menos. Tan inmediato, tan bien situado, con su cristalino río, con tan frescos baños, no hay que dudarlo:

[151] Museo Histórico Municipal. Archivo. Libros del Cabildo, 1896.

el Calabazar tiene delante un bellísimo porvenir. Pues á quien Dios se los da, que San Pedro se los bendiga. Por lo que hace a San Juan no ha sido nada el caso en bendiciones. Veamos cómo se porta el príncipe de los Apóstoles cuya festividad se halla ya cercana.[152]

Esta crónica muestra la importancia económica y social de esta vía férrea para esta localidad habanera. A pesar de carecer de datos exactos que permitan realizar una valoración de la cantidad de pasajeros transportados durante su primer año de explotación, las cifras correspondientes a noviembre de 1861, constituyen una muestra interesante de lo que pudo haber sido durante la temporada veraniega. Durante ese mes se transportaron 3057 personas en coches de primera, no aparecen el número de los que viajaban en segunda clase, y en el de tercera clase, - el más económico -, unos 6112 pasajeros.(Ver anexo)

Su construcción comenzó en 1859.Un accidente provocado durante la construcción del viaducto sobre el río Almendares en Calabazar, determinó la designación del contratista inglés John Brinsdon para construir un puente de hierro dulce laminado en el paso sobre el Río Calabazar. Este puente fue reconstruido concluida la Guerra de Independencia de 1895.

Una simple mirada al reglamento de esa empresa, aprobado el 16 de julio de ese último año, muestra hasta qué punto llegaba en esos tiempos la división de la sociedad colonial y la discriminación imperante. Según dicho código, en los coches de primera

[152]. Gaceta de la Habana, periódico oficial del Gobierno, no. 144, miércoles 26 de junio de 1861.

categoría no se admitían animales ni negros, en los de segunda y tercer podían viajas juntos personas de color y animales: chivos, gallinas y hasta perros.

De igual modo, se fabricó en ese propio año 1859 este puente sobre el Arroyo Jíbaro. Lo cierto es que para principio del sexto mes de 1861, se daban los toques finales al nuevo camino de hierro hasta esta localidad. Afectado por la contienda también reconstruido una vez concluida la Guerra de Independencia.

De modo simultáneo con el ferrocarril apareció el antiguo paradero de tabla y tejas edificado en el lado izquierdo de las paralelas, la administración de correos de cuarta clase, que estuvo a cargo de D. Juan Fernando así como la estación telegráfica que facilitó las comunicaciones con la capital, pero en sus inicios y las contiendas independentistas tuvo un carácter eminentemente militar. Como se vio en epígrafe precedente, durante la construcción del Canal de Isabel II, (Vento) se abrió un nuevo camino para la conducción de piedras de la cantera Jíbaro y otros materiales de Construcción elaborados por los tejares de la localidad. Este desaparecido camino unía a Vento con Calabazar y fue utilizado también para que los operarios que allí trabajaban pernoctaron en esta población para evitar contraer una enfermedad conocida como "fiebre de Vento", que tantos estragos hizo entre los trabajadores y en las filas de los desamparados esclavos.

En la década del setenta del siglo XIX, un nuevo avance se produce en las comunicaciones con el establecimiento de una nueva línea de carruajes públicos que enlazan las distintas poblaciones de la jurisdicción. Los adelantos alcanzados en las comunicaciones en esta época influyen favorablemente en el crecimiento demográfico y en la evolución económica y social de la pequeña población. Este proceso de auge se vio interrumpido temporalmente por la guerra del noventa y cinco, cuando las comunicaciones se vieron afectadas por el desarrollo de la contienda en la Habana.

En síntesis, este era el panorama que aquí presentan las comunicaciones durante la etapa colonial.

La salubridad durante la etapa

El estado de la salubridad en Calabazar en tiempos coloniales no difería en esencia, del panorama que en esa época presentan los servicios públicos de la Isla. Esta localidad no era una excepción dentro del triste panorama reinante. Salvo la atención que brindó a los vecinos en la década del sesenta el farmacéutico y patriota Silvestre Pérez de la Hera, decano de la medicina en este poblado, así como los servicios de las queridas comadronas que atendían los alumbramientos, la pequeña villa carecía de servicios médicos propios hasta 1896. Los casos de mayor gravedad debían ser conducidos a los hospitales de Santiago de las Vegas o la Habana .que poseían escasos recursos. Únicamente en caso de la aparición de alguna epidemia venía el médico municipal que recibía un mísero salario por su riesgosa labor, pero aun así sus servicios eran insuficientes para atender a tantos enfermos. Agréguese a esto que no todos los que eran atendidos poseían los recursos económicos necesarios para adquirir los medicamentos, razón que obligaba a muchos vecinos a recurrir a los curanderos del barrio y a la utilización de plantas medicinales, muchas veces ineficaces para curar ciertos males propios de estos tiempos: tuberculosis, fiebre amarilla, fiebre tifoidea, viruela, etc., que eran las enfermedades que causaban una crecida mortalidad entre los sectores más humildes.

Existían una insensibilidad generalizada ante la higiene pública, pues, los animales pastaban por las callejuelas, no existía el servicio de recogida de basura, acumulándose los desperdicios en las proximidades de las viviendas que a su vez carecían de sumidero lo que provocaba que las aguas de uso doméstico fueran a parar a la vía pública depositándose en las zanjas que atravesaban el pueblo y que representaban una fuente de propagación de terribles enfermedades[153].

No existía acueducto para surtir con facilidad, higiene y abundancia el agua potable que en estos tiempos se obtiene directamente del río, manantiales o pozos. Aguas y corrientes naturales que se van contaminando en la medida en que aumenta el número de vecinos, temporadistas, así como la cifra de soldados españoles acantonados en la Comandancia de este pueblo. Esta fue una de las causas principales de peligrosas y frecuentes enfermedades y epidemias que tantas calamidades provocaron en esta comunidad. Precisamente, esta fue la causa de la epidemia de epidemia de viruela detectada en 1896, durante la reconcentración decretada por Weyler. Esta enfermedad estaba casi erradicada en nuestro país por la vacunación iniciada por el Dr. Romay, en 1804, pero la reintrodujeron las tropas españolas que operaban en la Isla. Tal magnitud alcanzó la epidemia que el 18 de noviembre de ese año, en sesión del Cabildo municipal se realizó un exhaustivo análisis sobre las posibles causas que podían provocarla.

Tal magnitud alcanzó la epidemia que el 18 de noviembre de ese año, en sesión del Cabildo municipal se realizó un exhaustivo análisis sobre las posibles causas que podían provocarla y las razones de su propagación. Se señaló, en primer término el

[153]. Ibidem.

lavadero de las ropas procedentes del hospital de Santiago de las Vegas, que eran traídas a este barrio instalándose este servicio en la fábrica de Almidón existente junto al río, aguas arriba del poblado, de manera que al seguir la corriente río abajo arrastraba consigo los gérmenes que dejaban en ellas dichas ropas, de tal manera que el agua que se consumía por los vecinos que carecían de pozo, estaba contaminadas.

La administración colonial se vio forzada a tomar medidas de emergencia para contrarrestar la epidemia y proteger a sus tropas y a la población de la afectación. A fines de noviembre del propio año se estableció un hospital militar de campaña perteneciente al Regimiento de Villaviciosa, que funcionó hasta terminar la guerra; se designó para trabajar en este lugar al Dr. Eduardo Cortés, a la sazón médico municipal, quien pasó a residir en Calabazar para poder prestar atención a los pobladores contagiados con este mal. A pesar de la riesgosa encomienda a él asignada, este galeno recibía un mísero salario por su labor. Su mayor estímulo fue el agradecimiento que sembró entre los calabazareños, por eso no fue casual que al concluir la contienda y retirado el hospital militar de campaña, este médico se quedara viviendo en la Villa, con su consultorio en calle Meireles No. 13. Este galeno, de temperamento sencillo a condición de que no se le contraríe, era una persona espontánea que gusta repeler con frases agudas. Es el médico que penetró en el cuerpo y en el alma de todos los pobladores. Años más tarde otros galenos establecen aquí sus consultas particulares, pero el Dr. Cortés es el más querido y popular.

Otras de las medidas tomadas fue el sistema de vacunas contra el mal, pero la vacunación en las escuelas existentes se realizó cuando ya la enfermedad había causado grandes estragos entre los niños. Además solo se vacunaba a los que asistían a la misma, cientos de niños quedaron sin vacunar, de esta manera la muerte se llevó, tempranamente a muchos que no recibieron lo más elemental para poder sobrevivir al terrible mal.

Lo cierto es que la propagación de la epidemia y la incapacidad de las autoridades sanitarias para controlarla, además de los efectos de la guerra y de la reconcentración hicieron que muchos abandonaran la villa en una verdadera estampida, lo que como ya se vio, redujo la población del vecindario.

Por estos años, el Licenciado Diego Mora quien también se dedica al giro de la medicina en Santiago de las Vegas, estableció la primera farmacia en esta localidad, en la calle Meireles y San Antonio.

Las experiencias derivadas de la epidemia de viruela de 1896, hizo pensar tempranamente en la necesidad de crear un abastecimiento de agua potable para surtir del preciado líquido a calabazar, La iniciativa en esta dirección le correspondió al ingeniero civil José Primelles, vecino de esta comunidad. Con este propósito presentó su proyecto con vista a la construcción del primer acueducto junto a las márgenes del río. Sin embargo, esa obra no se emprendió hasta los primeros años de la república.

Otro fenómeno que atentó contra la salubridad e higiene de la localidad fue los violentos huracanes que azotaron en la comarca en el siglo XIX[154] Uno de los más fuertes se produjo los días 4 y 5 de Octubre de 1844.El meteoro y las lluvias que lo acompañaron producen una enorme inundación que destruyó varias viviendas, muchos vecinos quedaron totalmente desamparados y pudieron sobrevivir gracias a la solidaridad mostrada por los menos afectados. Un nuevo fenómeno meteorológico se produjo en 1846, que barrió también gran parte del occidente de la Isla. Sin embargo, el más conocido ocurrió en mayo de 1890, el río

[154] Museo Histórico Municipal. Archivo. Libros del Cabildo, 1896.

Almendares y el Arroyo Jíbaro se salieron de sus cauces y quedó gran parte del poblado bajo el agua. Además perdieron sus hogares más de cien familias.(ver anexo): Algunos cuentan que los vecinos tuvieron que ser evacuados a través del puente del ferrocarril, único modo de salir del pueblo y evitar mayores desgracias. Esta es el estado de la salubridad en esta población durante los años de la dominación colonial. Algunos de esos rasgos se prolongaron hasta la etapa republicana.

Uno de los primeros barrios de la jurisdicción que contó con una escuela para varones fue Calabazar. Este colegio inicio sus actividades el 20 de Enero de 1858. En sus inicios funcionó en una casa que no reunía las mejores condiciones, propiedad del moreno libre Baltasar Alfredo, en calle Principal esquina a Término. Contaba con una matrícula de 11 alumnos varones blancos[155]. La escuela para niñas es abierta el 22 de enero de 1863, a solicitud de una comisión de vecinos. Su preceptora lo fue Matilde Álvarez, maestra titular residente en esta localidad[156].

Casa quinta construida en calle Principal (hoy 114), entre Término y Habana, donde funciono la primer escuela de la población. Aquí estuvo instalada en sus inicios la Escuela "Apóstol Martí" de la maestra Dolores García Siblesz.

Estas escuelas confrontaron grandes e indescriptibles dificultades con los materiales docentes, la asistencia a clases y la falta de comprensión de los padres que en su casi totalidad eran analfabetos. Por otra parte, la precaria situación económica reinante impedía a la mayoría de los niños asistir a clases porque tenía que trabajar desde temprana edad para ayudar al sostén de la familia.

En la escuela municipal la enseñanza estaba confiada a maestros nombrados por la sala capitular o ayuntamiento, que debían enseñar principalmente la lealtad política a la metrópolis. Debido

[155] Bernal, Alonso. E. Ob. cit. Pag.99.
[156] Museo Histórico Municipal. Archivo. Libro de actas, enero, 1865.

En la foto Escuela Pública de Calabazar aparecen tres prestigiosas educadoras de este pueblo. Sentada a la izquierda Zenaida Álvarez Esting; de pie Carmen Alonso, a la derecha, María Cadalso.

a los escasos recursos municipales destinados a la instrucción pública, en ocasiones estos maestros no recibían sus haberes durante meses. Era más afortunado un sereno, un soldado o un funcionario público que uno de aquellos sacrificados educadores que jamás dejaron abandonada su clase. Entre los primeros maestros que desarrollara aquí su difícil y apostólica carrera se recuerdan, entre otros a Domingo Lopótegui, Ramón de Soto y Castro, Ramón Morales, Juan Crespo Gupera, Cesáreo de Luna, José María Riquelme, Gabriel Pedrero, Agustín Ayala y Agustín Lebé, pertenecientes todos a la escuela de varones. El primer director de esta escuela municipal se nombró Ricardo Zúñiga[157].

En la escuelita de niñas desarrollaron su magisterio las maestras Matilde Álvarez, Francisca Herrera y Dolores Fraginet. Es notoria la influencia ejercida por estos educadores sobre sus discípulos, muchos de los cuales se unieron tempranamente a las ideas patrióticas.

Con el propósito de supervisar el funcionamiento de la instrucción y el cumplimiento de sus objetivos se creó la Junta Local de

[157] Oscar Batista. Entrevista. Calabazar, febrero del 2004.

instrucción pública formada por el alcalde del barrio, el cura párroco, cuatro vocales y un secretario.

En 1880 se abre la escuela municipal para varones con una matrícula reducida por la necesidad que tenían los niños de trabajar para ayudar al sustento de su familia. En la etapa comprendida entre esta última fecha y finales del siglo no se reflejan cambios significativos en la educación local. Durante este tiempo se mantiene la Escuela Municipal. Sin embargo, es de destacar que en 1894, por entusiasmo e iniciativa personal de la prestigiosa maestra Zenaida Álvarez Esting, se creó una pequeña escuela privada para niños, en Calle Meireles No. 40, con sesiones apartes para cada sexo[158]. En ese centro , que funcionó durante años, estudiaron muchos vecinos de esta población, algunos de los egresados, con el paso del tiempo abrazaron también el magisterio con un alto nivel de profesionalidad en el ejercicio de su carrera pedagógica.

Con el estallido de la guerra de 1895, las escuelas aquí creadas fueron clausuradas temporalmente o reducen el calendario escolar a pocos días de la semana. Durante esos años la situación de la instrucción pública se agudizó, tanto en el marco local como nación.

Este cuadro de la educación local se mantiene a final del siglo XIX, Calabazar contó en esos tiempos con dos escuelas que estaban situadas, una en la calle Arango y otra en la calle Habana. La escuela municipal de calle Arango y Habana, se mantuvo funcionando en una vieja construcción colonial hasta su nueva edificación en 1900.

El 5 de septiembre de 1900 inicia el primer curso la Casa Escuela de Calabazar construida en el terreno que el Ayuntamiento

[158]. Bernal, Alonso. E. Ob, cit. Pág. 129.

tenía reservada para plaza de mercado (Escuela Pública de Calabazar) estaba situada en las calles Arango y Habana, lugar donde anos adelante se construyó el actual Centro escolar.

Capítulo IV

Las luchas independentistas

La independencia de Cuba fue el resultado de un largo y complejo proceso histórico que, como en el resto de Hispanoamérica, en cierta forma se inició desde 1810 cuando se vertebraron los primeros movimientos anticolonialistas. Esta localidad no permaneció ajena a estos procesos.

En esta población, como se expone más adelante, vivieron, conspiraron, lucharon y murieron figuras significativas de las luchas independentistas del siglo XIX. Para conocer esas figuras es necesario incursionar en el contexto existente en esta población en la segunda mitad del siglo XIX.

Ciertamente el período inicial del siglo XIX hasta el estallido independentistas de 1868, pocas son las noticias de aporte alguno de Calabazar a las conspiraciones que por esta etapa se desarrollaron en la Isla. A pesar de estos inconvenientes y privado de toda documentación histórica, sólo nos queda reproducir la información que el historiador Francisco Fina García, expone en sus obras "Historia de Santiago de las Vegas" y en los "Apuntes Históricos de Calabazar". Cuando en el año de 1823 fue descubierta esta conspiración, en nuestra ciudad y su jurisdicción se les siguió proceso a numerosos vecinos complicados en la misma según lo que aparece en estos trabajo[159]. Así como lo expuesto en la Historia Documentada de la Conspiración de los Soles y Rayos de Bolívar, participan y son detenidos por dicha causa los santiagueros Don Modesto de Cuadra y Juan Palomino que como se vio en

[159] Francisco Fina García. Historia de Santiago de las Vegas. Ediciones Altagracia .pp 57-58

capítulos precedentes residían temporalmente en esta localidad[160]. Es lamentable que al respecto no exista ninguna otra noticia que pueda arrojar luces sobre tan importante acontecimiento. Por lo demás, el poblado era a escala reducida, representación de la situación del occidente del país, región donde las clases dominantes estaban más aferradas a la permanencia del trabajo esclavo.

[160] Garrigo Roque, E. "Historia Documentada de la Conspiración de los soles y Rayos de Bolívar". Tomo III. La Habana, 1927., Pág. 254-256.

La Guerra de los Diez Años

La contienda independentista iniciada del 10 de Octubre de 1868 en la región oriental de la Isla, constituyo el detonante que "...arrastró tras sí a campesino, artesanos y esclavos y despertó el patriotismo fervoroso de estudiantes, profesionales e intelectuales y del pueblo cubano en general cuyo sentimiento nacional se hizo realidad en el fragor del combate contra el dominio de España.

Si bien es cierto que la crudeza de la Guerra se hizo sentir en las provincias orientales, discrepo con los textos clásicos, en los cuales casi se desconoce el importante peso y papel que los occidentales le imprimió a esta epopeya histórica desde sus inicios. Lo cierto es que el ejemplo de Carlos Manuel de Céspedes se hizo sentir de diversas maneras en la jurisdicción donde tuvo gran acogida, principalmente entre los jóvenes de Santiago de las Vegas y Calabazar que prontamente integraron un heterogéneo grupo conspirativo integrado por ciudadanos de diversa procedencia social. Entre sus principales dirigentes estaba el licenciado en farmacia Silvestre Pérez de las Heras[161] y el sacerdote Rafael Francisco Agüero Sal y Lima.[162]

[161] Silvestre Pérez de la Hera, farmacéutico y médico Cubano, grande por la bondad y la cubanía, notabilísimo patriota, de carácter jovial y de valor rayando a la locura, nació el 31 de diciembre de 1817, en San Antonio de los Baños, provincia de la Habana. Uno de los dirigentes de la conspiración independentista en Calabazar y el Municipio Santiago de las Vegas .Descubierto el movimiento por las autoridades coloniales, la mayoría de los conspiradores fueron detenidos el 22 de febrero de 1869, encarcelados en la Cabaña y deportados a Fernando Poo, el 21 de mayo de 1869, en el vapor San Francisco de Borja. En esa Isla fue sepultado su cadáver tras su fallecimiento.(Ver Anexo 5).

[162] Presbítero Rafael Francisco Agüero Sal y Lima, En esta población desarrolla su evangelio como soldado de Jesucristo, pero a la vez que salvaba almas, las preparaba para amar la independencia de la patria. Por la rectitud y la pureza de su conducta, su amor por la verdad y la justicia y su carácter bondadoso y caritativo, tuvo la más alta consideración y el cariño de sus feligreses. El 22 de febrero de 1869, cuando

El 10 de Febrero de 1869, a solo cuatro meses del levantamiento rebelde en el Ingenio Demajagua, el Gobernador Superior Político de la Isla ordena a las autoridades coloniales de la jurisdicción lo siguiente:

"...adoptar las medidas necesarias... y proceda desde luego y bajo la más estrecha responsabilidad, a adoptar las medidas contra aquellos que lo estime oportuno, con, cuyo motivo me encarga recomiende a VS., la mayor vigilancia y el más exquisito celo, para que de existir realmente los proyectos a los que Usted alude puedan hacerse ilusorias, combatiéndolos y destruyéndolo con los medios de acción que siempre cuenta la autoridad......."[163].

A pocos días de recibidas esas instrucciones, el 22 de Febrero de 1869, la Guardia Civil, instrumento de represión de la metrópolis, recibió órdenes de detención contra un grupo de vecinos de Santiago y Calabazar, acusándolos de conspiradores por la independencia de Cuba, entre otros se pueden mencionar a los vecinos que se relacionan a continuación:

NOMBRES	EDAD	PROFESION	VECINO DE
Silvestre Pérez de la Hera	34	Farmacéutico	Calabazar
Rafael Sal y Lima	30	Sacerdote	Calabazar
Felipe Valerio	38	Hacendado	Calabazar
Benito Echagarrua	34	Campesino	Calabazar
Julián del Pozo	22	Carpintero	Calabazar
Andrés A. González	40	Campesino	Calabazar

solo contaba con 25 años de edad, es arrestado en unión de otros conspiradores locales y conducido al castillo del Morro para ser juzgado por infidente. El 21 de mayo de 1869, salió del puerto de la Habana deportado. Murió durante su destierro en Fernando Poo, se desconoce la fecha de su deceso. (Ver Anexo No.12).

[163] Francisco Fina García. Historia de Santiago de las Vegas. Ediciones **Altagracia. Pp** 57-58.

Juan Rosas	25	Propietario	Calabazar
Juan Tomás Ramos	24	Propietario	Calabazar
José María Castillo	--	Esclavo	Calabazar
Antonio Navarro	21	Talabartero	Arroyo Naranjo
Ambrosio A. Chacón	24	Tabaquero	S. de las Vegas
José A. González	37	Propietario	S. de las Vegas
Francisco E. Lufriu	--	Estudiante	Calabazar

Este último, Francisco Lufriu[164],no fue detenido ni deportado debido a gestiones tenaces de la familia y movidas influencias personales. Enviando al extranjero por sus padres para evitar la deportación, regresó a Cuba en la expedición organizada por el General Rafael de Quesada, el 8 de Mayo de 1869. Se convirtió en ayudante personal de Ignacio Agramonte. Cuando cae en combate Agramonte integra las tropas de Máximo Gómez y participa en la invasión de 1875. Con más de cien combates alcanzó los grados de Teniente Coronel del Ejército Libertador.

Un prócer de nuestra independencia en el olvido Tte. Coronel Francisco E. Lufriu y Arregui.

Durante el proceso de detención de los implicados se halló un depósito de armas en la finca propiedad del hacendado Felipe Valerio y algunas armas, machetes y estacas escondidas bajo el altar principal de la iglesia del

Francisco E. Lufriu y Arregui con varios emigrados cubanos en 1898.

[164] A.N. Asuntos Políticos. Legajo 60.No. 3.

pueblo, todo ello demuestra la proximidad de un levantamiento en esta jurisdicción.

El gobierno colonial determinó la deportación de los patriotas apresados. El 21 de Mayo de 1869, en el Vapor san Francisco de Borja salían los deportado. En su obra testimonio "Los deportados a Fernando Poo", Juan B. Salovet narra aquellas amargas horas de la partida y la travesía:

".... a las dos de la tarde de dicho día bajamos siguiendo el sinuoso camino hecho en la falda sur de la Cabaña, los 250 deportados a la inhospitalaria Isla de Fernando Poo"." El quinto Batallón de voluntarios de la Habana al mando de su Coronel Don Ramón de Herrera, se extendía formando dos filas desde los fosos la fortaleza nombrada hasta el muelle de Casa Blanca, en donde nos esperaba el vapor San Francisco de Borja.

Las tres y media serian cuando el comandante de dicho buque dio órdenes para que los presos políticos se trasladaran al sollado del mismo. Ya instalados en aquel sombrío y caluroso lugar tuvo efecto una escena sublime, y ella fue el juramento solemne que nos hicimos todos los deportados de permanecer inseparables, unidos siempre por los lazos de la fraternidad y de la desgracia..." [165].

Aquellos infelices deportados fueron arrojados en la malsana prisión de Fernando Poo, donde no solo sufren el martirio que le produce la ausencia del pueblo nativo y la falta de calor de la familia, sino también los rigores de las enfermedades, las brutalidades del carcelero y cuantas angustias y tristezas engendran la prisión y la lejanía de la patria. En la relación de los que regresaron en 1878, únicamente aparece con vida uno de Santiago de las Vegas.

[165] Salovet. B. Juan. "Los Deportados a Fernando Poo".

Los patriotas de Calabazar murieron durante la travesía o víctimas de las enfermedades contraídas en el malsano sitio. A pesar de la expatriación y la prisión, la represión colonial no pudo ahogar el sentimiento independentista que cada vez estaba más arraigado y era más poderoso.

Descubierta la conspiración y hechos prisioneros la mayoría de los implicados, continuaron las pesquisas para detener al resto de los comprometidos y a quien se consideraba como su jefe, el médico santiaguero Valentín Suárez Cruz.

En un informe rendido con fecha 27 de Abril de 1869, por José Demetrio Vázquez, Jefe de Inspección y Vigilancia de la Jurisdicción, remitido al Gobernador Superior Político, se da cuenta de haberse descubierto dicha conspiración, en los siguientes términos:*"...se ha comprobado la convivencia de vecinos de esta jurisdicción con la insurrección estallada en esta Antilla..."*.

En dicho informe se adjunta una detallada y minuciosa relación nominal de los detenidos y fugitivos, en esta se agregan otros nombres de Santiago y Calabazar:

NOMBRES	PROFESION	SITUACION	VECINO DE
Valentín Suárez	Médico	Fugitivo de la justicia	S. de las Vegas
José Pino	Tabaquero	Detenido	S. de las Vegas
José Toribio Bichet	Tabaquero	Detenido	S. de las Vegas
Manuel Gabán	Tabaquero	Detenido	S. de las Vegas
Francisco Carballo	Tabaquero	Detenido	S. de las Vegas
Domingo Vildóstegui	Tabaquero	Detenido	Calabazar
Manuel Ríos	Carpintero	Detenido	S. de las Vegas
Antonio Díaz	--	Detenido	Calabazar
Pedro Díaz	--	Detenido	Calabazar

El revés no amedrentó a los patriotas locales, la aspiración libertadora iba en ascenso y se sedimentaba, ganando adeptos entre las capas humildes. Esa actitud demostraba la voluntad y decisión de conquistar la libertad a costa de cualquier sacrificio.

Durante los años que abarcó la guerra del 68, por esta zona opero una partida armada de Carlos Idelfonso García y de Sosa[166], jefe de todos los grupos de mambises de occidente, controvertido personaje que mantuvo en jaque a las tropas españolas de los contornos: Wajay, Vento, Arroyo Apolo y Arroyo Naranjo. El 11 de agosto de 1873, tomó y saqueó el poblado de Managua y a fines de Octubre de 1875, con setenta hombres bate a una columna de 200 en Paso Seco, entre Arroyo Naranjo y Calabazar aproximándose a esta última población en varias oportunidades[167].

Años adelante la zona fue sitio de operaciones de varios salteadores, entre otros se recuerdan a Manuel García Ponce de León, apodado Rey de los Campos de Cuba [168], así como otros

[166]. Carlos Idelfonso García Sosa nacido en Corralillo, localidad de Bauta. Como Comandante General de Vuelta Abajo, hizo su entrada en nuestra historia el 3 de febrero de 1869 y quedó al frente de las tropas mambisas al retirarse por enfermedad el Coronel Loño. Comenzó a identificarse como uno de los jefes más aguerridos de Occidente. Propició un nuevo levantamiento en Guanimar el 1 de mayo del 1869. El 21 de noviembre del 1875 cayó mortalmente herido en una emboscada en el término de Güines fusilado en el 1874, cuando apenas había c140-Cesar García del Pino. "Un documento inédito sobre la Guerra de los Diez Años en Occidente". En: Revista de la Biblioteca Nacional. Año 59. Vol. 3. Sept-dic, 1968. Pág. 58-58.

[167] A.N. Asuntos Políticos. Legajo 60.No. 3.

[168] Manuel García Ponce, controvertida figura considerado bandido, a quien apodaban el "Rey de los Campos de Cuba", Bajo la capa del malhechor, lanzado en la vorágine del mal por circunstancias imprevistas, palpitaba el corazón de un patriota que soñaba con la redención de su tierra. Porque Manuel García —hay que decirlo por la verdad de la Historia— fue un bandolero patriota que cometió desafueros por las necesidades mismas de su oficio, pero que repartía el bien a manos llenas con el producto de sus ilícitas aventuras. José Manuel Carbonell escribió en el Diario de La Marina: Conocía el monte como su propia casa, y entre los sencillos habitantes del campo tenía amigos, confidentes y encubridores que lo orientaban y mantenían enterado de los movimientos de sus perseguidores. Fue admirado y querido por cuantos de cerca le trataron. Bajo la capa del malhechor, lanzado en la vorágine del

malhechores y asaltantes de camino de menor categoría como José María Febles Rodríguez, guerrillero-bandolero que merodeaba por los alrededores de Santiago de las Vegas y Calabazar [169].

La Revolución de 1895

Transcurrido el período denominado "Reposo Turbulento", y después de una cuidadosa preparación, el 24 de Febrero de 1895, se produce el estallido de la nueva guerra de liberación, organizada ahora por un gran dirigente político y sagaz pensador que le dio todo su esfuerzo y hasta su propia vida: nuestro Apóstol y Héroe Nacional José Martí.

El entusiasmo independentista se extendió rápidamente por toda la Isla prendiendo profundamente, sobre todo, en los elementos populares urbanos y rurales cuyas espaldas soportaban todo el rigor de la opresión colonialista. La situación económica, política y social de la jurisdicción no difería en ausencia de la que padecía el resto del país, de modo que existían condiciones favorables para la organización y desarrollo de los grupos de

mal por circunstancias imprevistas, palpitaba el corazón de un patriota que soñaba con la redención de su tierra. Porque Manuel García —hay que decirlo por la verdad de la Historia— fue un bandolero patriota (...) Por esta razón fue reivindicado como patriota el 24 de febrero del año 2000.Según versiones no confirmadas Manuel García estuvo preso en la Comandancia de Calabazar, pero logro escapar.

[169] José María Febles Rodríguez. Según aparece en el Periódico La Discusión, de 24 de julio de 1899)Este guerrillero -bandolero fue capturado en Julio de 1899 cuando merodeaba por los alrededores de Santiago y Calabazar.

Capitán del Ejército Libertador Emilio Sardiñas Zamora, héroe de la localidad y el municipio.

patriotas. En este contexto, se iniciaron los primeros contactos conspirativos, descollando como su líder Juan Delgado[170], quien meses más tarde se convertiría en Jefe del aguerrido "Regimiento Santiago de la Vegas".

Con una paciente y tesonera labor aglutinadora Juan Delgado fue creando las bases para la nueva etapa. Con tal propósito visitaba frecuentemente las diferentes localidades de la jurisdicción, organizando un eficaz y sólido aparato clandestino integrado por tabaqueros, artesanos, profesionales y gente de pueblo en general que se preparaban para entrar en acción en la primera oportunidad. En 1896, en pleno desarrollo de la invasión a la región occidental dirigida por el Mayor General Máximo Gómez y su Lugarteniente General Antonio Maceo se constituyó el combativo "Regimiento de

170. Juan Evangelista Delgado González. Nació el 27 de diciembre de 1868, en la finca El Bosque, barrio Beltrán, en Bejucal. De origen campesino y de un humilde hogar. Niñez y adolescencia la pasó en el campo cubano, fue escogedor de tabaco, veguero, labrador, etc, hasta que, cuando contaba 17 años su familia se mudó para Santiago de las Vegas. Este hecho fue decisivo para su vida. Vecino y amigo del médico patriota Martín Marrero, este influyó mucho en la formación de su ideal independentista. Juan Delgado se incorpora al Ejército Invasor el 13 de enero de 1896, es nombrado por Máximo Gómez capitán reclutador en la zona. En poco es ascendido y se le otorga la jefatura del "Regimiento de Caballería Santiago de las Vegas". Es uno de los oficiales más jóvenes, cuando combate junto a Maceo, en San Pedro, el 7 de diciembre de 1896. Fue el valiente oficial que con un grupo de mambises recuperó los cuerpos de Maceo y Panchito y los trasladó hasta el Cacahual. Murió víctima de una criminal emboscada el 23 de abril de 1898, en Potrero Pastrana, durante el cese de las hostilidades, al ser sorprendido por más de 100 jinetes al mando del coronel del derrotado ejército colonialista Enrique Bayle. De este modo asesinan vilmente a Juan Delgado y a sus hermanos Donato y Ramón. Al Coronel Delgado, a quien tanto odiaban y temían, le arrancaron los ojos y le cercenaron los órganos genitales.

Caballería" dirigido por Juan Delgado y Dionisio Arencibia[171] que tantas páginas de gloria escribieron en la historia de nuestras luchas emancipadoras. Varios hijos de Calabazar se lanzaron a la manigua redentora integrando la vanguardia combativa de este regimiento del Ejército Libertador. Entre otros se distinguieron los hermanos Eulogio, Emilio y Néstor Sardinas Zamora, miembros de una distinguida familia de patriotas calabazareños. Este último murió en el combate de "Loma del Hambre", el 17 de Septiembre de 1897[172], había alcanzado los grados de Capitán de las

[171]. Dionisio Arencibia Pérez nació el 16 de enero de 1873 en el pueblo de Managua. Al constituirse el Regimiento de caballería Santiago de las Vegas en pleno desarrollo de la Invasión dirigida por Máximo Gómez y Antonio Maceo, en 1896, el joven Dionisio Arencibia es uno de los primeros en integrarse al combativo Regimiento mambí junto al Coronel Juan Delgado, donde alcanzó el grado de Coronel del Ejército Libertador. A la muerte de Juan Delgado, el 23 de abril de 1898, Arencibia asumió la jefatura de esas fuerzas. Junto a él, al mando de dos escuadrones, se encontraba el Comandante José Miguel Hernández Falcón de Calabazar. El expediente de combatiente de Arencibia recoge un considerable número de acciones donde participó, Fue comisionado por el Coronel Juan Delgado para que se entrevistara con Pedro Pérez para que este le indicara el lugar donde estaban sepultadas los cadáveres de Maceo y Panchito. El Coronel Arencibia con el propósito de identificar en el futuro el lugar, hizo varios cortes en un árbol cercano con el fin que le sirviera de guía para cuando hubiera que extraer los restos. Al terminar la guerra fue Arencibia el que señalo junto con el campesino Pedro Pérez, el lugar exacto para proceder a la exhumación de dichos restos. Durante la denominada "Guerrilla de Agosto", en 1906, ante la intentona reeleccionista de Tomás Estrada Palma, Arencibia fue uno de los opositores. Durante ese proceso fue investido con los grados de General junto a otros jefes santiagueros. Al finalizar ese movimiento armado, Arencibia se hizo cargo de la Alcaldía Municipal desempeñando esa función de 1907 a 1920. A pesar de la corrupción imperante a nivel nacional durante esos años, Arencibia no desmintió su estirpe revolucionaria realizo una gran cantidad de obras en el municipio. El General Dionisio Arencibia Pérez, fallece el 19 de mayo de 1947, en su casa de Calabazar a la edad de 74 años. Por los años que aquí vivió, por las obras realizadas de beneficio popular, por su modestia y por los gratos recuerdos dejados en esta localidad es considerado hijo adoptivo de Calabazar de la Habana y merece estar en la galería de Calabazareños distinguidos.

[172]. Néstor Sardinas y Zamora :Néstor, nació en Calabazar de la Habana, el 26 de febrero de 1869, es decir cuatro días justamente después que las autoridades coloniales descubrieran la conspiración independentista en la que participaban numerosos calabazareños. Cuando unos hombres marchaban a la prisión y a la deportación por sus ideas independentistas, nacían otros que años más tarde se sumarían a esa

Coronel Eulogio Sardinas Zamora, héroe de esta población.

fuerzas mambisas. Sus hermanos Eulogio y Emilio terminaron la guerra con los grados de Coronel y Capitán respectivamente.

El aguerrido calabazareño Manuel Forcade, incorporado también a este regimiento, cayó combatiendo en Paso Seco. Desde el inicio de la contienda también se incorporan Julio Amaro y Antonio Estenoz, este último vino a Cuba el 24 de Julio de 1895 en la expedición organizada por los Generales José Rogelio Castillo, Carlos Roloff y Serafín Sánchez. Durante toda la guerra, Estenoz

lucha para ver a la patria definitivamente liberada; ese es el caso de Néstor Sardiñas y Zamora, miembro de una ilustre familia de patriotas locales, entre los que se pueden mencionar a sus hermanos, el Coronel Eulogio Sardiñas, Doctor en Leyes y el Capitán Emilio Sardiñas y Zamora, todos vecinos de esta población. Cuando su hermano Eulogio marchó a la guerra, en 1895, él quedó al cuidado de sus padres y hermanos hasta que se incorporó al Ejército Libertador. En esta localidad formó parte del grupo de cubanos que desde este lugar tenían informadas a las tropas del Coronel Juan Delgado de los movimientos del Ejército Español fue infidente del General Adolfo del Castillo, llevándoles armas, municiones y medicinas hasta que decidió incorporarse a las fuerzas cubanas. Su ingreso se produce en el Regimiento de Caballería Santiago de las Vegas, dirigido ya por el Coronel Juan Delgado, que lo ascendió al grado de sargento. Participó en diversos combates: El Grillo, Sotolongo, La Sierra, Loma del aura, Galera, Cubita, Santa Bárbara, La Pita, Volcán, Macheteo de guerrilla del Rincón, entrada en Bejucal y Arroyo Naranjo y Loma del Hambre, sitio donde perdió su preciosa vida siendo ya Capitán de la columna que mandaba el General Mayía Rodríguez, el 17 de septiembre de 1897.Su vida ennoblecida por el sacrificio y el patriotismo es un ejemplo honroso digno de imitarse. Honrar la memoria de este calabazareño es también glorificar la patria y la libertad por la que él ofrendó el inestimable tesoro de la vida. Sus restos fueron exhumados en la finca San Antonio, donde descansaban desde su caída en combate. El 9 de julio de 1899, son trasladados a La Habana donde reposan. Ese día el General Enrique Loynaz escribió unas sentidas cuartillas en la prensa capitalina.

combatió en la región de Sancti Spíritus, alcanzando por sus méritos combativos el grado de Capitán del Ejército Libertador.[173]

La figura cimera lo fue el Coronel José Miguel Hernández Falcón[174] que tomara parte activa en el combate de "San Pedro",

[173]. Antonio Estenoz. Sobre la vida de este patriota local poca información se ha podido acopiar.
Únicamente sabemos que nació en Calabazar en 1864, de procedencia humilde. Durante los primeros años de su vida no conocemos hecho alguno a destacar. Sin embargo, no tenemos duda alguna que sus ideas patrióticas despertaron tempranamente. No es casual que a raíz del estallido de la Guerra de 1895, se encuentra en Cayo Hueso laborando como tabaquero y muy vinculado a los patriotas cubanos del exilio. El 6 de junio de 1895, a las 3 a.m., salió de Cayo Hueso en la expedición organizada por el General José Rogelio Castillo, en la goleta "W. D Cash". , contando a los hombres que se le incorporaron en Pine Key, la expedición incluía a 132 hombres, incluyendo a los jefes. Entre los combatientes había tres de Santiago de las Vegas: Secundino Piñales de 24 años y Santiago Xiqués de 31 años, y uno de Calabazar: Antonio Estenoz, de 31 años. Arribaron a Cuba el 24 de julio de 1895, por la región de Sancti- Spíritus. Durante los años de la contienda, el joven Estenoz cumplió importantes y riesgosas misiones, entre otras, realizando frecuentes viajes en bote a Cayo Hueso transportando correspondencia, alimentos y personal. Al inicio de la lucha Estenoz es cabo segundo, pero por su valentía y singular heroísmo alcanzó rápidamente el grado de Capitán del Ejército Libertador. Su zona de operaciones se enmarca en las inmediaciones de la ciudad de Sancti- Spíritus, bajo las órdenes del General José Rogelio Castillo. Estenoz es otro hijo de Calabazar que combatió por la libertad de la patria. En Jose R. Castillo .Autobiografía. Inst. Cubano del Libro. La Habana, 1973. Pág.90-102 y 209 a 219.

[174] José Miguel Hernández Falcón. Nació en 1876 en Calabazar de la Habana, en el seno de una humilde familia de ideas independentistas. Con apenas veinte años fue uno de los primeros combatientes cubanos incorporados al Regimiento de Caballería ¨Santiago de las Vegas al mando del Coronel Juan Delgado. Diestro en domar y montar caballos, la única arma que tenía al incorporarse era su corcel y un machete collin. Participó en numerosos combates frente a las tropas españolas destacadas en el territorio habanero. Entre todos se destacó en el Combate del Macheteo de la Guerrilla de Calabazar, el realizado frente a la Guerrilla de Rincón, el combate en la finca Galera, la toma del poblado de Arroyo Naranjo, el combate en la finca Lage, etc. Por ser hombre de confianza de Juan Delgado formó parte del Consejo de Guerra Sumarísimo que condenó a muerte por fusilamiento al Comandante Militar de Rincón, aquel oficial español que se presentó en el campamento mambí, en las lomas de Bejucal con una infame propuesta que ofendía la dignidad de los cubanos. Ese oficial fue pasado por las armas el 12 de enero de 1898. Fue uno de los oficiales subalternos de Juan Delgado que se encontraba con su jefe en el campamento de San Pedro, el 7 de diciembre de 1896, junto al Lugarteniente General Antonio Maceo. Cuando se produce el sorpresivo ataque de las tropas enemigas y la muerte del

donde cayera abatido el General Antonio Maceo, e integrante del grupo de valientes mambises que rescatan el cadáver de nuestro Titán de Bronce.

Los Coroneles Dionisio Arencibia y José Miguel Hernández al concluir la contienda de 1895.

En esta villa se formó una eficaz retaguardia que tuvo la misión de suministrar víveres, medicamentos y pertrechos de guerra además de información militar, política y económica que resultaba muy importante para las fuerzas cubanas de las proximidades. No falto la representación de la mujer cubana en la figura de Lina Díaz Aguiar, quien burlando el cerco de la fortificada población, suministraba medicinas y avituallamiento a las tropas de Juan Delgado.

El arribo de la invasión al territorio habanero, la fuerte ofensiva de las fuerzas revolucionarias en la zona y la existencia de las paralelas del estratégico Ferrocarril del Oeste que cruzaba por varios pueblos habaneros y permitía en cuestión de pocas horas mover grandes contingentes de tropas hasta una distancia de setenta kilómetros o más hacia el sur y sur – sureste, determinó que las

Titán de Bronce y su ayudante Francisco Gómez Toro, allí se encontraba aquel joven de pequeña estatura pero de gigantesco valor. Cuando tronante la voz del Coronel Juan Delgado rompió el aire y dijo:¨! ...el que sea patriota, el que tenga vergüenza, que me siga!, allí estaba José Miguel Hernández como parte de aquel grupo de 18 patriotas dispuestos a dar su vida para, bajo el fuego de las balas enemigas, recuperar los cadáveres de Maceo y Panchito. Fue el primer oficial mambí que llego al lugar exacto donde cayeran los héroes de San Pedro. En su pueblo tuvo dos hijos y allí murió con 50 años, en 1926.Hoy Calabazar recuerda a este hijo cuyo nombre figura en el Cuadro de Honor de los patriotas cubanos que rescataron los restos del Titán de Bronce y su ayudante Panchito evitando que cayeran en manos del ejército español.

tropas colonialistas aquí asentadas se reforzaran con hombres y armas. En estas condiciones se creó la "Comandancia de Calabazar", la formación de una junta de defensa y comenzaron a llegar las numerosas y bien equipadas fuerzas colonialistas, tanto regulares como irregulares. La villa se convierte en una de las bases de los regimientos de Villaviciosa y la Reina, que unidos a un destacamento de la Guardia Civil y la Guerrilla local, convierten a este poblado en una verdadera fortaleza. Con el avance de la contienda se construye un cinturón de fortines cercanos uno de otros, se tienden alambradas de púas, se abren trincheras y levantan barricadas, En su periferia y se emplaza artillería de campaña formando un verdadero anillo defensivo que hace de Calabazar un baluarte español en el territorio. En las proximidades de la localidad las fuerzas españolas cultivan maíz, malanga, boniato, plátano y maloja para alimentar a los caballos, de hecho esto la convierten en una importante fuente de aprovisionamiento para las tropas[175].

Coronel Juan Delgado González, Jefe del Regimiento de Caballería Santiago de las Vegas.

Lina Díaz Aguiar

[175]. González Ramos, Eladio. El Coronel Juan Delgado y el Regimiento Santiago de las Vegas. Premio Biografía. Concurso 1ro de Enero, 1975. Pág. 15-16.

Los éxitos alcanzados por la invasión en occidente y las constantes derrotas del Ejército Español demuestran que hacía marzo de 1896, la guerra en la Habana se había consolidado. A pesar de los enormes recursos en armamento, comida, hombres, transporte... etc., no habían podido exterminar la insurrección en el territorio. La táctica empleada y las operaciones militares hacían invencibles a las armas cubanas que obtenían grandes victorias. No había tren, caserío, pueblo o fuente que no estuviera bajo la amenaza de un posible ataque mambí. El propio puente del ferrocarril sobre el Río Almendares fue destruido con el propósito de interrumpir el tránsito de hombres y armas por dicha vía. La ya difícil situación militar de las tropas de España determinó que el cruel Valeriano Weyler aplicara un conjunto de medidas para evitar lo ya inevitable. Entre esas medidas se destacan, entre otras, la reestructuración en la dislocación de sus fuerzas en la provincia y la aplicación del "Bando de Reconcentración" dirigido principalmente contra la población campesina, principal sostén del Ejército Libertador. Como consecuencia de este genocida medida las familias campesinas llegaban a Calabazar formando caravanas, cargadas con lo que habían podido salvar de la rapiña de los guerrilleros y de los

Coronel Dionisio Arencibia, Segundo Jefe del Regimiento de Caballería Santiago de las Vegas.

malhechores. El hambre era tan intensa y la viruela y otras enfermedades hacían tales estragos que le número de defunciones causaban horror. Las cifras de mortalidad fueron tan elevadas que hubo dificultades para la inhumación de los cadáveres en el cementerio local, siendo necesario enterrarlo en una fosa común donde paletadas de tierra cubrían esos restos para desaparecerlos eternamente.

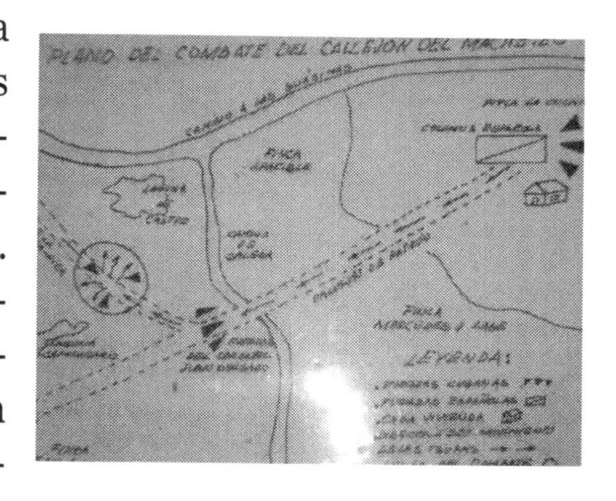

Plano de la distribución de las fuerzas que participan en la acción del callejón de la Pica-Pica, conocido hoy por Callejón del Macheteo en el actual Reparto El Globo.

Las consecuencias de dicha medida se hicieron sentir también en la economía local. El antaño pueblo balneario refugio de temporadistas y visitantes se convirtió en un verdadero cuartel Así los baños decaen y los forasteros desaparecen de la escena pueblerina. Esta situación unida a las altas cifras de defunciones registradas reducen considerablemente el número de pobladores.

Si en 1889, la población ascendía a 2654 vecinos coincidentemente con el auge de los baños, las temporadas y las nuevas industrias y manufacturas, diez años después, en 1899, solo alcanzaba los 1152 habitantes, es decir, 1502 pobladores menos que el censo anterior, demostrativo del decrecimiento poblacional experimentado durante la guerra. Calabazar permaneció en este estancamiento demográfico hasta la primera década de la poscolonial, cuando se definen los trazos de la nueva república.

El Macheteo de la Guerrilla de Calabazar

Coronel José Miguel Hernández Falcón, primer oficial mambí que llego al rescate de los Héroes de San Pedro el triste 7 de diciembre de 1896.

El combate del Macheteo estuvo precedido por otro no menos importante. El enfrentamiento en la finca "Galera", entre Managua y Calabazar, el 26 de Agosto de 1896, entre tropas de Juan Delgado y fuerzas del Regimiento de Pizarro, al mando del Coronel Diego de Figueroa[176]. Pero es el Combate del Macheteo el de mayor importancia.

A raíz de la implantación de la Reconcentración, el Coronel Juan Delgado, encargó a todos los colaboradores y simpatizantes con la causa emancipadora en las poblaciones ubicadas en su zona de operaciones que se mantuvieran alerta y lo tuvieran al tanto de los movimientos de las tropas españolas. A mediados de septiembre de 1896, es informado que fuerzas de los batallones de San Quintín y El Reina, estacionados en Calabazar se disponían a recoger todo el ganado de los alrededores con el objetivo de cortarles los abastecimientos y todo medio de alimentación a las Fuerzas Liberadoras. Enterado también que tropas españolas con el apoyo la guerrilla de Calabazar llegarían a las cercanías de la finca La Cuchilla, próxima al lugar donde se encuentran hoy el reparto El Globo, Se dispuso con solo treinta y seis hombres a atacar la columna española integrada por ciento doce soldados bien armados al mando de un Capitán de regulares.

[176] Tribuna de La Habana. "El Macheteo de Calabazar", La Habana, 26 de septiembre, 1984.

El 20 de Septiembre de 1896, las aguerridas fuerzas cubanas dirigidas por le valiente coronel mambí, se disponen a hacerles frente, a la columna enemiga .El coronel Dionisio Arencibia, segundo jefe del destacamento cubano recibió la orden de atacarlos con parte de sus hombres en la finca La Cuchilla, a la que los españoles habían quemado la casa de vivienda, mientras Juan Delgado y el Capitán José Miguel Hernández cargarían al machete por el Callejón del Patrón. Fue oportuno el movimiento y tan simultáneo el ataque que las tropas colonialistas se creyeron copados y haciendo fuego, se fueron retirando por el Callejón de la Pica-Pica. Pero la carga de los cubanos fue tan rápida y el macheteo tan efectivo, que le hicieron al enemigo setenta y nueve bajas. La fuerza cubana lamentó por su parte la muerte del sargento Tomás Negrín[177], combatiente muy querido en la comarca. Al notar Juan Delgado que el Capitán español acababa de matar a Negrín, le tiró con tal fuerza un machetazo que le separo la cabeza del cuerpo[178].

Diezmados y en presencia de la muerte de su Jefe, la tropa española se dispersó después de haber sufrido una vergonzosa derrota. Horas después del combate, la Guardia Civil y los Voluntarios, utilizando la amenaza y el terror, ordenan a los vecinos de Calabazar se mantuvieran en sus casas con puertas y ventanas cerradas[179]. El propósito era que nadie viera pasar por las calles del poblado las carretas que conducían los cadáveres de los soldados que tenían por destino una fosa común en el cementerio local. Al día siguiente la prensa al servicio de la metrópolis publicaba un parte militar del Estado mayor que expresaba lo siguiente: "... una

[177]. Jose R. Castillo Pacheco. Entrevista. Calabazar. Agosto, 1973.

[178]. Tribuna de La Habana. "El Macheteo de Calabazar", La Habana, 26 de septiembre, 1984.

[179]. José R, Castillo Pacheco. Entrevista. Calabazar. Agosto, 1973.

concentración de fuerzas insurrectas de más de mil hombres al mando de varios cabecillas sorprendieron en las cercanías de Calabazar a un pequeño grupo de soldados causándoles varias bajas, pero sufriendo los rebeldes un verdadero descalabro con la pérdida de más de 45 hombres…" [180].

Con la deformación de los hechos, el gobierno colonial pretendía restar importancia a sus continuas derrotas porque ellas esfumaban los objetivos españoles de mantener a la Habana como su retaguardia. Sin embargo, el pueblo, en sus decimas populares transmitidas de padres a hijos, dejo constancia de esa victoria para las nuevas generaciones de lugareños[181].El Macheteo de Calabazar realizado a pocos meses del arribo de la invasión a la Habana, demostró la fortaleza de la revolución emancipadora en este territorio.

El último enfrentamiento que se registra ocurrió el 7 de Agosto de 1897, en la Finca "San Antonio de Patrón" donde el Coronel Dionisio Arencibia sostuvo un encuentro con el Regimiento de Infantería San Quintín, con bajas por ambas partes[182].

Sin duda, los combatientes mambises estaban liquidando a las tropas más diestras del colonialismo hispano y la economía recibía golpes rotundos ello permitía vislumbrar el derrumbe definitivo de la última colonia española en América. En estas condiciones y ante la inminente derrota del ejercito peninsular, se produce la intervención norteamericana que condujo a la derrota del exhausto colonialismo español. Con la firma del trabajo de paz en París, el 10 de Diciembre de 1898, que ponía fin a la guerra, pero

[180]. Valeriano Weyler. M. "Mi Mando en Cuba." Tomo II. Pág. 31.

[181] Decimas Populares. En: Canto a Juan Delgado. Concurso Poético. Santiago de las Vegas, 1954, Pág. 31.

[182]. Museo Municipal de Boyeros. Archivo. Expediente de la Secretaría de Gobernación. Negociado de Estadísticas y Asuntos Generales.

con la ausencia de los patriotas cubanos en aquel decisivo momento de nuestra historia, cesaba la soberanía española pero aún no se había alcanzado la verdadera independencia nacional.

En estas condiciones, las tropas mambisas comenzaron a ocupar los pueblos comprendidos en su zona de operaciones. La aguerrida fuerzas cubanas que habían mantenido en jaque al ejército colonial en la región, convertida desde meses atrás en el Regimiento de Caballería "General Mayía", entraría en Calabaza el 12 de Diciembre de 1898, saludado por una gran manifestación popular. Al anochecer del día anterior empezó a repartirse con profusión por toda la ciudad cabecera y sus barriadas una hoja con la siguiente alocución firmada por el Coronel Raúl Arango, jefe del Regimiento mambí:

A LOS HABITANTES DE SANTIAGO DE LAS VEGAS, BEJUCAL, CALABAZAR, RINCÓN Y RANCHO BOYEROS, CIUDADANOS:

Llamado por las autoridades populares como Coronel primer Jefe del Regimiento de Caballería «GENERAL MAYÍA» a ocupar los pueblos de mi zona, al ser ésta evacuada por las tropas españolas con el fin de garantizar el orden, interín sea resuelta la forma de gobierno que ha de regir los futuros destinos de nuestro país, que en definitiva será, a no dudarlo, la constitución de la República cubana, por la que han luchado nuestros antepasados y nosotros mismos, durante sesenta años, y que es la única forma de Gobierno que satisface las aspiraciones del país en general: creo un deber dirigirme a todos sin distinción de procedencias para hacerles presente que vengo animado de los mejores deseos, inspirados éstos dentro de mi amplio espíritu de concordia.

Aquellos pocos que por versiones infundadas de espíritus intranquilos o mal intencionados aún abrigan dudas de cuál será nuestro comportamiento, pueden estar completamente tranquilos que sus vidas y haciendas no sólo serán respetadas por nuestros soldados, sino amparadas contra el que atentase a ellas, y castigado con severidad el que en cualquier tiempo trate de alterar el orden.

Hemos luchado durante cuatro años en guerra cruenta para conquistar la libertad de esta tierra querida para todos. Mucha sangre y muchas vidas ha costado la obra que al fin vemos realizada, para permitirse confunda la libertad con la licencia.

La Patria Cubana es para todos», ha dicho nuestro General en Jefe; nuestro lema es: olvido de lo pasado: fe y esperanza en el porvenir. Mi propósito es y para ello cuento de antemano con el concurso de las autoridades populares y del pueblo en general hacer cumplida justicia a todo el que la demande con razón, sin preguntarle qué ha sido, ni qué ha hecho durante el período de la guerra.

En mí tendrán todos los hombres honrados un amigo, más que un Jefe Militar; y aquellos que se coloquen fuera de la ley, un perseguidor incansable y severo.

Bajo la bandera tricolor caben todos los hombres de buena voluntad que quieran acogerse a ella y amen a esta tierra.

Los saluda vuestro conciudadano y amigo, Raúl Arango.

Previamente se había iniciado la evacuación de los españoles; al cesar la soberanía española y se creó un “Comité Patriótico “para establecer un programa de festejos para el recibimiento de las Fuerzas Cubanas a su llegada a esta localidad. Se engalanaron las viviendas, preparaban voladores y se daría un repique de campanas con un solemne Te-Deum en la Iglesia Parroquial. Al terminar él Te-Deum, las fuerzas cubanas procedentes de Santiago de las Vegas desfilaron en perfecta formación por las calles principales hasta el local que ocupo la vieja Comandancia de Calabazar. Desafortunadamente no se ha podido encontrar documento alguno en el que pueda apreciarse los festejos desarrollados en esta oportunidad.

El primero de enero de 1899 se oficializó la ocupación del país por las fuerzas interventoras. Comenzaba un corto pero complejo periodo de la historia nacional y local donde el debate se establece entre independencia o anexión. Este es el contexto que será abordado en el próximo epígrafe.

En conclusión, durante los siglos XVI al XVIII, se produce la conquista y ocupación de este espacio territorial en el hinterland de la villa de San Cristobal de la Habana, área donde hoy se encuentra emplazada esta población. A lo largo de esos siglos se producen las condiciones que hacen de este un sitio peculiar y distintivo con los requisitos propios indispensables e indiscutibles para la aparición de lo que pudo constituir la primera villa junto al rio y Camino Real del Sur, sin embargo, ciertos factores concomitantes lo impidió. No es hasta el siglo XIX, el instante en que aparece el caserío y su fundación oficial. En adelante se produce su evolución como comunidad humana, con sus costumbres, tradiciones y modo de manifestarse la conciencia social de sus pobladores como parte integrante del proceso que condujo a la definición de la cubanía y las manifestaciones de la cultura local en todas sus expresiones que se manifestó en su evolución económica y social. En tal proceso desempeño un rol esencial las luchas en favor de la independencia nacional en el siglo XIX y la participación de sus mejores hijos en esas contiendas.

CAPÍTULO V
LA PATRIA INCONSTITUIDA
(1898–1902)

La colonia en vez de purgar los virus, se limitaba a mudarla epidermis. La política predomina en la patria inconstituida...
RENÉ LUFRIU[183]

La investigación emprendida para esta historia nos obliga a analizar el panorama existente en 1898, para entender el desarrollo de los acontecimientos a partir de este complejo periodo histórico que se extendió hasta 1902.

Estado Mayor del Ejercito Libertador que ocupo Santiago de las Vegas y las localidades de la jurisdicción. Coronel Raúl Arango, Jefe del Regimiento "General Mayia"; Tte. Coronel Dionisio Arencibia (ambos sentados al frente); Comandante Jose Miguel Hernández Falcón (al fondo con sombrero y bandera cubana en mano); Juan Francisco Arango; Medico Dr. Amado Mas; Teniente Pedro Cárdenas; Capitán Eusebio Campos y Juan A. García.

Luego del proceso de liberación nacional que vivió la Isla de 1895 a 1898, concluido el coloniaje español e iniciada la intervención norteamericana, se inició el proceso de reacomodo interno de las fuerzas políticas en medio de la diversidad de opiniones sobre el futuro de la Isla.

El Gobierno Interventor tomó posesión el día 1 de enero de 1899,

[183] Elogio al Sr. René Lufriu y Alonso, por el Dr. Tomás de Jústiz del Valle. imprenta siglo XX, 1944. La Habana. Pág. 72.

asumiendo el mando John Brooke como Gobernador General; meses después, Brooke es sustituido por Leonardo Wood. De este modo se dan los primeros pasos encaminados a reconstruir el devastado país, crear infraestructuras, organizar los servicios públicos, una nueva maquinaria educacional, además de fijar un sistema de salud, todo después de tres años y medio de cruenta contienda independentista.

En estas condiciones el 9 de junio de 1899, se establece el primer ayuntamiento provisional existente en el municipio Santiago de las Vegas después del cese de la soberanía española. Para ocupar el cargo de Alcalde Municipal, es nombrado el José Fernández de Cossío y como Tercer Teniente Alcalde: Manuel de la Lastra, respetable maestro residente en Calabazar.

En este periodo la situación económica, política y social del país era en extremo precaria. En este etapa de la historia nacional la comunidad se mantiene como uno de los barrios del municipio Santiago de las Vegas. El censo de 1899, revela que su población asciende a 1152 habitantes. Si esta cifra se une con las correspondientes a la jurisdicción se notará un decrecimiento demográfico de un 14,9 %, con relación al censo de 1887. Las causas de dicho fenómeno se analizaron en epígrafe anterior.

La situación de la localidad poco difería de la existente en los últimos años de la lucha liberadora. Por estos tiempos, subsisten algunas pequeñas industrias artesanales y talleres menores, pero lo distintivo es su industria alfarera, los despalillos y el torcido de tabaco que con sus altas y bajas continúan prevaleciendo. Sus tierras fértiles y los extensos terrenos de pastos existentes en su demarcación están dedicados al cultivo de frutos menores y el desarrollo de la ganadería vacuna, porcina y caballar.

Las actas capitulares municipales recogen que entre febrero y marzo de 1900, se pidió ayuda en el Ayuntamiento, para varias personas y familias que se encontraban en "el más triste desamparo" y que se veían obligadas a "pasar por el dolor desconocido por los pocos afortunados, de ver a sus hijos llorando por hambre, devorados por el frio de la orfandad y la miseria imperante.

En el pueblo, hay vendedores de agua, rentistas forasteros y locales, vendedores de carbón, algunos empleados públicos, soldados de guarnición, escasos profesionales una botica y un médico. La pequeña comunidad continua muy empobrecida, sumida en la más profunda miseria heredada de la contienda. Durante estos años, las tropas interventoras acamparon en varias ocasiones en este pueblo y en sus proximidades.

En el orden político el fin de la guerra por la intervención y ocupación militar, dio lugar a la frustración temporal del ideal independentista de los cubanos. Reflejo de este sentimiento es el párrafo que preside este capítulo salido de la pluma de René Lufriu, ilustre hijo de este terruño, palabras que expresan la inconformidad de numerosos cubanos ante el nuevo e inesperado panorama creado.

El 9 de julio de 1899, los vecinos de Calabazar participan en la exhumación de los restos del Capitán del Ejército Libertador, Néstor Sardiñas y Zamora[184], como ya se expuso, uno de los hijos de este terruño caído en Loma del Hambre, sitio donde perdió su preciosa vida siendo ya Capitán de la columna que mandaba el General Mayía Rodríguez, el 17 de septiembre de 1897.

En esta compleja etapa de la historia nacional y local existen hechos significativos que no se pueden omitir en estas crónicas

[184] Los restos de Néstor Sardinas fueron exhumados en la finca San Antonio, donde descansaban desde su caída en combate. El 9 de julio de 1899, son trasladados a La Habana donde reposan. Ese día el General Enrique Loynaz escribió unas sentidas cuartillas en la prensa capitalina. El propio día desde el pulpito de la parroquia de Calabazar, el Rev. P. Jorge Curbelo, párroco de Santiago de las Vegas y sacerdote encargado de esta Iglesia celebro misa y honras fúnebres por el descanso eterno del conocido patriota.

históricas. En octubre de 1899, un exteniente de guerrilla conocido por Arias. al servicio de España, oficial que fue de la guerrilla de Miro, llego a Calabazar en la mañana, nadie lo identifico. Después de pasar todo el días en esta población. A las seis de la tarde, después de haber comido en una fonda, comenzó a hablar de política, insultando a los cubanos profiriendo frases ofensivas. Al salir del establecimiento lo esperaba un grupo de enardecidos vecinos que había escuchado las insultantes frases, lo castigaron propinándole una paliza a consecuencia de esto tuvo que ser ingresado en el hospital municipal[185].

Pero también ocurrió otro hecho que muestra el sentimiento patriótico de hombres y mujeres del vecindario: El sábado 25 de noviembre se reúnen numerosos vecinos de Calabazar para formar una Comisión encargada de recaudar fondos con el propósito de *...comprar una corona, para, en nombre del pueblo de esta barriada comprar una corona para las honras fúnebres que en recordación de los mártires estudiantiles seria depositada en el cementerio de Colon, el 27 de noviembre*. La recaudación alcanzo los $34.44 pesos. La ofrenda fue enviada a la capital por un comisionado, el maestro Eduardo Paulino Dihigo, quien la entrego en el paradero de Cristina a la Comisión Organizadora que debía representar a este pueblo en la manifestación; el Teniente Alcalde Manuel de la Lastra, Alcalde de Barrio, Rafael Díaz y Manuel Gutiérrez.[186]

Si bien es cierto que desde la década del ochenta se inicia el proceso de gestación de la clase obrera de la villa, todavía incipiente, reducida y carente de la unidad y de un bajo nivel de consciencia, y que no reviste importancia más allá de los estrechos marcos de la historia local, este proceso condujo a la aparición de

[185] La Discusión, 11 de octubre de 1899.

[186] La Discusión. Ibidem

sus primeras formas organizativas,- propiciado por la divulgación de las corrientes ideológicas predominantes en la época. En el terreno organizativo de sus trabajadores se comprueba la presencia de Sociedades de Instrucción y Recreo y las Asociaciones de Socorros Mutuos, que con todas sus limitaciones, fueron expresión de los sentimientos de solidaridad y coincidencia de intereses de la naciente clase obrera de la localidad. En ellas encontramos los gérmenes de las futuras organizaciones obreras Ellas tuvieron en sus inicios,- al igual que las de sus hermanos de Santiago y la capital -, un carácter benéfico, de ayuda mutua, festivas o educativas,- sectorial, localista y hasta racial y que agrupaban en su seno a los artesanos y jornaleros de diferentes profesiones y oficios.

Al hurgar en los archivos del Registro de Asociaciones, encontraremos, en la mayoría de los casos, el expediente de dichas organizaciones con su Reglamento, y en ocasiones su cancelación, pero se desconoce su funcionamiento, lo que podría brindar importantes elementos para su valoración. De acuerdo a la información de que se dispone, en la década del noventa funcionó la Sociedad de Socorros Mutuos **"Nuestra Señora del Buen Suceso"**, en calle Vínculo esquina a San Antonio. Al igual que su homónima de Santiago de las Vegas, ella agrupaba a los jornaleros y artesanos del ramo del tabaco, que era el núcleo más numeroso e importante y el de mayor homogeneidad y nivel de consciencia. Era realmente una forma de los antiguos gremios. A ella pertenecen negros y mulatos, al igual que las sociedades de este tipo creadas en toda la Isla, tiene un carácter semi-religioso, bajo la advocación de un santo, adscripta a la parroquia local, única forma de lograr la aprobación y autorización de las autoridades. Fue disuelta el 14 de febrero de 1905.

A este tipo de Asociación perteneció el **"Círculo de Artesanos de color de Calabazar"**, creado en 1900[187]. Dicha sociedad se creó para la obtención de los derechos y aspiraciones de la discriminada población negra, víctima de los prejuicios raciales heredados del régimen colonial. Otra asociación de este carácter lo fue la Sociedad de Socorros Mutuos, "La Fraternidad" fundada el 16 de octubre de 1901, en un local de la calle Meireles5 No.15[188]. Esta agrupaba también a los obreros tabaqueros y tejaleros, bajo la presidencia de Manuel Gálvez, que fue su máximo dirigente por algún tiempo.

En el incipiente movimiento obrero local ejerció también su influencia las ideas del cooperativismo, materializado en la **"Sociedad Capitalizadora y Club la Independencia"**, creada el 10 de febrero de 1901[189]. La consulta de su Reglamente resulta ilustrativo porque en él se ve claramente sus objetivos: **"... buscar el bienestar de este pueblo porque los fondos de ella se destinaran para formar una cooperativa para establecer una fábrica de tabaco y cigarros..."**[190].

Resulta curioso a la vez que interesante el papel relevante que se le otorga a las mujeres en la cooperativa y su admisión y trabajo junto a los hombres en una época caracterizada por su discriminación en todas las esferas de la vida social. Su actitud y las soluciones utópicas que dicha agrupación daba a la situación social de sus afiliados se comprueba con una simple lectura de su Reglamento, cuando afirma que:

[187] A.N. Registro de Asociaciones. Expediente 1319. Grupo 154.

[188] A.N. Registro de Asociaciones. Expediente. 1219. Grupo 154.

[189] A.N Ibidem.

[190] A.N Ibidem.

"... la sociedad estaría formada por trabajadores, pero a ella pueden pertenecer individuos de alta posición social o monetaria..."[191].

La cita anterior evidencia la imagen ilusoria y quimérica de los obreros, su falta de madurez e incipiente desarrollo.

En resumen, las Sociedades de Instrucción y Recreo y las Asociaciones de Socorros Mutuos con todas sus limitaciones era expresión de los sentimientos de solidaridad y coincidencia de intereses de la naciente clase trabajadora de la villa. En ellas encontramos los gérmenes de sus futuras organizaciones obreras. Precisamente, en esta etapa (1898 –1902), se manifiestan las primeras protestas del naciente movimiento obrero de la localidad. El movimiento precursor, se produce en octubre de 1902, con el cierre y posterior traslado de la fábrica de tabaco de la "Havana Comercial Company". La decisión del trust tabacalero provocó el primer gesto de rebeldía de los obreros del tabaco hecho que despertó la solidaridad de otros sectores sociales del villorrio así como de las propias autoridades municipales. En sesión del Ayuntamiento municipal, el 13 de octubre de 1902, el Sr. Manuel de la Lastra, Segundo Teniente de Alcalde de Santiago de las Vegas, hace presente que: "la fábrica de tabacos que tenía dicho trust en Calabazar desde 1892, fue cerrada desde el día primero, trasladándose para San Antonio de los Baños, dejando en la calle sesenta familias y más de cien obreros" [192].

Los comerciantes e industriales de esta población, temerosos a perder sus negocios por la desaparición de dicha fábrica, presentaron una instancia al Ayuntamiento solicitando fuese eximida de contribución dicha industria como medio de evitar su

[191] A.N Ibidem.

[192] Museo Municipal de Santiago de las Vegas. Archivo. Libros de Actas del Cabildo. Año 1902. Pág. 312-313.

traslado definitivo hacia otra población lo que sin duda ocasionaría serias dificultades a sus negocios. Según consta en esa petición, se muestran dispuestos a ofrecer a la compañía norteamericana determinadas concesiones; local, alquiler mensual, etc, mientras esa industria permanezca en Calabazar[193].

El gobierno municipal convencido de lo que esto representaba para los fondos de la jurisdicción y con el ánimo de evitar un movimiento huelguístico prolongado, accedió a la petición. Se elaboró un documento que fue remitido al representante de dicha compañía en la Habana, comunicándole ese acuerdo. Dicho sea de paso, estas gestiones estuvieron apoyadas por las Sociedades de Socorros Mutuos y especialmente, por las que agrupaba a los tabaqueros, que se unían en alianza circunstancial a los comerciantes y propietarios para exigir sus demandas. Esta actuación le imprimió más vigor al movimiento.

El contexto histórico nacional en que se desarrolló esta protesta coincide en el tiempo con la llamada **"Huelga de los Aprendices"**, a pesar de no tener relación directa con ese movimiento. Al menos hasta hoy no es posible demostrar lo contrario. Sin embargo, algunos autores que han abordado el estudio de esa huelga, han afirmado erróneamente, que durante ese movimiento paralizaron directa con ese movimiento. Al menos hasta hoy no es posible demostrar lo contrario. Sin embargo, algunos autores que han abordado el estudio de esa huelga, han afirmado erróneamente, que durante ese movimiento paralizaron sus labores los tabaqueros de las doce fábricas propiedad de la Habana Comercial Company elemento que no resulta válido para la de Calabazar, pues no era posible paralizar una industria que en esos

[193] Museo Municipal de Santiago de las Vegas. Ibidem.

momentos no existe como tal por haberse trasladado para otro municipio habanero[194].

No obstante, sí es válida la afirmación relativa a que los tabaqueros de este punto, se solidarizaron con sus compañeros en huelga, contando a su vez, con el apoyo y simpatías de sus hermanos de clase de la capital y de Santiago de las Vegas. Este es el cuadro que presenta el movimiento obrero local en el periodo de la primera intervención.

En cuanto a la salud pública, esta se mantenía en estado deprimente agudizada por las frecuentes crecidas del río que dejaban desolación y muerte a su paso.

Finalizada la guerra, es retirada la enfermería y hospital militar de campaña establecidos en la Comandancia española. Únicamente quedó avecindado el médico Eduardo Cortés, desarrollando su labor en muy difíciles condiciones. Una simple lectura de un acta del Ayuntamiento de Santiago de las Vegas con fecha 9 de agosto de 1899, es suficiente para comprobar esta verdad. En ella aparece que este galeno se queja de ... *las dificultades que confronta para desarrollar su trabajo con motivo de volver las familias que habían emigrado durante la guerra, así como el número considerable de temporaditas que aumentaban su población...* [195].

Si a este panorama se le suma la presencia de numerosas enfermedades como la tuberculosis, el tifus y la viruela, que hacían estragos en la vecindad, se comprueba el cuadro dantesco que presentaba la salubridad en esta villa.

Un aspecto similar presentaba la instrucción pública. Es conocido que al concluir la guerra de independencia era alarmante el analfabetismo en el país, si esto se concreta en el plano de una

[194] Ibídem.

[195] Museo Municipal de Boyeros .Archivo. Libros del Cabildo., 9 de agosto, 1899.

localidad se encontrarán cifras escalofriantes. Era imprescindible crear un sistema de instrucción diferente, para el país, por tal razón, las autoridades interventoras se dieron a la tarea de crear un nuevo mecanismo educacional promulgando una nueva Ley Escolar. Para lograrlo aplican un nuevo estilo de escuelas públicas conforme a un patrón norteamericano, uno de los más modernos para la época.

Bajo esta corriente se creó en 1900, la "Casa - escuela" de Calabazar, en los terrenos que tenía destinado el Ayuntamiento para plaza del mercado, en calle Arango No.4 ½,- esquina a Calle Habana, junto al Arroyo Jíbaro, en el mismo sitio donde en la actualidad se levanta el Centro Escolar "Rafael M. de Mendive".

El 5 de septiembre de 1900 inicia el primer curso la Casa Escuela. Su construcción era de madera y tejas tipo Bungaló, con sótano y piso de madera. Contaba con dos aulas grandes para grados múltiples y era atendida por dos maestros: Eduardo Paulino Dihing, para varones y María Ana Huerta Bruzón para el aula de niñas. Entre sus directores se pueden mencionar a Manuel de la Lastra y Mariano Fina. Seguidamente ser nombran los primeros maestros para el barrio de Calabazar: Enrique Jordán y Adelaida Bruzón. El día 10 de febrero del propio año 1900, se reúne nuevamente la denominada "Junta de Educación" y acuerda crear otras aulas y nombrar sus respectivos maestros de acuerdo con las cantidades disponibles de su presupuesto, y se nombran los siguientes para el barrio de Calabazar a Enrique Jordán y Adelaida Bruzón[196].

Eran tantos los problemas educacionales acumulados durante décadas que esta escuela resultó insuficiente para, brindar instrucción a la numerosa población escolar, sus maestros impartían clases hasta con 80 alumnos por aula.

[196] Francisco Fina Garcia. Historia de Santiago de las Vegas. pp 126-128.

Los textos utilizados para el aprendizaje eran traducidos de libros norteamericanos modernos pero que no se ajustan a nuestros patrones de enseñanza. A pesar de estos inconvenientes, los maestros que pasaron por esta escuela dieron ejemplos de lealtad y patriotismo impartiendo una enseñanza objetiva y profunda y sembrando en sus discípulos la inconformidad con la situación imperante en el país. Esta escuela fue trasladada tiempo más tarde para una casona en la calle Vínculo esquina a Cerrada del Oeste por deterioro de la misma hasta la construcción del Centro Escolar.

En el terreno de la cultura la situación no era menos preocupante. Como resultado de las nuevas ideas que se iban enraizando y a la situación que atravesaba el país, decaen y hasta desaparecen algunas tradiciones. El clásico romanticismo hogareño va perdiendo terreno al igual que las reuniones familiares. Las cultas y ricas tertulias en las sociedades de la época van cediendo terreno. Las visitas entre las familias que era uno de los mejores vínculos sociales del criollo comienzan a desaparecer. Los baños públicos y las temporadas que durante muchos años representaron una modalidad de la villa y le daban prosperidad, no alcanzarán nunca más la brillantez de años pretéritos. Todos estos factores le van imprimiendo nimbo de tristeza, de quietud y tranquilidad para el descanso. Únicamente durante las fiestas patronales y de navidad la villa recupera su tradicional alegría pueblerina. En este periodo es que descuella como poetisa María Clemencia Gómez Toro, hija del general Gómez y residente en esta población, cuando escribe sus primeros poemas hoy atesorados en un álbum que se conserva en el museo municipal, uno de esos versos más sentidos dedicado su padre, titulado "Padre mío", escrito inédito que encabezó con un pensamiento que su padre había escrito en su álbum de niña años atrás[197].(ver memoria gráfica) En esos años aquí reside corto tiempo el científico Juan Vilaro Diaz[198].

En las Sociedades de Instrucción y Recreo Santa Teresa, ocasionalmente se presentan obras teatrales de compañías locales y municipales, pero el más prestigioso lo fue el grupo teatral de Teodoro Cabrera, de Santiago de las Vegas, que en varias oportunidades actuó para los lugareños, pero este sitio era atractivo no solo por su tranquilidad, sino también, por la proximidad a la capital, las vías de comunicación, el saludable clima, las buenas aguas, la baratez de las casas, el carácter alegre de sus moradores y las monacal quietud. No es casual que al concluir la guerra en su seno se acogieran numerosos veteranos insurrectos, algunos de alta graduación. Entre esos oficiales del Ejercito Libertador que residen o pasan temporadas en esta población se pueden mencionar, entre otros al General Francisco Carrillo Morales[199], Mayor General del Ejército Libertador cubano y combatiente de las tres guerras por la independencia de Cuba, Justo Carrillo[200] ;

[197] Mª Clemencia Gómez Toro. Álbum de Pesías.1908 (inédito) En: Santiago de las Vegas. Archivo del Museo Histórico Municipal.

[198] **Juan Vilaró Díaz**. (1838-1904) Poseedor de una vasta cultura, políglota y amante de las ciencias .Zoólogo, botánico y médico. Bachiller en Ciencias (1862) y en Artes (1863). Desarrolló una amplia labor en la Real Sociedad Económica de Amigos del País de La Habana. Autor de un depurado estilo literario, dio a conocer numerosas contribuciones científicas. Falleció en La Habana el 4 de octubre de 1904. Se desempeñó como Catedrático Auxiliar de Geografía en la Universidad de la Habana, desde 1865, donde obtuvo los títulos de Licenciado en Ciencias Naturales (1867) y en Medicina y Cirugía (1868), con notas de sobresaliente.

[199] **Francisco Carrillo Morales**. Mayor General del Ejército Libertador cubano· Combatiente de las tres guerras por la independencia de Cuba. Fue colaborador activo del Partido Revolucionario Cubano y uno de los principales organizadores de la Guerra del 95 en Cuba. Sobrevivió a la guerra y tuvo una activa vida política en la República.

[200] **Justo Carrillo**. Teniente Coronel del Ejército Libertador cubano. Combatiente de la Guerra del 95. Hermano del mayor general Francisco Carrillo Morales. Carrillo se convirtió en eficaz auxiliar de los generales Emilio Núñez y Joaquín Castillo Duany. Ingresó en el Ejército Libertador cubano el 30 de agosto de 1895. Intervino en la organización de quince expediciones. En el segundo viaje del vapor Wanderer que llegó el 28 de agosto de 1898 a Caibarién, en el norte de Las Villas, siendo ya

el Coronel Dionisio Arencibia, segundo jefe del Regimiento Santiago de las Vegas, el Coronel Francisco Lufriu; el Teniente Coronel José Miguel Hernández Falcón, el mismo que encontrara, y gritara para anunciar el hallazgo y cargara el cadáver de Maceo aquel triste 7 de diciembre de 1896; los Coroneles Eulogio y Emilio Sardiñas[201], el General Izaguirre y, el Mayor General Máximo Gómez

Báez, Jefe del Ejército Libertador; residió por temporadas con su familia el General Enrique Loynaz del Castillo[202], creador del Himno Invasor, y otros veteranos de menor graduación militar o exsoldados del Ejército Mambí, entre estos últimos: Manuel Idelfonso Torres Rodríguez y Rogelio García Delgado. Según testimonios acopiados aquí residió también en la conocida "Villa San Juan" próximo al Arroyo Jibaro, el arquitecto Esteban Duque de Estrada, constructor del primer monumento a Maceo y al hijo de Gómez, en el Cacahual y uno de los pocos conocedores de este tipo de obra en aquellos tiempos.

teniente coronel se quedó definitivamente en tierra para ponerse bajo las órdenes de su hermano, quien lo nombró subinspector del 4to Cuerpo de Ejército. Terminó la guerra en el desempeño de ese cargo. En la paz fue electo representante a la Cámara por Las Villas en tres ocasiones: 28 de febrero de 1904, 1 de noviembre de 1914 y 1 de noviembre de 1918.

[201] Eulogio y Emilio **Sardinas Zamora miembros de una familia de patriotas calabazarenos**; el primero Coronel del Ejército Libertador y Doctor el Leyes, el segundo, Capitán del propio cuerpo del Ejercito Libertador; ambos naturales de este pueblo. Combatieron junto con su hermano el Capitán Néstor Sardinas Zamora caído en combate el 17 de septiembre de 1897. En la república Emilio Sardinas fue aspirante a senador del gobierno cubano establecido.

[202] **Enrique Loynaz del Castillo. General de Brigada del Ejército Libertador** cubano con una destacada participación en la Guerra del 95. Autor de la letra del Himno Invasor para el ejército independentista. Amigo y auxiliar de José Martí. Edecán del general Antonio Maceo. Conspiró junto a él en la emigración en Costa Rica, salvándole la vida en el atentado perpetrado contra el Titán de Bronce con quien combatiera años más tarde en la Batalla de Mal Tiempo. El General Loynaz del Castillo encontró en esta población un refugio en el mundo fascinante de sus recuerdos, rodeado siempre de viejos compañeros de armas y de su familia más cercana.

Después de permanecer una corta jornada en las ciudades de Bejucal y La Habana, a solo mes y medio de haber entregado la custodia del monumento del Cacahual al municipio Santiago de las Vegas, el Gómez se dispone,- después de una breve estancia en la calle Industria No. 116, en la capital-, instalar su residencia en la jurisdicción santiaguera. Es precisamente en estos complejos y difíciles años cuando el General en Jefe del Ejército Libertador establece su morada en este pueblo. Sin embargo, Gómez no se deshace de la casa de la capital porque los hijos estudian en la ciudad de lunes a viernes y pasan fines de semanas y vacaciones con sus padres en este poblado junto al río Almendares para disfrutar de la verde campiña cubana y tomar baños en sus afamados manantiales aun existentes.

Las condiciones existentes y su proximidad al Cacahual donde descansan los restos de Maceo y de Panchito y ,-como ya se enuncio,-la presencia de otros altos jefes mambises es lo que estimuló a Gómez a trasladar su residencia para la jurisdicción santiaguera. Es precisamente en estos complejos y difíciles años cuando el General en Jefe del Ejército Libertador establece su morada en este pueblo.

Las condiciones existentes y su proximidad al Cacahual donde descansan los restos de Maceo y de Panchito y ,-como ya se enuncio,-la presencia de otros altos jefes mambises es lo que estimuló a Gómez a trasladar su residencia para esta población. El experimentado jefe independentista se refugiaba aquí en el mundo fascinante de sus recuerdos, rodeado siempre de sus compañeros de armas pero sin abandonar su ideal independentista. A esta decisión contribuyó la sugerencia que le hace Ignacio Piñar, emigrado revolucionario santiaguero e íntimo amigo del alto jefe mambí y la aprobación del Alcalde de Santiago de las Vegas[203].

El 1ro de agosto de 1900, el Jefe del Ejército Libertador establece su hogar en la casa marcada con el número 19 de la calle Meireles, en la localidad. En la última habitación de la espaciosa casa colonial, Gómez ubicó sus libros y las cajas de perfumado cedro donde conservara su archivo personal, el mismo que lo acompañó durante las dos contiendas independentistas. Este sería en adelante su despacho y local de trabajo donde maduró nuevas ideas y tomó decisiones importantes para los destinos de la patria.

Al final del patio, en una caballeriza aledaña a la cochera, Jose Morón Zapata(Morón), su último asistente, cuidaba de sus caballos "Zaino" el mismo que perteneció al General José Maceo en la etapa final de la contienda y que lo acompaña ahora en la paz del hogar. También "Cinco Marcas", el que cabalgó durante la etapa final de la guerra y que lo acompañarán ahora en la paz durante, "esta soledad agradable del espíritu"[204]. El 10 de agosto de 1901, un año después de residir en ella se produce el donativo de la vivienda a la familia Gómez Toro.

Desde entonces la vivienda de la familia Gómez – Toro, en Calabazar, se convirtió en centro de atención de toda la nación. En ella recibe a los buenos cubanos, a los veteranos de la manigua, a los patriotas sinceros; a la gente humilde del pueblo que desde lejos vienen a visitarlo como una viejo amigo a quien se pide consejos, o a expresarle su respaldo personal y su apoyo a la revolución. Recibe también a las autoridades interventoras que en

[203] Miguel Varona Guerrero, "Máximo Gómez Báez, visto por uno de sus ayudantes. Escuela Tipográfica M. Inclán. La Habana, octubre, 1951. Pág. 11.

[204] Gómez Báez, Máximo .Carta al General Bernabé Boza. Calabazar, 24 de febrero de 1901.En: Mi Diario de la Guerra. Edit. Ciencias Sociales. La Habana, 1974. Pág. 18.

Foto original de la residencia del Mayor General Máximo Gómez Báez marcada con el número 19 de la calle Meireles en Calabazar antes de las transformaciones impuesta en los últimos tiempos en ella residió durante dieciocho meses el Jefe del Ejército Libertador de Cuba.

ocasiones lo visitan para tratar de ganar su apoyo en la gestión emprendida. El Generalísimo permanecerá de esta manera alejado de los cargos públicos como en los tiempos dolorosos que forjaron su alma de combatiente. Ninguno quiere para sí de "esas pequeñas glorias que cautivan a los demás".[205]

Es precisamente en este instante de meditaciones y conclusiones cuando más grande se nos muestra este hombre que renuncia a todo aquello que tantas veces, y legítimamente pudo haber tenido.

Durante el tiempo que tuvo su morada en este lugar, participó en las actividades de la comisión denominada: "Comisión Popular Restos Gómez-Maceo" con vista a continuar y concluir las obras del Mausoleo del Cacahual, inaugurado **oficialmente el 7 de diciembre de 1900.** Se dedicó también a confeccionar el listado de combatientes del Ejército Libertador, ordenar sus libros, visitar escuelas y escribir relatos, despachos y cartas, que al decir de Diego Vicente Tejera, "... deleitan por la cordura de las ideas, la delicadeza de los sentimientos y la llaneza del estilo..."[206]

[205] Ramón Infiesta. Academia de la Historia de Cuba. La Habana, 1937, Pág. 215.

[206] Bernabé Boza. "Diario de la Guerra." Edit. Ciencias Sociales. La Habana, 1974.Pag. 87.

Tarja memorial existente en la fachada de la casa donde vivió el Mayor General Máximo Gómez Báez.

En el tiempo que aquí residió muchos vecinos conocieron la fibra humana del viejo combatiente de granito y diamante. Todos quedaron impresionados con su carácter, su modestia, sus ademanes corteses y su amor a los niños. Aún se recuerda a aquel hombre delgado, de alta estatura, de barba y bigote blanco y de ojos negros y pequeños, en sus en sus frecuentes visitas a la Casa – Escuela de la calle Arango y a la escuelita pública de la calle Principal, donde rodeado por un remolino de pequeñuelos, les contaba episodios de la guerra y respondía preguntas de escolares y maestros.

Durante su permanencia en esta localidad, puestos de acuerdo el Generalísimo y el Ayuntamiento de Santiago de las Vegas, se inició el proyecto de recoger fondos a través de una colecta pública para costear las obras de terminación del Monumento del Cacahual[207], aun inconcluso y crear un puesto de la Guardia Rural.[208]

Algunos vecinos rememoran como todos los sábados en la mañana, el General, soberbio jinete, mandaba ensillar su brioso caballo y con trote firme se dirigía al Cacahual, a llorar en silencio la honda pena que lo embargaba. Semana tras semana realizaba estos viajes hasta que trasladó su residencia para la Habana[209].

[207] 25Eduardo M .Bernal Alonso "El Parque Nacional Monumento El Cacahual". Historia y Tradición, 2011.

[208] Periódico La Lucha. Diciembre de 1901.

[209] Pedro Máximo Vargas Gómez. Calabazar, 1989.Entrevistacon el nieto de Gomez.

El Generalísimo amo a este pueblo y a sus habitantes con ese sentimiento que se desarrolla como en su propio terruño. Por eso cuando habla del lugar, suyo lo identifica:

... cuando quieras y puedas venir a pasar un día con nosotros, no tiene necesidad de quitar a Narciso de su trabajo. Con que él te acompañe hasta el paradero de Cristina y te deje embarcada todo está hecho. Te bajas en mi Calabazar y mi casa está en la misma calle paradero a dos cuadras. *.

Un niño general; un hecho inédito

El Máximo Gómez que conoció la lucha libertadora en Cuba, el militar, y el que se muestra ahora en la paz; el civil, expresa una asociación perfecta en la que se entrelazan sólidas cualidades en una misma persona.

En Calabazar, su imagen se recuerda por su rectitud, pero también por su bondad y sensibilidad, la modestia y su amor a los humildes. Impone el más celoso cuidado para los seres débiles y sobre todas las cosas, tiene un corazón abierto para los niños y para todos los desheredados que no pueden mostrarle otro reconocimiento que su cariño y admiración.

Como antes en la manigua, se interesa por todo lo que aquí le rodea y conoce nuevas personas. En los testimonios acopiados brota algo que no aparece en las biografías que sobre Gómez se han editado; el Generalísimo va a las casas del pueblo y a los ranchos del campo a visitar a los enfermos y a los que necesitan ayuda .Está presente en los momentos indispensables y más crudos de las familias del vecindario.

Un hecho interesante que muestra la sensibilidad del Generalísimo fue su encuentro con el niño José Salcido vecino de esta población. Hasta hoy se han expresado diversas versiones sobre este asunto, sin embargo, a los efectos de nuestro trabajo he seleccionado aquellas que por los testimonios acopiados, se acercan a la verdad .De acuerdo a esto, expondré como sucedieron los hechos acontecidos a pocas semanas de residir aquí el viejo mambí:

José Ramón Salcido Manrique, más conocido por "El General", cuatro años después de que Máximo Gómez lo conociera en Calabazar. Su procedencia humilde lo llevó a las filas de los trabajadores del Tabaco .

En cierta oportunidad, en ocasión de haber sido invitado Gómez al debut de una compañía de teatro recién llegada al pueblo, se puso de manifiesto nuevamente el cariño con que el valiente dominicano – cubano veía siempre a los niños. Cuando el Generalísimo pido ver el Programa de aquella función y leyó que estaba invitada también una persona a quien llamaba "El General", Gómez se interesó por conocer quién era. Informado que era un niño de doce años de quien se contaba muchas anécdotas de sus episodios durante la guerra mostró su curiosidad por conocer a aquel niño al que con esa edad ya le decían General.

Al rato se entrevistaba con aquel muchacho, quien con muchísima pena le contó que durante la guerra su familia pasó una miseria espantosa, pasando días enteros sin probar alimentos y que él para ayudar a los suyos se vio obligado durante la Reconcentración a acercarse a los campamentos españoles en busca de comida arriesgando se propia vida. El curtido jefe mambí después de escuchar el relato le reconoció esos méritos y le dijo al chico:

En esta foto José Ramón Salcido, el "General", en 1970, a los 84 años de edad .Estas imágenes graficas han sido tomadas por Luis Hernández Serrano. De su artículo "Dos Estampas del Generalísimo en Calabazar." [Juventud Rebelde]. La Habana, 19 de junio, 1986.

Le doy la razón a tu pueblo que así te llama. En verdad mereces ser General.

La afirmación del Héroe llamándolo simbólicamente "General", fue un acontecimiento que conoció todo el vecindario, diciendo que Máximo Gómez había dado el grado de General al niño José Ramón Salcido Manrique, por los méritos contraídos durante la contienda[210].Este apelativo, como expresión de cariño y respeto lo identificó de por vida hasta su desaparición física en 1973.(ver memoria gráfica)

Acerca de este interesante hecho, el doctor Gaspar Jorge García Galló, vecino de esta población, concuño y compañero de trabajo en su juventud de José Salcido, explicó al autor de esta obra lo siguiente:

"...en cuanto al apelativo de "General" que le daban a José Salcido,- que por cierto era concuño mío-, discrepo de algunas cosas que sobre este hecho han dicho algunas personas.(...)

Yo sé, por habérmelo contado el propio José (que además era tabaquero, compañero mío, en la fábrica de H. Upmann), que la cosa fue así: Cuando Gómez oyó la narración que el adolescente

[210] Luís. Hernández Serrano. "Dos Estampas del Generalísimo en Calabazar." [Juventud Rebelde]. La Habana, 19 de junio, 1986. Pág.

le hacía de sus dificultades durante la Reconcentración, Máximo Gómez, exclamó: "Tú mereces ser General"

Y continúa García Galló.

Esta afirmación del héroe fue conocida por el pueblo, bien por lo que contó el propio José o por otra vía, y se llegó a afirmar que Máximo Gómez le había dado el grado de General.(...)Aquí entra en juego también el carácter jocoso de los tabaqueros que, desde entonces y, como expresión de cariño y respeto a uno de sus camaradas, jamás dejaron de decirle: General[211].

De una u otra forma en que haya ocurrido este hecho, lo cierto es que lo acontecido es una demostración más de la manifiesta sensibilidad del experimentado guerrero ante la presencia de un niño. Este rasgo de su personalidad se continuo manifestando durante toda su existencia.

[211] Gaspar Jorge García Galló. Entrevista. Calabazar. 20 de septiembre de 1987.

Una coincidencia histórica

El paradero de los ferrocarriles del Oeste[212], situado en aquella época al final de la calle Meireles, en Calabazar, lugar muy frecuentado por Máximo Gómez, fue testigo de un encuentro trasmitido de una a otra generación y que hoy forma parte del patrimonio tradicional de la comunidad y que ha quedado para la historia.

Bajo esta desaparecida Ceiba en la finca "América" gustaba al general Gómez disfrutar del frescor de la campiña cuando se producían sus ataques de asma.(Cortesía de la Fototeca Archivo Nacional de Cuba.

Según se ha conocido, al arribar a la parada de Calabazar el tren que recorría la trayectoria Bejucal-Habana, al Generalísimo le llamó la atención un niño pequeño que su padre sostenía en brazos. La tradición oral relata que tuvo lugar el siguiente dialogo:

—¿Es su niño?

—Si General, es mi hijo, respondió Luciano Martínez, padre de la criatura.

—¿Me permite cargarlo un momento?

[212] La vieja Estación de trenes, en Calabazar, ubicada en sus inicios a la derecha de la línea ferroviaria, era una edificación de madera y tejas inaugurada junto con el ferrocarril, el domingo 23 de junio de 1861, ocasión en la que toda una multitud contempló admirada los ruidosos movimientos de la primera locomotora de vapor con los carros que arrastraba en su primer viaje Cristina-Calabazar.

—Como no, es un honor para mí.

Al insigne libertador aquel niño le atraía sobre manera. Sus grandes ojos verdes fijos en el anciano tenían una belleza extraordinaria.

Máximo Gómez lo sentó sobre sus piernas, le pasó la mamo sobre la cabeza y le miró los ojos un instante, y dirigiéndose al padre le expresó:

—Cuide mucho a este niño que tiene una mirada inteligente. Me parece que va a ser algo grande en su vida.

Y volviéndose al niño le miró fijamente y le pronóstico:

—Tú vida tendrá plena luz de aurora.

El prócer de nuestras guerras de independencia descubrió así la obra futura de aquel niño de verdes pupilas que se convirtió con el transcurso de los años en otra distinguida figura de la historia patria; se trataba de **Rubén Martínez Villena**. El mismo Rubén que años más tarde dedicara a Máximo Gómez uno de sus mejores poemas.

El cuasi centenario José Ramón Castillo Pacheco, vecino de esta población, en la entrevista realizada en 1968, refiere que:

"...aunque no me encontraba presente cuando se produjo este encuentro entre el Generalísimo y el padre de Rubén, pude conocer aquel hecho porque los presentes se encargaron de divulgar tal acontecimiento. Esto era frecuente, como ustedes saben, en poblado tan pequeño en que todos se conocían y las noticias corrían de boca en boca con gran velocidad"[213].

Este testimonio y las referencias que aparecen en la biografía de Rubén Martínez Villena, confirma la veracidad de tal encuentro que ha quedado para la historia local y nacional .Es evidente que pocos casos han ocurrido en la historia de la humanidad, que

[213]José Ramón Castillo Pacheco. Entrevista cit. Calabazar, 1968.

un héroe, con su formidable visión de futuro descubra en la infancia a otra personalidad que continuaría su lucha.

Últimos tiempos en Calabazar

Toda la actividad de Máximo Gómez en Calabazar estuvo dedicada, de una u otra forma, a apoyar con todas sus fuerzas. La Convención Nacional, garantía del surgimiento de la nueva república. Durante los veintiocho meses que aquí residió y -en medio de la complejidad del momento que vivía la revolución independentista y su incierto futuro-, continúa pronunciándose por una sola prédica: la unidad. Este propósito aparece reflejado en todos sus escritos elaborados en ese período.

Viviendo en Calabazar asistió al acto que a las siete de la mañana del 20 de mayo de 1902 se realizó en Santiago de las Vegas para celebrar el fausto acontecimiento, donde de forma simbólica a solicitud de numerosos vecinos e instituciones se sembró una Ceiba denominada "El árbol de la Independencia, en la Plaza de la Iglesia, en el cuartón sur oeste de dicha plaza en el lugar donde hoy se encuentra el Parque Juan Delgado y que contó con su presencia y de los coroneles Martín Marrero, Dionisio Arencibia, José Miguel Hernández, el Comandante Ignacio Castro, oficiales del Ejército Libertador de la localidad, el alcalde municipal,

Un óleo con la figura del General Máximo Gómez Báez durante su estancia en Calabazar, de la autoría del prestigioso artista santiaguero Norberto Garbalosa, donado al Ayuntamiento en 1900.(Museo Histórico del Municipio boyeros)

las directivas y asociados del Centro de Instrucción y Recreo y la Sociedad La Gloria y la participación masiva del pueblo santiaguero. Árbol que fue circundado por una artística verja de hierro en forma de estrella de cinco puntas, que paradójicamente tiempo después se secó. La Ceiba fue donada por el santiaguero Florentino Guerra. Horas más tarde Gómez asistiría también a los actos realizados en la capital con motivo de la instauración de la república.

Instaurada la nueva república, el jefe de brava extirpe mantiene la recta conducta que lo caracterizó en la manigua. Reiteraba que:

"la historia de mi vida militar y política en Cuba es un libro abierto, en donde todo el mundo puede leer"[214].

Desde este municipio rechazó una proposición de pensión igual al sueldo del Presidente de Cuba, por considerarla innecesaria, injusta y excesiva en momentos en que el pueblo aún se recuperaba de las heridas de la guerra. La austera característica del jefe no la permitía. Era un digno discípulo de José Martí.

A partir del 20 de mayo de 1902, toda su energía de experimentado luchador independentista, estuvo dedicada a cuidar, con su amor que resiste todos los desengaños, la dignidad de esa "república", joven y débil, pero república.

Poco tiempo después, el indomable mambí comenzó a encabezar la lucha cívica de las masas populares contra el primer gobierno instituido. Esta actividad exigía su presencia en la capital. Sus ingentes esfuerzos estuvieron dirigidos a su consolidación en forma civil, legalista y ordenada con una ejemplarizante actuación desinteresada y constructiva.

La idea de mudarse para La Habana dio inicio a mediados de 1902. La casa de Calabazar estaba,-a pesar de la comunicación en

[214] Archivo Nacional de Cuba. Fondo Máximo Gómez ,Legajo 27 No, 3735.

ferrocarril-, muy distante de la vida política y social de la capital y no quiere perder contactos con la urbe en esas complejas circunstancias. El traslado a la Habana tuvo que ver también con las nuevos avances, costumbres y características de una gran ciudad: luz eléctrica, el teléfono, el uso del automóvil, la inauguración del primer tramo del tranvía eléctrico, la inauguración del ferrocarril desde la Habana hasta Santiago de Cuba, etc, patrones de la modernidad del nuevo siglo. A estos factores se agrega los estudios universitarios de su hijo Bernardo, próximo a matricular medicina, esto también se lo exigía.

El 31 de octubre de 1902, después de veinte y ocho meses de residir en esta localidad, trasladó su residencia para la calle Galiano No.45 en la Ciudad de la Habana, dejando entre el vecindario una estela de cariño y respeto que se continuó manifestando hasta el último momento de su valiosa existencia.

El traslado de su residencia para la capital es una muestra de su postura vigilante ante el nacimiento y el eclipse de la naciente república. Este accionar del experimentado mambí demuestra, sin ningún riesgo de inexactitud, que el General Gómez, se mantuvo en la política activa y no a la zaga o arrastrado por los acontecimientos, sino en primera fila y dirigiendo. Lo dicho por simple jocosidad por un periódico capitalino de la época: "el General Máximo Gómez siempre está en la manigua", era cierto, no imaginaban que interpretaba cabalmente su pensamiento de combatiente.

Durante los largos y penosos días de la grave enfermedad que lo condujo a la muerte, muchos fueron los vecinos y amigos de Calabazar, que asistían cotidianamente a su residencia del Vedado a interesarse por su salud. En el Autógrafo preparado por la familia para recoger las firmas de los que se interesan por su estado, - y que en la actualidad se encuentra en la Casa Museo

"Máximo Gómez", en la Quinta de los Molinos, - se puede apreciar con nitidez los nombres de Manuel de la Lastra; Justo Carrillo; el Dr. Eduardo Cortés; el Coronel Dionisio Arencibia; Rafael Díaz Hernández, Coronel José Miguel Hernández; Andrés Montero; Eudildo Tamayo y de otros vecinos de este pueblo que seguían de cerca la evolución de su quebrantada salud[215].

Muchos calabazareños iban diariamente hasta la casa de Gómez, en el Vedado, lugar donde murió el 17 de junio de 1905, rodeado del respeto de toda la nación Así terminó la vida del bravo guerrero discípulo de Bolívar y de Martí. El hombre que a pesar de sudar dulce toda la vida, tuvo una existencia tan amarga, el mismo que sintió el placer del sacrificio y que recibió en sus últimos años la ingratitud de muchos hombres como lo previó el maestro.

Son numerosos **los** anécdotas que por tradición oral han llegado hasta nosotros de su presencia en esta población pero esto será objeto de otro trabajo hoy en proceso editorial[216].

En conclusión, la presencia de Máximo Gómez en esta población corresponde a los años de mayor complejidad para el país donde las diferentes tendencias ideológicas se debatían entre independencia y anexión, etapa que estuvo caracterizada por el accionar del maestro de la contienda de 1895, en evitación de lo que parecía inevitable. Este municipio y en especial su Calabazar, constituyó el tranquilo hogar en medio de contradicciones surgidas en la contienda, el sitio "alejado del bullicio de los hombres para no ser víctima de sus veleidades"[217], refugio sereno y lugar

[215] Museo Máximo Gómez.[Archivo].Autógrafos de personas interesadas por la salud del Generalísimo. Junio 5 al 17, 1905.

[216] Eduardo M. Bernal Alonso. El Mayor General "Máximo Gómez Báez: Un fragmento de su vida en la paz"(1900-1902).

[217] Máximo Gómez, Báez. Diario de Campaña. Ediciones Huracán. Inst. Cubano del Libro, La Habana, 1968, Pág. 299

de reflexión, donde maduró nuevas ideas, sembró y cultivó las semillas que dieron origen a una estratégica encaminada a lograr la total independencia nacional. De aquí la relevancia de su figura en esta localidad.

Su presencia aquí es cuasi desconocido en su biografía; pero no fue un apacible "retiro", sino un instante necesario de reflexión que contribuyó, no solo a concluir la tumba honrosa a los héroes de San Pedro, sino también a madurar ideas, radicalizar posiciones y trazar,- lo que desde nuestra óptica personal-, puedo definir como estrategias para lograr el ideal martiano. .Su ojo vigilante permanece atento a los pasos que se daban con vista a la terminación de la ocupación militar.

En este pueblo continuó residiendo durante algunos años sus familiares más cercanos. Aquí vivieron además su hijo el Dr. Bernardo Gómez y su esposa María Josefa Isaguirre, hija del General Isaguirre, en una vieja casona de la calle Meireles, que años después fue la fábrica de filtros de automóviles*.Al respecto Pedro Máximo Vargas Gomez, nieto del Generalísimo ha expresado al autor de esta obra:

En esa casa vivió también mi madre, Margarita, entre los años 1928- 1930.Durante ese tiempo el Archivo Personal: "Un cuerpo con alma" y otras pertenencias del Generalísimo estuvieron allí en uno de los cuartos de la amplia casona bajo la custodia de Bernardo y después de Margarita. [218]

Después de más de un siglo, a pesar de las lamentables transformaciones a que ha sido sometida en la casa colonial donde vivió Gómez, aún se siente el temple del libertador, su pluma que no cesa de escribir, el aroma de las cajas de perfumado cedro donde guardaba su archivo y su aguerrido machete tan temido por las fuerzas enemigas de la independencia de Cuba. En este

[218] Pedro Máximo Vargas Gómez. Entrevista. Calabazar, 1989.

histórico sitio ha quedado su obra, las anécdotas contadas por los lugareños de más edad, su ejemplo y algunas frases,- que han pasado de una a otra generación-, que define toda su vida:" siempre estaré al lado de los cubanos".

En conclusión., en este capítulo, se ha incursionado en el complejo periodo histórico comprendido entre 1899-1902, espacio temporal cuando se echaron las bases de la nueva república. El tránsito por este corto tiempo posterior a la contienda liberadora, cuando la pequeña localidad atravesaba, al igual que otras poblaciones, las secuelas propias de un evento de tal magnitud para la Isla con sus consecuencias económicas, políticas y sociales represento un estancamiento transitorio en todas las esferas de la sociedad. En medio de ese difícil periodo surgido después de años de guerra y de la Reconcentración, el poblado era una muestra minúscula de esa problemática en que se debatía el país. El momento cimero en esos difíciles y complejos años correspondió a la presencia del Generalísimo Máximo Gómez Báez y su familia y de un grupo de veteranos que decidieron continuar vigilantes junto al viejo Jefe mambí.

En ese periodo es evidente la necesidad de un impulso estimulante para su evolución económico- social y cultural. No obstante, a pesar de las contradicciones y desavenencias iníciales, se abrió un espacio de esperanza con el advenimiento de la naciente república. Esta es en síntesis el panorama que presento la emblemática población en esos años; comunidad que se distinguió por el rol desempeñado en el municipio, la provincia y el país.

Conclusiones generales del tomo I

El recorrido por la Memoria Histórica de esta localidad habanera en la etapa colonial y pre-republicana (1492-1902) publicada por vez primera por la editorial Hora Alfa y reeditada hoy permite al lector transitar por antecedentes, etapa inicial de su surgimiento, las causas del origen y evolución de esta comunidad humana; en esencia, conocer los primeros años de vida, su" ignorada historia" hasta hoy escondida, al decir de nuestro buen amigo Rubén Alejandro de los Santos, conservada "detrás del más elevado de los muros", yo añado... "y de los tabiques y talanqueras que el tiempo impone". Con esta óptica he tratado de reconstruir las piezas y fragmentos de ese pasado que nos observa y clama por la defensa de la identidad local como acto de justicia histórica. Todo a la luz del conocimiento científico y de la insoslayable compañía de los recuerdos que aquí se evocan, con el sabor de ese Calabazar que en la geografía cubana "nació y creció como flor en el campo", sitio que en la actualidad clama por el rescate, divulgación de su historia y la protección de su patrimonio para evitar la desmemoria. Una población y sus alrededores que a pesar de su biografía y rol en las crónicas municipales, provincial y nacional no se ha sido resarcido con el debido reconocimiento y vegeta en las páginas del olvido y el abandono que conduce a la agonía de su otrora bello paisaje y la desaparición de las valiosas huellas de su pasado ante el empuje del tiempo y la complicidad de la indolencia. Este escenario ha creado un manifiesto sentimiento de pérdida y malestar colectivo en el vecindario. No obstante, es oportuno subrayar que a pesar de las numerosas afectaciones, ninguno de estos problemas ha menguado los sentimientos de identidad y pertenencia de sus pobladores.

Por el momento es oportuno, con esta publicación, primera de su carácter, hacer un llamado a los coterráneos con un propósito esencial; la conservación de la riqueza histórico- natural, económica y su diversidad ; respetar la autenticidad sociocultural de la comunidad, sus activos culturales -arquitectónicos y sus valores históricos tradicionales; obligación impostergable de todos los compatriotas que con independencia de causas, móviles, razones y/o sitio donde residan siempre mantenemos la condición de "lugareño presente" o "calabazareno Ausente", porque todos somos hijos de la "madre comunidad", el espacio físico-geográfico donde vimos la luz primera o el lugar que nos acogió y donde residimos por razones impuestas por la vida.

En el segundo y tercer tomos de esta historia, hoy en proceso editorial, se profundiza en dicho asunto demostrando que el inventario de problemas es más amplio y complejo; el análisis precedente se limita únicamente al patrimonio heredado de la colonia y su conservación en nuestros días.

- Anille, Joaquín F. "Apuntes para el estudio de las aguas minero – medicinales de la Isla de Cuba". Biblioteca Rubén M. Villena. U.H (rara)
- Arroyo, Anita: "Las Artes Industriales en Cuba", La Habana, 1943.
- Arango y Parreño, Francisco: Expediente instaurado por el Consulado para sacar a la agricultura de apuros. Biblioteca Rubén M. Villena de la U.H.
- Arango y Parreño, Francisco: "Discurso sobre la agricultura de la Habana y modo de fomentarla, 1948.
- Eduardo Milián Bernal: "Calabazar de la Habana; un nombre, una leyenda". Mención Nacional del Concurso Primero de Enero, 1973.
- Eduardo Milián Bernal: "El Mayor General Máximo Gómez; vecino ilustre del Municipio Boyeros". Comisión de Investigaciones Históricas ISPETP, 1986.
- Eduardo Milián Bernal: "Calabazar de la Habana; Apuntes para la Historia de una localidad". Comisión de Investigaciones Históricas. Municipio Boyeros, 1995.
- Eduardo Milián Bernal: "Síntesis Histórica de Calabazar" Ediciones Imágenes. CIMEX 2004.
- Celorio Benito. "Las Haciendas Comuneras en Cuba".
- Cabrera, Olga: "Los que viven por sus manos". Edit. C. Sociales, La Habana, 1985.
- Castellanos, Ismael. "La brujería y el ñañiguismo en Cuba". Colección rara. Biblioteca Rubén M. Villena. De la U.H.
- Casaseca, José Luis. "Las aguas del río Almendares y de los manantiales de Vento". (rara) Biblioteca de la Real Sociedad Económica Amigos del País.

- Crey y Mattergonz, Ángel Alfonso: "Guía Práctica de la Habana", La Habana, 1932.
- De La Pezuela, Jacobo; Diccionario Geográfico e Histórico de la Isla de Cuba. Madrid, 1863-66.
- Derrbecker. Biblioteca Histórica Cubana, 1924. La Habana.
- De La Sacra, Ramón. Historia Económica, Política y Estadística de la Isla de Cuba, La Habana, 1831.
- Dumas, Chancel, Mariano. Guía del Profesorado Cubano para 1868. Imprenta – El Ferrocarril, La Habana, 1868.
- De Arrate, Félix y Valdés, José María. Historia de la Isla de Cuba. Los tres primeros historiadores de la Isla de Cuba, La Habana, 1877. Tomo III
- Delgado Grasier, Gabriel. Estudio Biográfico de Enrique Roig San Martín. Publicaciones del Municipio Santiago de las Vegas, 1943.
- Estrada, Rodrigo, Bernardo. Prontuario de Mercedes.
- Estrada, Andrés: Historia de las provincias y ciudades y pueblos. Bibliografía Histórica Cubana, 1924.
- Emilio Infante: "Cubanos en Fernando Poo"9 (Colección rara). Biblioteca Rubén M. Villena. U.H, La Habana 1868.
- Escoto; José Augusto: "Historia Eclesiástica de Cuba". (1864-1935) Ejemplar manuscrito existente en la Sala Cubana de la Biblioteca Nacional.
- Fina, García, Francisco. Apuntes Históricos de Calabazar. Revista Antorcha del C.I.R, Santiago de las Vegas, 1940.
- Gordon Acosta, Antonio María: "Higiene Colonial en Cuba. Real Academia de la Medicina (Libro raro) Biblioteca Rubén M. Villena de la U .H.

- González del Valle, Francisco: El Clero Separatista de Cuba. En: Revista Cuba
- Contemporánea. Tomo 23, 1920. Pág. 53-55 y tomo XXV, 1921, pág. 117-135.
- García Galló, Gaspar J. “Historia del Tabaco Habano”
- Revista Educación. Suplemento.
- Guía de Forasteros. Biblioteca Nacional. 1798-1880. Imprenta del Gobierno y Capitanía General.
- Guerra, Ramiro: “Mudos Testigos”. Edit. C. Sociales, La Habana, 1974.
- Guerra, Ramiro: “Azúcar y Población en las Antillas” Edit. C. Sociales, La Habana, 1970.
- García Veliz, Carlos y Casamayor, Augusto. “Cuba Descriptiva”. Instituto de Historia, La Habana 1911-12.
- González Ramos, Eladio J. “El Coronel Juan Delgado y el Regimiento Santiago de las Vegas. Premio Biografía. Concurso Primero de Enero, La Habana, 1975.
- Humboldt, Alejandro. Ensayo Político sobre la Isla de Cuba. Edit. Cultural, S.A., La Habana, 1930.
- Hazard, Samuel: Cuba a Pluma y Lápiz
- Le Riverend, Julio: La Habana; Biografía de una provincia.
- Le Riverend, Julio: Historia Económica de Cuba. Edición Revolucionaria. Universidad Habana, 1974.
- Lizaso, Félix: “Los que conocieron a Martí”. En: Revista Bimestre Cubana Volumen XVIII, 1931, pág. 321-322.
- Memorias Generales de las Obras Públicas de la Isla de Cuba desde 1795-1858. En: Biblioteca Rubén M. Villena (Libros raros)

- Méndez, Isidro. Historia de Artemisa. Comisión de Historia. D.O.R. 1973
- Montoto, García, Francisco. Historia de Santiago de Compostela de las Vegas, La Habana, 1931.
- Oficina del Historiador de la ciudad. Actas Capitulares de La Habana.
- Mauri, Carlos M. "La Habana de 1956"
- Portuondo, José Antonio. La Aurora. Imprenta Nacional de Cuba, La Habana 1961.
- Rivero de la Calle. M. Las culturas aborígenes en Cuba. Edición Universitaria, 1966.
- Rivero Muñiz, José. Las Tres Sediciones de los Vegueros. La Habana, 1951.
- Simón, Valdés, Francisco. Semblanza de Juan Tomas Roig. En: Publicaciones del Municipio Santiago de las Vegas, 1953.
- Sánchez Ragel, Hipólito: Visita Pastoral del Obispo Espada en 1804. En: Revista Bimestre Cubana, 1945. Pág. 135-164.
- Saco, José Antonio. Memorias sobre Caminos de la Isla de Cuba. En: Biblioteca Rubén M. Villena. (libros raros) Universidad Habana.
- Tavío, Antonio C. Índice General de Fundos y Haciendas de la Isla de Cuba, La Habana.
- V. Roussett, Ricardo. Historial de Cuba. Librería Cervantes, La Habana, 1918.

Siglas utilizadas

A.N= Archivo Nacional de Cuba.
B.N= Biblioteca Nacional José Martí
CIR=Centro de Instrucción y Recreo
APIV=Asociación de Propietarios, Industriales y Vecinos.
O.H=Obispado de La Habana.
A.P=Archivo Parroquial.
S.C=Sala Cubana.
A.C.A=Asociación cubana de Artesanos
S/F=Sin Fecha.
APMV=Asociación de Padres, Maestros y Vecinos.

Archivos consultados

- Archivo nacional. Fondos: museo municipal de Boyeros.
- *Miscelánea. Libros de Actas del Cabildo.*
- Escribanía General Datos Estadísticos.
- Escribanía de Varios Resumen Padrón de 1766.
- Junta de Fomento. Secretaría de Gobernación.
- Gobierno Superior Civil. Registro Fincas Rusticas.
- Reales Cedulas. Registro Subsidio Industrial.
- Gobierno General.
- Registro de Asociaciones.
- Asuntos Políticos.

Otros documentos

- Archivo de la Sociedad Económica amigos del País.
- Archivo del Instituto de Historia de Cuba. Academia de Ciencia
- Archivo del arzobispado de la Habana.

- Archivo de la Parroquia San Juan Bautista y San Antonio de Padua de Calabazar.
- Documentos existentes en la Sala Cubana de la Biblioteca Nacional José Martí.
- Actas Capitulares de la ciudad de San Cristóbal de la Habana.
- Pérez Beato, Manuel: Estudio de la familia Meireles y Bravo. (B.N)
- Pérez Beato, Manuel: Copia de Escritura de fundación de los Vínculos, Río Grande y Santa Ana. 1785 (manuscrito) B.N
- Pérez Beato, Manuel: Certificado sobre repartición de las haciendas de San Marcos, Corralillo y Río Grande del Vínculo. (B.N) 1804.
- Archivo del Registro de la Propiedad. Academia de C. de Cuba.

Planos y mapas del territorio

- - Mapa del corral Calabazar (1577) Archivo de Indias. España
- Plano del Ingenio Calabazar. Archivo Nacional (Mapoteca)
- Plano Original de la Fundación de Calabazar. En: Biblioteca Nacional José Martí. Sala cubana. (1830)
- Plano de Calabazar en 1860. Elaborado por el Agrimensor Cristóbal Gallegos en: Biblioteca Nacional José Martí. Sala Cubana
- Cañada López, Facundo. Mapa del Municipio Santiago de las Vegas y sus barrios en 1898. Biblioteca Nacional. Sala cubana.
- Pichardo, Esteban. Plano de la Habana en 1900.
- Mapa del Territorio del Consejo Popular Calabazar. Año 2000.

Revistas

- Revista del C.I.R. Sgto. Vegas. 1923 y 1958.

- Boletín del Torcedor. 1930.
- Revista Antorcha. Sigo Vegas 1930-40
- Revista de la Biblioteca Nacional oct-dic 1951
- Rincón de San Lázaro. No.3 y 4.Feb-marzo.1956.
- Rev. Peruana de Epidemiologia. No.1.de 1994.
- Palabra Nueva.Nos.120,2003;135,2004;138,2005.
- Cuba Industrial. 1883
- Revista Bimestre Cubana
- Bohemias. 1947, 1948,1953, 1988.
- Revista Más Luz. 1930-1945.
- Boletín de Cultura. S. de las Vegas. Febrero, 1963.
- Revista Cuba Contemporánea
- Carteles.15 de diciembre, 1957
- Revista de la Parroquia San Juan Bautista de Calabazar, 1996.

Periódicos

- Juventud Rebelde. 9 de marzo 1986
- Julio, 1990 y enero 1991.
- Granma. M. Gómez, junio 1971 y 1989.
- Diario del Ejército. Habana 1896.
- Diario de la Marina, 1953.
- La Correspondencia Militar. 1894
- La Voz Obrera 1907
- El Heraldo de Cuba. 1932-1933
- Noticias de Hoy. 1942-1953
- La Voz de la Ortodoxia. 1951
- Periódico "Lid". 1943-45
- El Informador .S. de las Vegas.24/6/56
- El Estudiante .Septiembre 10.1956.
- La Opinión. S. de las Vegas, 1926.

- El Mundo. 10 de mayo, 1956.
- El Ideal. S. de las Vegas. 1940-45.
- Vocero Autentico. S. de las Vegas, 1940-48.
- El Fígaro. 17 de enero, 1897.
- El Informador .S. de las Vegas.24/6/56
- El Estudiante .Septiembre 10.1956.
- La Opinión. S. de las Vegas, 1926.
- El Mundo. 10 de mayo, 1956.
- El Ideal. S. de las Vegas. 1940-45.
- Vocero Autentico. S. de las Vegas, 1940-48.
- El Fígaro. 17 de enero, 1897.

Otras fuentes de información

- Memorias de la Real Sociedad Económica Amigos del país. 1818.
- Memorias del Censo Agrícola de 1946. La Habana, 1951.
- Historial del Tejar Bregolat. Comisión de Historia Municipio Boyeros.
- Historial de "Tejidos Capitalinos" (antigua TEDECA) Autor Gerardo Ortega Pendas. Comisión de Historia C.O.R Boyeros. Octubre de 1971.
- Resultados de los Censos entre 1846-1953.

Entrevistas especiales

- Entrevista a Justo Carrillo. Calabazar, 1968
- Entrevista a Margarita Gómez Toro. Fontanar.
- José R. Castillo Pacheco. Calabazar. 1965
- Carmelina de la Lastra. Calabazar. 1970
- Avelina Acevedo. Calabazar. 1970

- José Manuel Acosta. Calabazar. 1965
- Pedro Máximo Vargas Gómez (nieto del Generalísimo)
- Agrimensor Oscar Batista
- Manuel de la Cerda (Mano)
- José Luis López (El Bolo)
- Luis Calviac
- Gaspar J. G. Gallo
- Lázaro Prendes, entre otros.

Otras fuentes orales

Se entrevistó más de una veintena de vecinos nacidos o criados en esta población

Anexos

Anexo 1

Familias más antiguas

La historia de toda localidad cubana está íntimamente vinculada a una o varias familias establecidas desde un inicio que representan las fundadoras o pretéritas. Otras que sin ser las más antiguas se establecen en tiempos más cercanos.

Algunas de las familias más rancias de Calabazar, puede que no tengan descendientes entre los vecinos actuales, pero sí dejaron una huella imborrable en el territorio que los perpetúa como calabazarenos. En esta clasificación se incluye los residentes estables (vecinos) y los veraneantes o residentes temporales. Lamentablemente, en algunos casos la información es muy escasa o limitada, porque no fue posible encontrar descendientes o amigos que ofrecieran detalles. Para reseñar las más antiguas me he apoyado en los cuadros censales conservados y en los libros del Cabildo de Santiago de las Vegas. De igual modo ,en los documentos confeccionados durante el proceso fundacional y el trazado del pueblo.

Otras familias, no tan antiguas, también marcaron con su presencia y sus acciones la vida de la localidad, por eso, es necesario dejar constancia de su paso por la comunidad. Las he enmarcado entre las que se han establecido hace 50 años o más; a pesar de esto resulta un número de familias muy elevado, de modo que no quedó otro remedio que reducirlas a aquellas que por una u otra razón constituyen las más célebres y conocidas.

Familias tradicionales o más vetustas

Primeros Pobladores

- Carlos Cervantes.- Juan de Illas - -Rafael de Quesada
- Félix Suárez -Ignacio Zangronis -Familia Meireles
- José Díaz - Agustín Cervantes
-Modesto de Cuadra. - Rosa de Arango

(Según cuadro censal de 1846)

Censo de 1846

Juan Valerio, José Perlacia, Joaquín Castro Palomino, Andrés Vismara Re, Dionisio Roig y Pedro Torres

Censo de 1854

Rosa de Arango y Rafael de Quesada, Don Ignacio Zayas; Don Melchor Salazar y Don Manuel E. Campos, Francisco Barreal, Juan de Illas, Carlos Cervantes, Félix Suárez e Ignacio Zangronis, Juan Valerio, José Perlacia, Joaquín Castro Palomino, Andrés Vismara, Dionisio Roig y Pedro Torres, Manuel Venerio, Francisco Magín y Agustín Cervantes ,Dolores Pérez, Domingo Lima, Antonio Navarro, Francisco Hernández, José Pastrana, José Hernández, Manuel Estrada Campos. Francisco Gallardo, Ángel Morales, Bartolomé Batista, Juan Baguer, Bernardo Matamoros, Francisco Guzmán, Juan Castro, María Francisca, Agustín Cervantes, Dionisio Roy. Crispín Moreira, Manuel Delgado, Antonio González, Félix Suárez, Marín Gener, Simón Hernández, Antonio Felipe, José Herrera, Olallo Felipe, Lucas Padrón, Vicente Torres. Gregorio Sepea, Gabriel Parra, Magín Corominas, José I. Díaz, Francisco Zaldívar, José de la Luz Perdomo, José Díaz, Juan

Hernández, José de Jesús González y Josefa González, Martín Contreras, María Mejías, José E. Pérez, Juan Correa, Francisco Brito, María Bernal, Francisco Barrio, Antonio González y José Nicasio Roque.

SEGÚN CUADRO ESTADÍSTICO MUNICIPAL DE 1860)

Pedro Romay, Rita Álvarez, Pablo Campos, Ángel Morales, Lucas Padrón, José Herrera, Miguel Rodríguez, Rafael Díaz, Pedro Torres, José Falcón, Delia Suárez, Antonio Aparicio, Antonio Gómez y Dionisio Roy. Dionisio Roy, Dolores Hernández, Francisco Borreal, Juan Duartes, Antonio Hernández. Eugenio Hernández, Juan B. Días, Miguel Macías, Benito Batista, Francisco Martínez, Herederos de Cervantes, Francisco Mederos, Juan Azoy, Antonio Guzmán, Juan Acoy, Antonio Guzmán, Ramón Cabello, Antonio Maturín, A. Berroa, Miguel de la Vega, José Morales, Bartolomé Batista, Ángel Morales, Antonio Navarro, Francisco Hernández y Concepción Hernández. J. Miguel García, Gregoria Cepeda, Francisco M. Pérez, Gabriel Parra, Rafael Torices, Víctor Bruguer, Magín Corominas, Pedro Torres, R. Padilla, M. Espinosa, Bárbaro Sondero, Ángel Morales, Carlos Vega, Lucas Padrón, S. Noroña, Francisco A. Pérez, Miguel Vargas y José López. José María Lemus, Carlos Vega, Víctor Níger, Augusto Alberto, Dolores Moreno, Juan Mederos, Antonio Felipe. Marcos Fernández, Benito Echagarrua, Domingo Vildóstegui, Julián del Pozo, Andrés A. González, Juan Rosas, Andrés A. González, Juan Tomás Ramos, José María Castillo, Antonio Díaz, Pedro Díaz, Los Hernández Falcón, los Lufriu.

Anexo 2

Una ignorada polémica en torno al patronímico de una población cubana.

En este artículo se expone un estudio acerca de un problema histórico nunca antes abordado en la historiografía cubana acerca de la denominación de una población fundada en el territorio habanero. El origen de una interesante polémica en torno a un nombre: ¿Calabazar de La Habana o Santa Cristina de la Nueva Palmira?[219] Se aborda cuestiones que han permanecido hasta hoy ocultas o insuficientemente tratadas en la historiografía nacional y local y que han salido a la luz tras largos años de investigación y rastreo de información. Se muestra las consecuencias negativas de tal asunto, su resurgimiento en la primera república y manifestación en tiempos más próximo. Factores contextuales que estimulan dicho problema, limitaciones y paliativos para aminorar sus consecuencias negativas. Manifestaciones en la actualidad que inciden negativamente y que conspiran para la solución del problema. Consideraciones generales del asunto en el actual contexto socio-económico e histórico regional y su interés científico

[219] El sustantivo "Nueva Palmira" supuestamente proviene de la desaparecida ciudad de " Palmira". Situada en un transitado oasis sirio; Fue en los siglos I y II d.C. uno de los centros culturales y comerciales más importantes del mundo antiguo y punto de encuentro de las caravanas en la Ruta de la Seda, que atravesaban el árido desierto del centro de Siria. ,(hoy patrimonio de la Humanidad). Había sido visitada por el Pbro. Felipe Santiago Torres Leyva. El Calabazar de esos tiempos era también un oasis en el tortuoso camino desde y a la capital, sitio que aflora desde inicio de siglo XIX, por una intensa y prospera actividad comercial atractiva para veraneantes y .bañistas en el centro-sur habanero. Era también un homenaje de recordación a la desaparecida ciudad asiática.

para las ciencias sociales. Con su lectura se podrá entender algunos de los problemas existentes en nuestros días.

Palabras Claves: Historia Regional habanera. Un proceso fundacional. Colonia y polémico nombres .Cuba

Introducción

Son muchos los escritores que han creado su pueblo místico; como historiador me alejo de esa misticidad para emprender un viaje por la historia autentica de esta comunidad, enriquecida con sus crónicas y recuerdos iluminados por el tiempo, reconstruyendo, en periplo imaginario, fragmentos de su pasado. Parajes donde muchas generaciones han nacido, crecido, vivido o se marcharon cada uno al rincón escogido. El lugar donde desde la adolescencia y juventud quede atrapado por el virus de la curiosidad histórica. Desafortunadamente el desconocimiento y su ignorada historia ha provocado que algunos coterráneos posean una idea desatinada de esta población porque centran su vista únicamente en lo externo, hecho que los conduce a errores; otros, se han forjado una idea idílica y hasta sentimental sin penetrar en sus intimidades. Es cierto que hoy no es todo lo bello que un día llamo la atención de los habaneros que lo identificaban con el aforismo de "Poético y misterioso Calabazar"[220], eso no fue casual. Entonces era un pueblo ensoñador con tradiciones forjadas en el tiempo, con sus "aguas de manantial", las conocidas "fiestas patronales", su "olor a ladrillo y barro", sus humeantes chimeneas que hacían las mañanas rojas y ardientes como el barro que moldean con sus manos los alfareros y ceramistas. Era poesía y también historia. Dirigir el rumbo a este sitio habanero en tiempo pretérito se

[220] Francisco Montoto. Historia de Santiago de las Vegas. Edición mecanografiada. Archivo del Museo Histórico Municipal. 1938.

convirtió en un interesante viaje siempre cubierto por el parasol de los árboles de la calzada de Bejucal que como colofón permite el arribo al destino añorado y con ello apreciar la antigua entrada que daba acceso al pueblo, el sólido puente colonial, su conocido "Morro" aquel vetusto comercio junto al rio con su mirador donde veraneantes y forasteros podían percibir la belleza del entorno y otras riquezas patrimoniales hoy desaparecidas, descuidadas o abandonadas.

La pérdida del esplendor que lo caracterizo, de las enraizadas tradiciones que lo identifico, de su vencida belleza urbana y de sitio geográfico preferencial para pasar el verano, ha impedido que esta villa pueda conservar el esplendor vivido. Algunas edificaciones erigidas en lejanos tiempos forman parte de sus "hermosas ruinas" históricas. Hoy es un pueblo empozado en el tiempo atrapado por el silencio melancólico de su existir. A pesar de esos inconvenientes para muchos es un pasado que se mira con tristeza. Este espacio, como otros pueblos cubanos es por su trayectoria ejemplo minúsculo y paradigma de la historia nacional. La muestra patrimonial que exhibe esta villa y sus contornos representa las huellas de ese inolvidable pasado.

Desarrollo

Rememorando ese pasado y experimentando el regocijo de un nuevo aniversario del acto fundacional que le dio vida propia analizare un hecho desconocido e ignorado por la historia regional y nacional: el controvertido nombre "Santa Cristina de la Nueva Palmira" propuesto para designar la nueva población fundada junto al puente y rio del Calabazar. Para incursionar en este problema y descifrar tal enigma es necesario reflexionar, retrotraerse de modo sucinto a épocas lejanas. En esta oportunidad, abordare tal asunto nunca antes tratado en la historia local y provincial; el por qué en su proceso fundacional, en lugar de su primitiva denominación; el Cabildo municipal acordó nombrarlo "Santa Cristina". Siguiendo el orden lógico de este análisis debemos preguntarnos:

¿Por qué razón este pueblo pudo perder su nombre originario para recibir otro título? ¿Cuáles son las causas que motivaron su bautizo con nuevo patronímico a más de dos siglos de la aparición de su primitivo apelativo? ¿Cuál es la argumentación para aplicar tal denominación? ¿Qué se esconde tras esta discordancia?

Tratare en adelante de descifrar esta incógnita .Para lograrlo es necesario incursionar en su aparición y evolución como comunidad habanera.

BÚSQUEDA DE UNA RESPUESTA

Siempre me llamo poderosamente la atención esta infrecuente, extraña e insólita contradicción pocas veces acontecida en un proceso fundacional. Para descifrar tal incógnita y las causas de dicha dicotomía tuve que remitirme al origen de su patronímico y la procedencia de los primeros colonizadores aquí asentados. Ciertamente la memoria histórica de la comarca arranca con la conquista y colonización iniciada tempranamente al constituir lugar favorecido por la presencia del río "La Chorrera" o "Almendares" . Durante la ocupación de la Isla fue la vía principal de penetración colonial hacia el interior del territorio. Siguiendo su curso se establecieron cortes de maderas, haciendas, vegas de tabaco, ingenios, estancias y huertas.

La aparición de los primeros hatos y corrales en la profundidad del territorio habanero y la explotación progresiva de la tierra destinada a la cría de ganado y una incipiente producción de vegetales y frutos menores para el autoconsumo primero, y, posteriormente para el abastecimiento de la capital y las flotas ancladas en el puerto, propició a partir de 1550, un naciente movimiento comercial desde el interior hacia la Habana aprovechando los caminos abiertos en la etapa de conquista y ocupación de la Isla. Durante esos años aparecen los nombres, -en su mayor parte surgidos de voces aborígenes, accidentes geográficos, etc..-, que identificaron los puntos principales en el trayecto de los viajes. Sin embargo, el nombre de este lugar tiene un origen singular. Cuenta la leyenda y también la historia que su nombre se debe a la existencia de un espeso calabazar ,-,fruto introducido en la isla por los colonizadores-,que creció en las márgenes de rio. Desde tan lejana época este sitio se conoce con esa denominación, nombre que tiempo después se aplicó al corral aquí mercedado[221]. Los carreteros o boyeros en sus frecuentes viajes comerciales se encargaron de divulgar el apelativo que la fuerza de la costumbre convirtió en nombre definitivo para esta parte del río y para el primitivo ingenio azucarero levantado en su cercanía. Años adelante sirvió para identificar el diminuto caserío erigido a finales del siglo XVIII en su ribera, que desde un principio se le identificó como "Aldea del Calabazar" o simplemente "Calabazar", como se le conoce en la actualidad.[222] Existen otras versiones, pero esta es la interpretación que tiene más fundamento. Lo cierto es que,- de acuerdo al más exacto rigor histórico-, su bautismo procede de tiempos inmemoriales. Con el crecimiento de la actividad comercial y la división territorial de la provincia su nombre gano popularidad.

Durante el proceso de expansión radial de la Habana, el territorio es ocupado por los colonizadores más poderosos. Como

[221] Eduardo Milian B. Síntesis Histórica de Calabazar. Editorial Imágenes.
[222] Francisco Fina García. Historia de Santiago de las Vegas.

parte de ese proceso, el 8 de noviembre de 1577 se mercedó el corral denominado "Calabazal"[223](se ha respetado la ortografía del documento) solicitado por el Regidor y Tesorero Real Juan Bautista de Rojas, miembro de una de las familias más importantes y poderosas de la colonia[224]·Dentro de sus derroteros quedaron incluidas las tierras en las que más de dos siglos después se crearon los caseríos de Calabazar, Rancho Boyeros y parte de Arroyo Naranjo. En tan lejana fecha se inicia la historia de esta comarca.

Durante los siglos XVI y XVII a población de la comarca fue mínima e inestable como resultado de las migraciones propias de la etapa. Después de los leñadores que irrumpen aquí con el propósito de talar los árboles maderables para obtener maderas preciosas para naves y las nuevas construcciones habaneras, llegaron los Isleños de Canarias dedicados al cultivo del tabaco y consecuentemente a la formación de uno los primeros "frente pioneros "en la profundidad del territorio con la presencia de una población de origen canario; que dadas las condiciones geográficas favorables,-aguada y camino-, pudo haber conducido a la creación de una población primada en este punto, pero por diversos factores no hubo tiempo para tal resultado[225].

Desde tan lejana fecha, en dicho lugar ya se podía escuchar el cantar de los gallos, luchar los perros, llorar un niño, las rústicas herramientas golpeando el tablado para construir un rancho o realizando los desmontes para levantar la vega, el olor característico de la aromática hoja de tabaco, y el chirriar de las primeras carretas, en fin, el instante en que nuestro paisaje se va humanizando. El hombre establecido es el mismo veguero que "con su

[223] Actas Capitulares de San Cristóbal de La Habana. Oficina del Historiador de la ciudad. Tomo III 1575-1578). Pág. 167.

[224] Eduardo Milián B. Calabazar de la Habana: un nombre, una leyenda.

[225] Marrero, Levi. "Cuba; Economía y Sociedad". Edit. Playor S.A. Madrid. Tomo III. Pág. 237.

temprana rebeldía reinició el grito resonante de libertad que no se escuchaba en nuestra tierra desde el inhumano chisporroteo de la pira de Hatuey"[226].Este punto de la profundidad del territorio capitalino no permaneció ajeno a esa actitud de rebeldía. El tabaco condicionó el rápido crecimiento demográfico y el añoso camino desde la Villa de la Habana a Batabanó va dejando de ser una vereda solitaria y sombría para convertirse poco a poco en una importante vía de comunicación y arteria económica de La Habana.

A juicio, de la Msc. Ada de la Cerda, razonamiento con el que me identifico y que de uno u otro modo he dejado entrever en trabajos precedentes:" por su ubicación geográfica favorable y el desarrollo vertiginoso de los vegueríos, este sitio se encaminaba a convertirse en el primer agrupamiento poblacional junto al río y camino Real del Sur"[227]. Sin embargo, ciertos factores causales y temporales lo impidió. No es hasta el XVIII cuando su poblamiento es más acelerado producto del cultivo de la caña de azúcar y la aparición de estancias y sitios de labor. A ese crecimiento demográfico contribuyo además de los nuevos cultivos, el arribo de nuevos pobladores procedentes de los barrios de Jesús María, Guanabacoa y El Calvario[228], resultado del incendio que afecto esas vetustas barriadas. De hecho, es ese último siglo cuando aparecen los primeros colonos firmemente establecidos aunque dispersos en estancias y sitios de labor, pero el caserío no surgió hasta fines del siglo XVIII y principio del XIX, la propia estructura agraria existente lo impidió. Hasta esa etapa no hay señal de

[226]Juan Francisco Zaldívar: Manos Fundadoras.
[227]De la Cerda Ortega, Ada Belén: Calabazar: una localidad olvidada por la historia. Tesis en opción al Título Académico a de Máster en Estudios Históricos Regionales y Locales. Pág. 41.
[228] Eduardo Milian. Calabazar de la Habana; La historia ignorada de un pueblo olvidado.(en proceso editorial).

centro urbano ni actividad económica que conduzca a una fundación.

A pesar de este inconveniente hay una realidad concomitante mantenida: la ventajosa ubicación, su carácter de punto de tránsito obligatorio y la importancia de una corriente fluvial como el Almendares cuyo caudal permitía la navegación de pequeñas embarcaciones hasta este punto, constituyen factores que en conjunto robustecen progresivamente la economía de la comarca. No es casual que en 1775, cuando se concibió un proyecto conocido como "Canal de Güines", con el propósito de trasladar por vía fluvial los productos agrícolas y las cajas de azúcar desde la rica llanura del sur de la Habana hasta la capital, se pensara aprovechar el cauce del río pasando por Calabazar[229]. Sin embargo, por diversas razones, esta obra no paso de la fase proyectual y nunca se ejecutó. Este acontecimiento representa un termómetro para comprobar la importancia que a este sitio le otorgaba la elite capitalina. Es comprensible además por las favorables condiciones geográficas, la fertilidad de sus tierras para el fomento diferentes cultivos y cría de ganado unido al agradable clima, su riqueza ambiental y sus cristalinas y saludables aguas de manantial, los abundantes bosques que lo rodeaban y daban frescor al ambiente con condiciones óptimas y poderoso atractivo que lo convierten anos adelante en lugar apropiado para pasar el verano y un lugar ventajoso para la actividad comercial, un sitio codiciado por la minoría rectora de la economía habanera. Estos factores, en conjunto, hacen que el lugar sea ambicionado por los más poderosos .Hecho que se pone de manifiesto en el proceso de solicitud de los vegueros del antiguo caserío surgido en el realengo de "Las Vegas" para fundar su población en el referido punto y en el

[229] Humboldt, Alejandro. "Ensayo Político sobre la Isla de Cuba. "La Habana. Edit. Cultural S.A.1930. Tomo III. Pág. 33-34.

momento de aprobación de sus límites jurisdiccionales. Se trata de ciertos obstáculos e inconvenientes iníciales que se presentaron a la comunidad de labradores asentada en el territorio que después sería Santiago de Las Vegas. (continuara...)

INCONVENIENTES TRANSITORIOS DE UN PROCESO

Para conocer esos impedimentos es necesario incursionar en los recodos de tal proceso y las ardides y maquinaciones utilizadas por la elite de San Cristóbal y sus cómplices de otras regiones con intereses económicos en esta comarca; pero la oposición más enérgica y efectiva fue por parte del marqués de San Felipe y Santiago porque era el mayor poseedor afectado. A continuación intentare penetrar en las intimidades de tal proceso. Veamos:

Cuando aún el corral Calabazar no se había fraccionado (1744) el Gobernador de la Isla, Juan Francisco Guemes y Horcasitas, en presencia de la solicitud de los labradores establecidos en "Las Vegas" que se les permitiera la fundación de un pueblo; y oído el parecer del poderoso Marqués de San Felipe y Santiago del Bejucal, que se oponía a esa petición; comunicaba al Rey que: "...no sería conveniente que se le diese el título de ciudad ni jurisdicción alguna sino que sus alcaldes fueran pedáneos y electivos como eran antiguamente los de Guanabacoa, quedando en lo civil y criminal indistintamente sujetos a la ciudad de La Habana, pues de lo contrario se daría en su perjuicio la fundación que se pretendía...[230].

Es evidente la oposición del acaudalado noble a la fundación de Santiago y a que se le asignara jurisdicción propia. Partes de

[230] Tornero Tinajero. Sobre la fundación del pueblo de Santiago de las Vegas. A:G:I, Gran Canaria, 1982. Pág.519.

sus interese económicos estaban enmarcados en esta región y también en Calabazar donde tenía varios molinos de tabaco. Existen otros documentos que demuestran la oposición de la oligarquía habanera y del gobierno colonial de acceder a la solicitud de fundación de un pueblo por los humildes vegueros y establecer jurisdicción propia, ello minaba sus tradicionales interese económicos. Pienso que a esto poco hay que añadir, que afloran los intereses de los sectores más poderosos de la economía habanera negados a perder su histórico hinterland[231]. No es casual que desde que se hizo la solicitud -18 de Septiembre de 1744- a que se concedió licencia, transcurrió casi un año, y doce años después fue que el Gobernador, informó del cumplimiento de la voluntad del soberano. Finalmente, aguijoneado por cuatro Órdenes Reales, y a pesar de su inconformidad, el Gobernador tuvo que acceder a la fundación de Santiago como pueblo el 3 de Mayo de 1749, y con ello a establecer su delimitación jurisdiccional con sus límites por el rio por el norte. A pesar de la oposición abierta o encubierta que opuso la oligarquía habanera a la disposición: "El Fiscal Metropolitano defendió cálidamente en su dictamen la concesión y sugirió una delimitación a partir de Calabazar"[232]. La decisión fue acatado por los encargados de establecer los límites ínter territoriales. Las tierras ubicadas al sur del río se incorporaron definitivamente a la naciente jurisdicción santiaguera, pero no por ello concluyo el litigio. Subrepticiamente se mantuvo latente.

Por el Padrón de 1766 y el testimonio del teniente gobernador de La Habana, Don Pascual de Cisneros, en escrito remitido al cabildo, en 1771, se ofrece una caracterización geográfica de Santiago con sus límites en el que dice que:" linda por el norte con la

[231] De la Cerda Ortega, Ada Belén. O, it.

[232] De la Cerda, Ada Belén. Tesis Cit. Pág. 43.

Habana hasta las márgenes del río Calabazar, por el sur con el Surgidero de Batabanó, al este la villa de Guanabacoa y al oeste con la feligresía de la iglesia auxiliar del Quemado"[233]. Esto demuestra que, desde un principio,- independiente a la animadversión y rechazo que pudo acarrear por parte de la oligarquía habanera-, el límite territorial de la nueva jurisdicción se extendió hasta el río. Esto es comprensible, por un lado; por la presencia de una corriente fluvial tan necesaria para la naciente villa santiaguera erigida en terrenos de escasas aguadas. Por otro, por la inexistencia de fundación alguna que lo impidiera[234].Con todos estos argumentos historiadores, geógrafos de la época y los censos de la colonia comienzan a consideran justamente a este pueblo parte de la jurisdicción santiaguera. Sin embargo, hay estudiosos como Ricardo Rousset y otros contemporáneos que sostiene que "el corral Calabazar pertenece al término de La Habana y no al de Santiago de las Vegas originariamente".[235] A favor de tal razonamiento utiliza la comparación entre el territorio que ocupó el antiguo corral y el pueblo que aquí se funda en 1830. Partiendo de este cotejo geográfico, algunos historiadores aseveran que "si este corral abarcaba tierras antes y después del puente, de norte a sur; no eran tierras realengas ni eran originariamente de Santiago de las Vegas, las que desde mucho antes se les había adjudicado a pesar de la oposición de los vecinos de La Habana pues con esta última demarcación perdía parte de su extensísima jurisdicción que antes había debido compartir con Guanabacoa y Santa María del Rosario"[236].Esto último es válido

[233] Tornero Tinajero, P. Ob. Cit. Pág 519.

[234] Eduardo Milian B. ¿ Calabazar de la Habana o Santa Cristina? Una histórica polémica, (inédito).

[235] Rousset, Ricardo V. "Historia de Cuba". La Habana, 1918. Tomo I. Pág 163.

[236] Marrero, Leví. Ob. Cit. Pág. Tomo IX, pág 214.

si se parte de los orígenes de la ocupación originaria del espacio habanero, pero, en mi opinión en una época posterior esa idea carece de fundamento. Esto ocurrió en otros parajes a lo largo y ancho de la Isla.

De que no eran tierras realengas no existe duda, pero tampoco forman parte de un corral ya inexistente desde la primera mitad del siglo XVIII. Simplemente eran pequeñas propiedades, muy prósperas por cierto, que por su proximidad garantizaban el abasto de la villa, de ahí el origen de la protesta de los comerciantes y vecinos más poderosos de la Habana y la propia inconformidad de los campesinos asentados en este lugar al percibir lo que eso representaba. Sentimiento que fue estimulado por la oligarquía gobernante de San Cristóbal, porque esto afectaba sus intereses económicos. Recordemos de paso algo que-de uno u otro modo se ha ido esbozando: la "ocupación del espacio "en Calabazar, se produce por las élites de poder de la villa capital de la Isla, hecho que tuvo especial importancia y desempeñó un papel significativo en la tardía descomposición del corral, en la evolución económica del territorio y hasta en algunas particularidades como comunidad humana.

En resumen, la influencia del poderoso marqués de San Felipe y Santiago del Bejucal y de los comerciantes habaneros fue la causa fundamental del freno que se puso por las autoridades coloniales al cumplimiento de las Cédulas Reales, lo que hizo tan dilatado el proceso.

Pero, siguiendo el hilo conductor del análisis; es evidente que,-por las razones antes apuntadas-,la ruptura de los límites de la comunidad económica e histórica que la medida conllevaba provocó inconformidad ; discrepancias que como ya se analizó, venían de muy atrás. El litigio condujo a la confrontación de opiniones estimuladas desde la capital y después a la oposición de familias canarias aquí radicadas por temor a perder sus vínculos económicos con la Habana. Lo cierto es que en el complejo y debatido asunto hay varias aristas y lados oscuros imposible definir totalmente por el momento y simplemente "siguen quedando al olfato e intuición del historiador[237]."Pero no hay duda de que en él está la raíz originaria de otros problemas colaterales que se manifestaron durante la fundación de Calabazar en 1830, durante su crecimiento como pueblo balneario y durante el tránsito por la república (1902-1959) y en el proceso posterior a dicha fecha. Esto será comprobado en las líneas que siguen a este necesario preámbulo.

ACTO FUNDACIONAL Y NOMBRE PROPUESTO

Los progresos alcanzados por el caserío, la importancia que presenta a finales de la década del veinte, el temor a perder este inapreciable punto geográfico y la comprensión por las autoridades municipales de las ventajas económicas y demográficas que esto representa para la jurisdicción hicieron impostergable su fundación oficial, única promovida después de Santiago de las Vegas y su reconocimiento oficial como entidad poblacional.

En reunión del Cabildo celebrada el 15 de octubre de 1830, en la ciudad de Santiago de las Vegas, y según aparece en el libro de actas de esa corporación, se tomó el acuerdo de "...promuever el fomento de una nueva población a orillas del "río del Calabazar" y que se denomine "Santa Cristina de la Nueva Palmira ..."[238].

[237] De la Cerda, Ada Belén. Tesis Cit. Pág. 43.

[238] Museo Histórico Municipal .Archivo. Libro de Actas del Cabildo de Santiago de las Vegas. 15 de octubre de 1830. *Se ha respetado la ortografía original (Calabazal)que aparece en el acta de solicitud del referido corral, en el curso medio del rio La Chorrera, en 1577.*

¿Qué se esconde detrás de este acuerdo?

Era un paso dirigido a romper,-por lo menos formalmente -, con la influencia de la elite habanera. Un análisis contextual del acta de fundación denota algunas incongruencias. El nombre propuesto y acordado para esta población,-que por cierto lo aparta de su centenaria identificación-; respondía por un lado a una costumbre colonial con lo cual rendían honores a los monarcas utilizando sus nombres para identificar territorios, pueblos, ingenios, etc. De igual modo se hacía con las iglesias , con las sociedades de afrocubanas, de socorros mutuos y otras; esto no era nuevo en nuestra Isla. En este caso particular se saludaba las nupcias de la Reina María Cristina de Borbón. El sustantivo Nueva Palmira está vinculado a otra fenómeno, su parecido con la desaparecida Palmira asiática muy prospera por su ubicación geográfica en la antigüedad[239].

Por otro lado; no se reconoce la existencia del poblado antiguo, con su tricentenario apelativo al que se había agregado desde tiempos atrás un complemento, "de La Habana".¿ Acaso esto no tuvo que ver con el viejo diferendo para con ello eliminar el nombre, los artículos y el adjetivo que lo identificaba con la capital? Esto nunca se sabrá. Reflexionando sobre el asunto, lo cierto es que el nombre propuesto únicamente aparece en los documentos oficiales y en los planos originales, porque nunca llegó a imponerse pues no siempre los acuerdos oficiales responden al mejor juicio y conveniencia, el pueblo por intuición y respeto a la tradición, cuida que se subsanen los errores. El vecindario se encargó de resolver el nudo controversial. De hecho el añejo apelativo se había generalizado y todos lo seguían aplicando al pequeño

[239] Eduardo Milian B. Periódico Tribuna de la Habana. Cumpleaños 153 de Calabazar de la Habana.

poblado, sin que nadie le diera el ordenado por el cabildo. Los vecinos de entonces y después, hasta el presente, han continuado llamando a esta localidad simplemente "Calabazar", (sin distinguir si es de La Habana o de Santiago) esto es una muestra del profundo sentido de pertenencia de su humilde vecindario. De haberse aprobado el nombre propuesto por el Cabildo ¿Cuál sería el gentilicio de sus pobladores? Sin duda, sus pobladores habrían dejado de llamarse calabazarenos o calabacenos, y hoy tendrían otro patronímico.

Evolución de la polémica

Esta polémica cuya raíz tiene un origen tan lejano no termino con la nueva fundación, continúo adelante con el trazado, ampliación y prosperidad del poblado. Durante la tercera década se produce un crecimiento demográfico en buena medida por la introducción de indios Yucatecos, negros africanos y chinos traídos como mano de obra para trabajar las vegas, ingenios primitivos, sitios y estancias de labor, servicio doméstico, los tejares y más tarde para la construcción del Ferrocarril del Oeste. Pero es a partir de 1847-1850, en adelante, cuando se puede verdaderamente hablar de un crecimiento en las diferentes esferas de la sociedad local. A su verdadero despegue económico como población contribuyo su crecimiento, la ubicación a orilla de la Calzada Real del Sur[240],(hoy calzada de Bejucal) y el trazado de las paralelas del Ferrocarril del Oeste, inaugurado el 23 de junio de 1860 [241].Estas vías de comunicación facilitaron el acceso a un número mayor de veraneantes y bañistas. Es precisamente en los nuevos tiempos

[240] Gaceta de la Habana, periódico oficial del Gobierno, no. 144, miércoles 26 de junio de 1861.
[241] A. N. Gobierno Superior Civil. Legajo 20. No.1159. 1856.

de bonanzas el momento cuando,-estimulado por la aludida elite habanera-, reaparece el sentimiento separatista. Este sentimiento segregacionista que se dio en Calabazar, en ocasiones, por razones idénticas se produjo en esos tiempos en otras localidades habaneras, pero en este espacio, en particular, surge cuando este núcleo humano comenzó a desarrollarse y cobró vida propia, en momento cuando la creciente umbilicación económico – social de la localidad con la capital, y su condición dependiente de una triplicidad de jurisdicción: Santiago de las Vegas cabecera jurisdiccional; Bejucal, partido judicial y La Habana centro económico principal, impedía su desarrollo, en los vínculos económicos externos y, por qué no decirlo también, en la desatención y el olvido en que permaneció el poblado durante muchos años a pesar de su prosperidad económica; estas "realidades" fueron tergiversadas y hábilmente aprovechadas por sórdidos intereses de propietarios absentistas que deseaban beneficios para sus intereses económicos y políticos. Esos propietarios estaban encabezados por Rafael de Quesada, propietario de la "Obra pía de Meireles", Ángel Morales, Dionisio Roy, Lucas Padrón y Pedro Torres, con el apoyo de los comerciantes absentistas de la capital para fomentar un estado de opinión segregacionista en el vecindario, con el propósito de incorporar esta localidad a la jurisdicción de la Habana como una Capitanía de Partido, hecho que sin duda, representaría determinadas ventajas que harían crecer sus inversiones. Para lograr su propósito estimularon en los vecinos sentimientos adversos a la localidad cabecera[242]. En los documentos consultados aparecen en detalle los argumentos utilizados, todos de carácter económico – jurídico; elevados al Gobierno y Capitán General de la Isla. Para analizar dicha solicitud se creó una comisión investigadora que arribó a las siguientes conclusiones: "...que la triple

[242] A. N. Gobierno Superior Civil Ibídem.

jurisdicción en que se encuentra Calabazar es lo más anómalo y debe ser lo más oneroso posible...”[243].He aquí las raíces nefastas pero ciertas de ese sentimiento de segregación y localismo sembrado; que lejos de desaparecer - por diversas causas- fue creciendo y se extendió hasta el siglo XX.

El Clímax del descontento y sus causas

El antagonismo alcanzo su clímax, hacia la década del 40 de este último siglo cuando surgió un fuerte estado de opinión pública que aspiraba a separar este barrio del municipio santiaguero, al que permanecía unido durante casi dos centurias, para constituirse en municipio independiente. Se pensaba idílicamente que de este modo se podrían alcanzar el mejoramiento y la prosperidad así como el embellecimiento local al que se aspiraba, pero que escasas veces recibía. Este movimiento sustentado en aspiraciones justas pero pensando erróneamente que no existía otro camino para que las autoridades del término centraran su atención en los asuntos de la barriada, constituyó un “Comité de Lucha pro-municipio Calabazar”, que contó con el apoyo de algunos lugareños.

El día señalado para proclamar el anunciado municipio la prensa de Santiago de las Vegas informo en un artículo critico-informativo publicado a raíz de los acontecimientos el impacto que provoca el triste suceso:

Calabazar se Constituye Municipio revolucionariamente (1943)

[243] A. N. Gobierno Superior Civil Ibídem.

"Esta tarde en un acto que pretende ser resonante , el Comité Pro-Municipio Calabazar, importante barriada urbana de este Término, hará la proclamación de su independencia en parodia lamentable de la solidaridad del día, constituyéndose en Ayuntamiento simbólico y, como es natural designando su Alcalde, etc. etc.

Y continua más adelante...,

"Desde luego que no todos los vecinos de aquella culta demarcación aprueban esta obra pues comprenden que sería más útil dirigir los mejores esfuerzos hacia la gran unidad municipal existente, reclamando derechos legítimos, y no crear un organismo que jamás tendrá el vigor necesario para cumplir las funciones de su responsabilidad".[244]

Mirando este acontecimiento con el prisma de tiempo y espacio lo expuesto en esta crónica era totalmente cierto. No obstante era la única vía que se consideró apropiada para encauzar sus inquietudes. La actitud de inconformidad y el reclamo popular frente al abandono que sufría la comunidad, hizo que las autoridades municipales de turno, salvo alguna honrosa excepción, acusaran a los vecinos de este pueblo de localistas y regionalistas, apelativo que además de injustos no se corresponde con la verdad y muestra un total desconocimiento de las causas de la protesta y el lejano origen de dicho estado de opinión. Es cierto que, como suele ocurrir en estos casos, detrás de este anhelo popular se movían otros intereses locales; comerciantes, industriales, políticos, etc, que deseaban aprovechar ese estado de opinión para canalizarlo hacia sus posiciones. He aquí el lado oscuro y enigmático de aquel fenómeno. No cabe la menor duda que el localismo y el regionalismo en cualquiera de sus manifestaciones es condenable y

[244]. Reflexiones del Director. Periódico Municipal " Géminis". 5 de agosto de 1945. p1.

debe ser rechazado, así lo manifestó un ilustre hijo de este pueblo, el historiador René Lufriu y Alonso, poco antes de su desaparición física: "Hacer de la Villa preferida un afecto que subordina a ella, la nación, es un error muy grave... La Patria es suprema unidad; no pueden los pedazos de su territorio, mirarse disgregados...Todo es un solo hogar.[26]. Sin embargo, después de este análisis histórico todos estamos de acuerdo que lo ocurrido en esta barriada en la década del cuarenta no debe ser confundido con episodios de ese tipo. Es únicamente la respuesta ciudadana ante el abandono y la desatención de que era víctima esta barriada Este pueblito nunca llegó a sufrir la ceguera del localismo estrecho y enfatuado que hace de la villa un caprichoso microcosmos y que tanto perjuicio causó en la historia nacional. Tampoco sus pobladores desarrollaron sentimiento alguno de animadversión a los forasteros, por el contrario su propia historia comprueba que con estos vivió y se mezcló en fraternidad. Ese fenómeno como ya se analizó tiene en esta villa otras causas: "el pueblo debe sus antecedentes, nacimiento y sostén al intercambio con la capital y en menor medida con la cabecera jurisdiccional, hasta el extremo que a ellas permaneció atadas como por un ombligo. De igual modo, durante muchas décadas, las riquezas aquí producidas tomaron esa dirección en perjuicio de la localidad" (sic).

Ciertamente se percibía en esos tiempos,-como ha ocurrido en otros sitios,- una sana rivalidad "pueblerina" entre Santiago y Calabazar que tiene sus raíces en el problema esbozado y en el orgullo que cada parte sentía por su terruño, sin llegar a constituir motivo de agravio y mucho menos de contienda Afortunadamente, ese espíritu segregacionista a pesar de resurgir en otro contexto y por otras causas jamás empañó las magníficas relaciones que desde tan lejana época existió entre calabazareños y santiagueros.

Reflexionando a tan distante episodio, considero que los calabazarenos pueden estar orgullosos de haber pertenecido a este municipio, con una ciudad cabecera como Santiago de las Vegas con una rica historia colonial y republicana, y un desarrollo económico, cultural y social que la convirtió en localidad primada y "Atenas de la Habana"; a los santiagueros también, por tener a esta población junto al rio como parte del municipio.

A esta altura de nuestro análisis es válido esclarecer que,- a pesar del estigma de aquel nefasto episodio que tuvo orígenes lejanos,-tal modo de pensar y manifestarse es completamente ajeno a la idiosincrasia y al temperamento de los hombres y mujeres que aquí residen. La verdadera raíz del problema estaba en la actuación de la municipalidad que dio origen a la inconformidad y a la rebeldía de sus pobladores mostrando, pese a su dimensión, el rostro de un pueblo bravío e inconforme. A pesar de malograrse el objetivo, la firme actitud de los vecinos y la magnitud de la protesta obligo a las autoridades a poner más atención en las cuestiones de la barriada, aplicando una serie de disposiciones que representan bálsamos para calmar la irritación existente. Los problemas acumulados eran tantos y de tan diversas índole, que las obras ejecutadas por la municipalidad para dar respuesta no resolvieron las cuestiones esenciales que originaron la protesta, además los presupuestos aprobados no se correspondía con el aporte que hacía a los fondos municipales, situación que se agravó considerablemente a finales de la década del cincuenta. La revisión de la prensa de la época ilustra esa problemática.(ver imágenes de prensa)

Aquella insólita idea de añeja raíz demoraría en desaparecer atravesando momentos de eclipses y también de progresión en dependencia del contexto histórico. Es precisamente esta la razón que ese estado de opinión se proyectó hasta enero de 1959, y hasta más allá. Era evidente que ese sentimiento no había desaparecido. El problema radica en que los ciudadanos consideraron idílicamente el nuevo panorama una fuerza renovadora frente al statu quo existente hasta esos instantes, un fuerte atractivo y una aparente luz de esperanza para el olvidado poblado. La cuestión radica en que la desidia y el abandono imperante y la desilusión reinante eran muy marcados en los sectores populares que vislumbran con este acontecimiento un cambio en la situación económico y social. Por las razones antes apuntadas, en la etapa inicial del triunfo de enero se produce un resurgimiento de las ideas segregacionistas existentes décadas atrás. Como espacio urbano y cultural y de actividades económicas importantes requería de la atención adecuada de las autoridades locales. En este contexto se veía una nueva posibilidad para cambiar la situación imperante. No es casual que a raíz de este acontecimiento se creó un nuevo Comité de Lucha "Pro- Municipio Calabazar", que tuvo vida efímera, por cuanto las nuevas autoridades divulgaron la idea que era un grave error aquel propósito en momento en que el país reclamaba suprema unidad de los sectores populares que habían barrido el pretérito régimen dictatorial.

La raíz y el daño causado por la inusitada idea sembrada en el siglo XIX ha atravesado y recorrido momentos de progresión y nefastas consecuencias, también de eclipse y retroceso en dependencia del contexto; por otra parte,-desde el punto de vista de las ideas-, también ha servido de cardo de cultivo para que los desconocedores de esa verdadera historia enjuicien injustamente cualquier manifestación de descontento del vecindario como rasgo de reminiscencia de aquel triste capitulo. No hay nada más absurdo y apartado de la realidad. En medio de los cambios y transformaciones acontecidas en los últimos tiempos nadie recuerda hoy el amargo episodio, muchas cosas han variado; la otrora y legítima entrada al pueblo hoy no es la misma. Su puente colonial bajo cuya estructura se deslizaban las aguas del Almendares y el Rincón de las Madres que daban la bienvenida a los forasteros, ha desaparecido, también algunas edificaciones patrimoniales y hasta tradiciones. Sobre la techumbre de las viviendas ha dejado de caer el hollín de las chimeneas. El olor a ladrillo y barro se ha ido extinguiendo del olfato y en la memoria; las torres y estructuras abandonadas con chimeneas restos de los antiguos tejares descubre los signos de su dañada identidad y la metamorfosis acontecida. Este espacio hoy de silencio melancólico es el resultado de un pasado y un presente de las ensoñaciones de los que peinan canas. Para ellos este pedazo de tierra encerrado en curioso triangulo geográfico entre dos corrientes fluviales, cabe toda la felicidad del mundo a pesar de las sensible perdidas y afectaciones patrimoniales. Ya no es el retiro apacible de años atrás donde las poetisas Dulce María Loynaz; Renee Méndez Capote; María del Billar Buzeta; el poeta del romanticismo criollo de todos los tiempos José Ángel Buesa ;el escritor Eliseo Diego; los pintores Diego Hurtado de Mendoza, Juan José Sicre, Florencio Gelabert, Fernando Boada ,René Portocarrero, el pintor francés Richard Jean Sánchez Hattemberger ,el artista plástico José A. Bencomo y el controvertido escritor colombiano José María Vargas Vila, buscaron refugio en el embrujo de tan sosegado sitio. Todos atraídos por este apacible lugar cercano a la capital. Un pueblo nunca visitado por el gran novelista de todos los tiempos Gabriel García Márquez; sin embargo reflejado paradójicamente en su “Cien Años de Soledad”. Un pueblo viejo pero no tanto como las aguas que lo circundan.

A la altura de estas líneas es posible realizar una pregunta: ¿Qué representa hoy este pueblo para sus hijos? Representa una cultura urbana agobiada temporalmente por el infortunio. No obstantes estos inconvenientes existen muchas razones por las que se puede enorgullecer el vecindario; su rica historia, la fama de sus aguas y su alfarería; sus tradiciones, la cantidad de patriotas que aporto a las luchas por la independencia nacional y la justicia social y la bravura de sus hijos. A pesar de las transformaciones impuestas y ajenas, sus habitantes se empeñan en preservar ese aire de espacio de identidad que se muestra en la mirada cálida de la imagen de un pueblo con el olor a humo y arcilla de sus tejares que como un viejo con paso tardo se resisten a dejar su pasado. Un vecindario,-muestra minúscula de tradición y cubanía-, que demanda con urgencia los mismos derechos, porque tiene los mismos deberes que los demás de la República de marchar por las sendas del progreso. Alejado de cualquier exageración innecesaria, avalado únicamente por los anales del municipio y la provincia este humilde Herodoto, conocedor de la geografía y la historia provincial comprende que estamos en presencia de un pueblo con una historia escrita con mayúscula digna de divulgar.

Esta son las memorias del controversial nombre, de la aneja y dolorosa idea separatistas y las razones de la definición de su denominación. Felizmente ese espíritu segregacionista que resurgió en otro contexto histórico y por otras causas, jamás ensombreció las relaciones que desde tan lejana época existió entre calabazareños, santiagueros y capitalinos. Nada ni nadie jamás ha podido eclipsar esos vínculos. Por fortuna esa contradicción ha desaparecido, estas localidades lamentablemente tienen hoy el mismo padecimiento y requieren las mismas respuestas y soluciones. En la actualidad el patronímico Calabazar de la Habana tiene otro significado y es válido su uso por el simple hecho de su ubicación geográfica en esta provincia para así distinguirlo de otras localidades de la república identificadas con ese mismo nombre sin que tras ello se esconda ningún nefasto propósito segregacionista. Ese es un capítulo cerrado de nuestra historia.

Epilogo

Lo expuesto demuestra que la trayectoria de este espacio territorial se encuentra interrelacionada con la historia de su entorno y del país, lo cual, en mayor o menor medida,- independientemente a sus peculiaridades-, ha tenido incidencia en sus orígenes como comunidad humana, en su idiosincrasia y su evolución hasta estos nuevos tiempos. El estudio de todo su proceso precedente y su formación como núcleo humano comprueba la significación que en esto desempeñan los vínculos económicos y sociales internos y externos y especialmente su rol en el nacimiento de las ideas y en su cultura, etc, que,- en cierta medida-,contribuyó a diferenciarlo de otros núcleos poblacionales de la región histórica. Ha quedado demostrado también que esta comunidad nunca fue una localidad deprimida económicamente, sino que evolucionó a partir de una economía de servicio y una industria alfarera incentivada principalmente por intereses foráneos, hasta la presencia más tarde, en el siglo XX, de una economía que tuvo como base una prestigiosa industria local cuyos resultados no se invertían en su beneficio.

Se confirma que, independientemente de coyunturas transitorias contradictorias y pérdidas patrimoniales acontecidas, el 15 de octubre como fecha en que cada año esta localidad celebra su cumpleaños-, independiente del apelativo propuesto,- es válido y digno de festividad, porque ese día de 1830, es cuando su existencia como nueva población quedó legalmente reconocida en Cuba y ante la corona española. Sin embargo, en necesario acentuar que con el vetusto nombre, "Calabazar" dado al primer corral aquí establecido hace más de cuatro siglos, es cuando verdaderamente se inició la historia de este paraje .Ambas fecha junto con las festividades del santo patrón son legítimas y dignas de recordar en las crónicas de la historia local. Es hoy uno de los pueblos de la municipalidad con una rica pero ignorada historia que a pesar de sus afectaciones materiales y patrimoniales mantiene vivo en su memoria el recuerdo del esplendor pasado. Un micro mundo, base insustituible de la sociedad, un pueblo altamente vulnerable que requiere atención sistemática y cuya solución por razones económicas, de operatividad y inadecuado alcance en la gestión oficial ha incidido de forma negativa en la vida material y espiritual de la barriada. Situación que no ha contribuido en modo alguno al desarrollo de un ambiente favorable lo que ha traído aparejado el escepticismo y descontento de muchos y un decrecimiento del entusiasmo y de la participación popular en todas las esferas de la sociedad. Estas realidades han engendrado determinado nivel de disgusto y reticencia en el vecindario, una disminución de la participación social, y, en consecuencia, un marcado crecimiento de algunos elementos superestructurales de importante peso en la conciencia social del vecindario,-y para ser más exactos-, una de las causas junto a otros factores, de las salidas al exterior y la creciente emigración.

Hoy es grande el inventario de problemas y necesidades acumuladas históricamente que van, desde las económicas, las de tipo laboral, demográficas y urbanístico hasta las de cuidado y protección del patrimonio histórico-cultural, de recreación y servicios, etc. Para erradicar estos males es necesario realizar profundos cambio en todas las esferas de la sociedad .Calabazar, no es en la actualidad la activa y bella población de décadas atrás, hecho que contrasta con el abandono que hoy se aprecia por doquier. Es necesario premura en las respuestas para su desarrollo y la preservación de su identidad. Tan solo de esta manera se podrá poner fin a cualquier resurgimiento de la nefasta y dañina ideas expuesta en líneas precedentes. Esto solo se puede lograr como afirmo irónicamente en su máxima el escritor italiano Giuseppe Tommasi di Lampedusa en su Gatopardo:"...para que todo siga como está es preciso que todo cambie". Esta localidad necesita una sacudida, romper barreras y obstáculos que la saque de tal depresión, que todo cambie. Solo el desarrollo "sostenible" y la solución de los problemas pendientes en las diferentes esferas de la comunidad permitirá erradicar por siempre entre los lugareños y sus convecinos ese absurdo modo de pensar y con ello erradicar definitivamente cualquier epíteto ignominioso que pueda escindir al enjuiciar injustamente a su vecindario.

En resumen, esta es la historia del controversial nombre y las razones de su completa definición: simplemente "Calabazar" como es identificado en la actualidad. Futuras investigaciones deben escudriñar y profundizar en el tema para enriquecer y esclarecer las interrogantes que pueden quedar en el tintero. Estas líneas están impregnadas de un sentimiento de amistad y unidad en un municipio,- por raíz y naturaleza multilocal-, una jurisdicción de la Habana unida por su propia historia donde jamás fructificara en modo alguno ideas nocivas que enturbien esa raíz. Eso es fruto de un triste , lejano e irrepetible episodio.

VALOR DEL TRABAJO EN EL CAMPO CIENTÍFICO

Representa un pequeño aporte que contribuirá, además de incursionar en tal asunto, apartar ese absurdo y dañino modo de pensar evitando en lo posible su resurgimiento y de paso erradicar definitivamente cualquier epíteto ignominioso que pueda escindir al enjuiciar injustamente a su vecindario, esta constituye la

Justificación y valor del trabajo en el campo científico y especialmente en las Ciencias Sociales en general. Con él se comprende la interrelación existente entre el todo y las partes en cualquier hecho, fenómeno o acontecimiento y como eliminar las concepciones erróneas y dañinas que enturbien la armonía de ese todo.

Agradecimientos

Este trabajo ha sido posible por la colaboración y valiosa ayuda de los especialistas del Archivo de La Oficina del Historiador de La Habana y del Archivo Nacional de Cuba que pusieron en mis manos una información de un valor incalculable para su terminación y en especial a los técnicos y especialistas del Museo Municipal de Santiago de las Vegas por las facilidades brindadas en el acopio de la información; las Bibliotecas Nacional "José Martí", la Rubén M. Villena de la Universidad de La Habana y la "Mas Luz" de Santiago de las Vegas por la importante labor de referencia y consultoría. Las colegas y amigas Licenciadas Yanel Blanco y Belkis Reina que revisaron, asesoraron y apoyaron desde su inicio este estudio. A la Licenciada Magaly González que tuvo la amabilidad de revisar con ojo crítico la primera versión manuscrita y borrador de esa obra. En fin, mi profundo reconocimiento a todos los que de una u otra forma han hecho posible la redacción del presente artículo. A todos mi sincero agradecimiento.

Anexo 3

Un acontecimiento vial en el occidente de Cuba
El primer viaje del ferrocarril del oeste.

Prof. Eduardo Milian Bernal.

A la voz de las locomotoras la tierra abre su senos
José Martí [245]

La inauguración del primer camino de hierro en 1837, convirtió a Cuba en nación pionera en su introducción en América y en el séptimo país del mundo en el uso de este moderno medio de transporte y comunicación aventajando en más de una década a la propia metrópolis española. Este acontecimiento estuvo seguido de un proceso de ampliación con nuevos ramales que comunicaron a La Habana con el resto del país. Este fue precisamente uno de los propósitos de la compañía denominada Ferrocarril del Oeste de la Habana, creada el 19 de febrero de 1858[246]. El objetivo de dicha empresa era construir y explotar un ferrocarril desde la Habana hasta Pinar del Río, con los ramales necesarios. Esta obra vial estuvo precedida de todo un proceso de estudio, solicitud, autorización y permisos en el que estuvo implicada no solo la corona española y las autoridades de la isla, sino también la compañía , el cuerpo jurídico y el de ingeniería, hasta su definitiva autorización.

[245] Martí. José. Trincheras de Ideas. Comisión de Historia, Guanabacoa. 1972, pág 22.

[246] Berta Alfonso Gallo. Los transportes habaneros. Estudios históricos. Tomo III. Instituto de Investigaciones del Transporte, La Habana, 1991, tomo 3, p 5.

El 5 de octubre es firmada la Real Orden que confirma la concesión provisional otorgada el 31 de octubre de 1857 que autorizaba a la referida Compañía a construir un ferrocarril de la Estación Cristina, en La Habana hasta Pinar del Río. La nueva vía férrea sería construida tramo a tramo hasta su objetivo final. El primero de estos tramos, se trazaría hasta el "poético y pintoresco pueblo de Calabazar"*. ¿Por qué se escogió esta ruta? Su elección no fue producto del azar. Desde mi punto de vista se conjugan dos objetivos a saber. Uno inmediato; hacer llegar la nueva vía férrea hasta poblaciones distantes de otros caminos de hierro y Calabazar representaba un punto intermedio y además atractivo por su fama de pueblo balneario muy visitado por los habaneros durante la temporada veraniega, el trazado del primer tramo hasta este sitio permitiría a la compañía obtener las primeras ganancias y el capital necesario para continuar hacia su objetivo mediato; el occidente de la Isla. La validez de esta idea,-como se verá más adelante-, se comprobó desde el viaje inaugural.

Su construcción comenzó en 1859, fundamentalmente con mano de obra asiática (culíes chinos) importada por los Pedroso (*), una de las familias élites de La Habana, pero la obra confrontó tantos problemas, que en el primer año solamente se construyeron 5 km de vías; por ello, la empresa contrató mano de obra especializada británica: entre ellos los ingenieros Dumbar y Chamberlain, quienes habían participado en la construcción de ferrocarriles en otros países. Un accidente provocado durante la construcción del viaducto sobre el río Almendares en Calabazar, determinó que la directiva de la compañía admitiera la propuesta del contratista inglés John Brinsdon para construir un puente de hierro dulce laminado en el paso sobre el Río Calabazar(**) De igual modo, se fabricó otro para el Arroyo Jíbaro. Lo cierto es que para principio del sexto mes de 1861, se daban los toques finales al nuevo camino de hierro hasta esta localidad. El 19 de junio, cuatro días antes del Santo Patrón de este pueblo, la prensa habanera daba a conocer los preparativos y festejos que se realizarían en dicha villa por la inauguración del ferrocarril. Una simple lectura de una noticia aparecida en "Gaceta de La Habana", órgano oficial del gobierno, permite comprender la importancia que se le otorgó a la obra ferroviaria:

"...con la inauguración de esta línea, va á recibir aquella población extraordinario impulso en la vía de progreso por donde marcha, pues si el transporte á ella ha de ser sumamente módico, el atractivo de la agradable temperatura que en el Calabazar se goza y el de sus aguas saludables deben influir mucho en el ánimo de los habitantes de esta capital para decidirles á fijar en el su residencia durante los crueles meses de la canícula".[247]

Esta nota de prensa acentúa lo que desde años atrás ya encarna una realidad; la importancia que se dispensaba a la popular población por su agradable temperatura y la calidad de sus saludables aguas de manantiales que los habaneros gustaba disfrutar en el verano. Para muchos visitantes el verano se convierte en este punto en un episodio de fiestas y alegría y el pequeño poblado adquiera una extraordinaria actividad ¿Que no sería en adelante con la apertura del camino de hierro?

Ante la proximidad del relevante acontecimiento el Capitán General de la Isla concedió licencia al vecindario del citado pueblo (solo por este año) para que celebrará con una feria en los días 23, 24, 25 y 26 de junio con solemnes fiestas religiosas a San Juan Bautista, Patrono del esta población; bazares, rifas, loterías, fuegos artificiales, bailes, competencias y peleas de gallos con el propósito de reunir fondos para otras obras en la capital.

[247]Gaceta de la Habana, periódico oficial del Gobierno, no 138, miércoles 19 de junio de 1861.

En la explotación del ferrocarril se emplearía inicialmente la máquina GENERAL SERRANO que llevaría el no. 2, de 44 000 libras de peso, adquirida en la fábrica Baldwin Locomotive Works[248], de Estados Unidos, a un costo de 9 600 pesos; dos coches de primera y dos de tercera, comprados a la compañía ferrocarrilera de Matanzas en 7 600 peso. El domingo 23 de junio de 1861, toda una multitud contempló admirada los ruidosos movimientos de la locomotora de vapor con los carros que arrastraba en este, su primer viaje Cristina-Calabazar. Difícil era conquistar un boleto y menos algún asiento en los coches del camino de hierro asediado por una multitud que los asaltaba al momento de llegar con irresistible impulso. Dicen las crónicas de la época que los carros llevaban pasajeros en el interior, en el exterior, en las plataformas y hasta en el techo. El caso era ir; los medios importaban poco; un cuarto de hora con corta diferencia que dura el camino pronto pasa. Todos querían viajar a la festividad pero ante la imposibilidad de hacerlo en ferrocarril poco se decidían a hacer el viaje en berlina por los altos precios que cobraban los berlineros por el viaje hasta este pueblo. Durante los días que duró la festividad ese es el ambiente que rodeaba la transportación hasta este lugar de la campiña provinciana.

Aquel domingo representó también un día histórico y festivo para el otro extremo del camino que se inauguraba. Una emocionada concurrencia esperaban con ansiedad la llegada del tren; todo el vecindario y los visitantes que disfrutaban del verano permanecían de pie en espera de ver aparecer la nariz de la máquina de acero que muchos contemplarían por vez primera. El estallido de alegría y emoción se produjo cuando se observó a lo lejos el

[248] Locomotora no. 2 fabricada en 1860 por Baldwin Locomotive Works con no. de serie 979, en Estados Unidos. Hace el viaje inaugural del Ferrocarril del Oeste. La nombraron General Serrano Fuente: Mercedes Herrera Sorzano. Archivo personal.(Historiadora Museo del Ferrocarril).

humo negro elevarse al cielo, en pocos instantes el ruidoso y ensordecedor movimiento de la locomotora de vapor llegaba a la recién construida estación después de una travesía de 12,9 km de extensión. La crónica que aparece en el periódico "Gaceta de La Habana "es verdaderamente ilustrativa y da una imagen fidedigna del desarrollo de la festividad durante esos días:

"Bien se han divertido y siguen divirtiéndose los vecinos del Calabazar. Pocas veces se ha visto embullo igual. La afluencia de personas era tal así de la Habana como de otros puntos, que bien se puede decir sin temor de fallar á la verdad que la población no bastaba para contener semejante concurrencia. Y si no que lo digan los que habiendo llegado al Calabazar por la mañana tuvieron que regresar al anochecer a la Habana para comer, porque en la invadida población no pudieron encontrar qué ni dónde hacerlo.

Y se agrega a continuación:

¿Y cuál ha sido la causa de este desusado movimiento? Las causas han sido dos: los cuatro días de ferias concedidos al Calabazar por el Gobierno y la facilidad de trasladarse allí por medio de los carros del ferro-carril que se inauguró el domingo. ¿Y para que tanto movimiento? Para gozar de las peleas de gallos, de las carreras de caballos; de los bailes y sobre todo para ir á alegrarse con alegría de los demás. Así es que hubo muchedumbre en todo y en todas las partes. Se comió mucho, se bebió más, y el dinero rodó como si la crisis no pesase sobre nosotros" "...Dicen que Guanabacoa y Puentes Grandes están temblando de susto al ver el vuelo que toma por momentos su nueva rival. El caso no es para menos. Tan inmediato, tan bien situado, con su cristalino río, con tan frescos baños, no hay que dudarlo: el Calabazar tiene delante un bellísimo porvenir. Pues á quien Dios se los da, que San Pedro se los bendiga. Por lo que hace a San Juan no ha sido nada el caso en bendiciones. Veamos cómo se porta el príncipe de los Apóstoles cuya festividad se halla ya cercana."[249]

A pesar de la ausencia de datos exactos que permita realizar una valoración de la cantidad de pasajeros transportados durante su primer mes los resultados obtenidos en los 39 días transcurridos desde el 23 de junio al 31 de julio de 1861, comprueba que se han conducido 24 497 pasajeros hasta esa fecha; el tramo en explotación ha producido 5 232 pesos, se han gastado 1 533 pesos, por lo que ha generado una utilidad de 3 709 pesos —se excluyen las fracciones de peso. Si el análisis se hace extensivo hasta el mes de noviembre del propio año,- por cierto, en temporada invernal-, podemos tener una muestra interesante e ilustrativa de lo que pudo haber sido durante la temporada veraniega cuando el acogedor pueblito se encuentra lleno de veraneantes que vienen a tomar los baños del río y a los populares manantiales existentes en su rivera. Durante ese mes se transportaron 3057 personas en coches de primera, no aparecen el número de los que viajaban en segunda clase, y en el de tercera clase, - el más económico -, unos 6112 pasajeros.

Una simple mirada al reglamento de esa empresa, aprobado el 16 de julio de ese último año, muestra hasta qué punto llegaba en esos tiempos la división de la sociedad colonial y la discriminación imperante. Según dicho código, en los coches de primera categoría no se admitían animales ni negros, en los de segunda y tercer podían viajas juntos personas de color y animales: chivos, gallinas y hasta perros. Huelgan los comentarios.

De modo simultáneo, con el ferrocarril se edificó la modesta Estación ferroviaria, construida de maderas y tejas en el lado izquierdo de la línea. De igual manera, apareció la administración

[249] Gaceta de la Habana, periódico oficial del Gobierno, no 138, miércoles 19 de junio de 1861.

de correos de cuarta clase, así como la estación telegráfica que facilitó las comunicaciones con la ciudad. A partir de entonces la estación del ferrocarril se convirtió en el sitio de reunión preferido por la juventud que espera el paso del tren como un gran acontecimiento. El caserón de madera, ubicado al final de la calle Meireles era uno de los centros principales donde se aglomeraban viajeros, vendedores de confituras y curiosos en espera del arribo del tren. Su importancia aumentó con la extensión de los nuevos ramales hasta, Santiago de Las Vegas, Rincón, etc.

Sin duda, el trazado del ferrocarril del Oeste fue la causa determinante que dio impulso y consolidó a este punto como pueblo balneario, lugar de paseos y sitio para pasar el verano. El ferrocarril y la Calzada Real del Sur representaron en esos años las principales arterias de comunicación con el centro-sur de la Habana. Pero a Calabazar, - por la modernidad del ferrocarril-, no solo se iba a los baños públicos o de temporada, sino también como aventurada romería a hermosos parajes, excursión y paseos. De hecho se convierte en uno de los lugares de reunión de los habaneros durante el verano. Lo que constituye el encanto de los forasteros eran los baños del río, las representaciones cómicas, carreras de caballo, peleas de gallos finos, mascaradas y bailes y otras diversiones propias de la época. Es un período de verdadero auge pueblerino y de acogida de ilustres visitantes; miembros de la élite, de la intelectualidad, de la economía y la politica de La Habana y Santiago de Las Vegas: los descendientes de Arango y Parreño, los Meireles y Bravo, los Castro Palomino, los Vismaras, Miguel Macías, Rafael de Quesada, José Ignacio Rodríguez, el periodista habanero Casimiro Izalbe, entre otros. Como resultado de las investigaciones históricas realizadas hasta hoy se han comprobado las visitas de José Martí niño a esta población. Visitas y paseos que jamás olvidaría y que con su propia pluma rememora en carta fechada en New York, en abril de 1892, dirigida a Gonzalo de Quesada(5).Sobre este importante asunto pronto se publicará un artículo de mi autoría.

En la misma medida en que avanza el siglo y se extiende el Ferrocarril del Oeste hacia otras localidades del centro sur y suroeste, principalmente hasta Pinar del Río, lugar donde arribó el 15 de abril de 1894. La vía gana en importancia en su uso civil y militar en las comunicaciones en todo el occidente. Hecho que se comprobó durante la contienda de 1895, cuando sus paralelas asumen un carácter estratégico para el ejército de la metrópolis porque permitía en cuestión de pocas horas mover grandes contingentes de tropas para llevar y traer no sólo soldados, sino también armas y pertrechos hasta una distancia de setenta kilómetros o más hacia el sur y sur – suroeste. Esta es la causa del intento,- por el Ejército Libertador-, de dinamitar el puente sobre el río Almendares en Calabazar en 1896. Es utilizado también por el poder colonial durante la criminal medida de la Reconcentración, aplicada por Valeriano Weyler con el propósito de trasladar campesinos hasta diversas localidades de la provincia.

La Estación del Ferrocarril del Oeste de la Habana en Calabazar se convirtió en un significativo sitio histórico durante los 28 meses de la presencia del Generalísimo Máximo Gómez en esta población (1900-1902). Por este lugar arribaron numerosos oficiales mambises para entrevistarse con el Jefe del Ejército Libertador, familiares y amistades, asimismo el propio jefe del gobierno interventor, el General Leonardo Wood (6). Es también la via que utiliza el Generalísimo para trasladarse a la capital cuando la difícil y compleja situación del país reclama su presencia. De hecho, este paradero de trenes se convierte en lugar frecuentado por Gómez. La tradición oral y la memoria histórica local recogen un singular encuentro acontecido aquí que ha quedado inscripto en las páginas de la historia nacional. Cierto día, el prócer de nuestras guerras de independencia descubrió en esta estación ferroviaria la obra futura de un niño de verdes pupilas que se convertiría con el transcurso de los años en otra importante figura; se trataba de Rubén Martínez Villena. Esto constituyó un presagio histórico del experimentado veterano.(7)

Pero la Estación de los Ferrocarriles, en esta población es testigo también de algunas entrevistas que le realizan a Gómez, periodistas de la capital; a modo de ilustración, por citar algunas: la que se produce el 7 de septiembre de 1900, en momentos en que esperaba el tren en dirección a la capital en compañía de su hijo Urbano. Otra, el sábado 2 de marzo de 1901, en ocasión de la entrevista que le realiza un reportero del Periódico La Discusión (8). Pero lo más significativo es que esta Estación ferroviaria se convirtió para el Generalísimo en un punto de referencia para sus familiares y visitantes mientras residió en esta población:

"... cuando quieras y puedas venir a pasar un día con nosotros, no tiene necesidad de quitar a Narciso de su trabajo. Con que él te acompañe hasta el paradero de Cristina y te deje embarcada todo está hecho. Te bajas en mi Calabazar y mi casa está en la misma calle paradero a dos cuadras." (8)

Así permaneció hasta el día en que el viejo mambí trasladó su residencia para la ciudad de La Habana.

Después de varios años de agotador trabajo, las paralelas del Ferrocarril del Oeste arriban a su objetivo final: Guanes, el 1ro de febrero de 1908, con una longitud de 197,6 kilómetros. Se había convertido en realidad el objetivo inicial.

La antigua estación-paradero de Calabazar, se mantuvo en pié hasta 1909, En ese propio año se edificó la nueva en relevo de la primera , que es eliminada porque los viajeros tenían que atravesar las líneas para acceder a ella, por lo que su nuevo emplazamiento se realizó del lado contrario, erigida de mampostería y tejas francesas, que aun hoy perdura pero no como una instalación ferroviaria. Es abierta el 19 de agosto de 1909, para servicio de pasajeros y mercancías.

En el nuevo siglo el impacto de la modernidad alcanzó también el ferrocarril. En 1913, se inició la electrificación del ferrocarril en la Habana, incluyendo los tramos Habana-Calabazar- Rincón-Batabanó. (8). En las principales publicaciones de esos tiempos los clasificados anuncian estos "Paseos Ideales" hasta el pintoresco paraje. Paseos, bailes y excursiones denominadas "Atlántida", por lo general dominical y que se anunciaban en la prensa habanera explicando las orquestas, los artistas y los juegos que podían disfrutar los excursionistas. Algunos ilustres intelectuales de la primera mitad del siglo XX, venían de excursión a tan agradable sitio. Frecuentes eran los paseos y temporadas de Renee Méndez Capote, Dulce María Loynaz, la poetisa María del Villar Buceta, Juan Marinello, René Portocarrero, Juan José Sicre, entre otros. Este período coincide con el alza de la lucha antimachadista y el auge del movimiento revolucionario nacional y local. Es precisamente en esos años de combate, el instante en que es dinamitado el puente del ferrocarril sobre el Arroyo Jíbaro.

Pero el impacto del ferrocarril en el nuevo siglo no se limitó a excursiones y paseos .En la misma medida en que esta localidad se convierte en zona industrial del antiguo municipio Santiago de las Vegas, en esa misma medida representó un medio eficaz y económico para transportar materias primas y embarcar mercancías elaboradas. Resultó el medio fundamental para traer el barro, desde Pinar del Río, que la Industria Alfarera Cubana (antigua Bregolat) usaba en su producción mercantil de cerámica y alfarería. Asimismo aconteció con otras producciones locales con destino a La Habana y al resto del país(9).

Conclusiones

Esta es la memoria histórica del Ferrocarril del Oeste de la Habana, a la distancia de 155 años de aquel primer viaje Cristina-Calabazar. Desafortunadamente, por diversas e inexplicables causas las añejas paralelas se encuentran inactivas desde hace algún tiempo. Por varios años este medio de comunicación desempeñó un importante rol en la transportación de pasajeros hacia el sur de la capital como ferrocarril suburbano; hoy ha sido desactivado y abandonado sufriendo un alto grado de deterioro. A pesar de su carácter patrimonial dicha vía férrea sufre en la actualidad las consecuencias del abandono, la indolencia y desatención perdiendo el papel que un día desempeño en el Occidente de la Isla. Todos los habaneros esperamos devolverle algún día al ferrocarril del Oeste, especialmente en este su primer tramo, la importancia económica y social que tuvo en otros momentos. Las consecuencias que sufre este “Camino de Hierro” tiene causas similares a las afectaciones que en los últimos tiempos soportan otras riquezas patrimoniales a lo largo y ancho de la Isla.

Anexo 4

Un prócer de nuestra independencia en el olvido

El Tte. Coronel Francisco E. Lufriu y Arregui.

Cuando supe del alzamiento de Céspedes me dije,
de súbito, tengo que ir a pelear
Francisco E. Lufriu y Arregui

Un espíritu indoblegable

Nació en La Habana, el 17 de octubre de 1847, Francisco Eduviges Lufriu y Arregui. Era el mayor de cinco hermanos. Procede de una familia de intelectuales muy conocidos en la Isla. Francisco tempranamente se manifestó a favor de las ideas independentistas.

Después de sufrir condena de prisión por su participación independentista a raíz del gesto de Demajagua. Participó en alzamiento en las lomas de Candela. Después de permanecer en prisión sus padres preocupados por su hijo, y temerosos de que sus andanzas despertaran los odios de los españoles, lo llevaron con ellos, a su residencia veraniega del pueblo de Calabazar, En la Habana. De este modo, esperaban sustraerlo de los peligros y aquietar su vehemencia. Pasaron algunos días. A pocos, Lufriu parece tener férvido devoción religiosa, a juzgar por sus frecuentes visitas a la humilde iglesia pueblerina, regida por el sacerdote Rafael Sal y Lima. Más en la parroquia, presbítero y amigo, con descuido de los ritos, colocaban bajo el altar, armas, - unas escopetas, algunos machetes, dos o tres pistolas y varias estacas -, y concebían planes de alzamiento, atraídos ya por el pastor patriota algunos feligreses .Descubierto el movimiento conspirativo, la autoridad cayó sobre el templo; Sal y Lima fue detenido en unión de otros conspiradores; y sólo gestiones tenaces de la familia, movidas influencias personales, pudieron arrancar a Lufriu de nuevas prisiones, sentencias y lo peor la deportación. Ahora el padre decidió enviarlo al extranjero para evitar la deportación a Fernando Poo, que sufrió el sacerdote y otros patriotas.

EN EL EJÉRCITO LIBERTADOR.

Pocos meses después Lufriu regresa a Cuba en la expedición organizada por el General Rafael de Quesada, el 8 de mayo de 1869, y pasó formar parte de los huestes del Coronel José Payán.

AYUDANTE PERSONAL DEL MAYOR IGNACIO AGRAMONTE

Al poco tiempo el Mayor Ignacio Agramonte lo convierte en su ayudante personal, luego lo designó instructor de los patriotas villareños. En 1872, su hoja de servicio recoge más de cien combates. Descalzo hizo las campañas de Sancti – Spíritus, Camagüey y fue hasta Oriente, desnudos sus pies durante cuatro años. En 1873, Ignacio Agramonte, para recompensarlo por su valentía ordenó se le regalara unos zapatos del rústico taller cubano. Después de la lamentable pérdida del Mayor, pasó a combatir bajo las órdenes del generalísimo Máximo Gómez. Participó en las campañas de Palo Seco, el Naranjo y Las Guásimas y participa en la Invasión en 1875. Alcanzó los grados de Teniente Coronel del Ejército Libertador.

Regreso a su humilde hogar

Terminada la contienda regresa a Calabazar a la residencia de sus padres, en Fundación esquina a Cerrada del Oeste (antigua Estrella del Norte). En este lugar nació su hijo René Lufriu Alonso, que con el tiempo se convirtió en eminente intelectual y en un ejemplo de cubanidad. Francisco Lufriu es un héroe de la patria y de Calabazar de la Habana porque expuso su vida y se sacrificó por la libertad de la patria irredenta. Es un ejemplo imperecedero para los que luchan por la libertad de su tierra en cualquier circunstancia. Francisco Lufriu murió el 17 de abril de 1922, el hombre que transmitió virtudes que imitar.

Anexo 5

Un patriota olvidado en la memoria histórica cubana

Silvestre Perez de la Hera
Prof. Eduardo Milian Bernal (Historiador)

...la vida de los muertos está en el recuerdo de los vivos.
Cicerón

Resumen

El artículo es una reseña de un anónimo patriota cubano deportado a Fernando Poo en la segunda mitad del s. XIX. Un luchador independentista ignorado debido a su historial vinculado inicialmente al anexionismo aportando nuevos datos sobre su participación en ese capítulo inicial de las luchas en diferentes poblaciones cubanas y su evolución y tránsito hacia las posiciones del independentismo. El resultado final de ese capítulo de su vida es la deportación a la isla de Fernando Poo, en las costas del Golfo de Guinea, en África, donde murió de manera ignota y es sepultado en el cementerio católico de esa Isla.

Desarrollo

Silvestre Pérez de la Hera, farmacéutico y médico Cubano, grande por la bondad y la cubanía, notabilísimo patriota, de carácter jovial y de valor rayando a la locura, nació el 31 de diciembre de 1817, en San Antonio de los Baños, provincia de la Habana. Cursó los estudios primarios en su ciudad natal. El 13 de agosto de 1836 se graduó de Bachiller en Filosofía en la Real y Pontificia

Universidad de la Habana, según aparece en el archivo de dicha casa de altos estudios en el expediente 10, 252 antiguo 10707. Se titula en farmacia en la Real Junta Superior de la Isla de Cuba, el 22 de marzo de 1838, con solo 21 años de edad. En 1851, Pérez de las Heras, en unión del arquitecto Manuel Galeano dan el grito de independencia en San Antonio de los Baños y Ceiba del Agua, para levantar a los patriotas cubanos y ayudar a Narciso López que acababa de desembarcar de Pinar del Río Su patriotismo no le permitía distinguir todavía entre anexionismo e independencia. Por aquel gesto de rebeldía ambos patriotas: Silvestre y Manuel, fueron procesados y sentenciados a dos años de prisión en la fortaleza de la Cabaña. Después de diez y ocho años de aquella aventura y haber cumplido condena por su apoyo a la causa anexionista pasó a residir en Calabazar de la Habana, donde se desempeñó como médico y farmacéutico. A partir de 1868, después del estallido emancipador del Ingenio Demaguaja y ya esclarecido en sus ideas abrazó la causa independentista. En esta localidad se une al cura Rafael Sal y Lima, Párroco de la Iglesia san Juan Bautista, de este pueblo, enrolándose en una amplia conspiración que se proponía levantar en armas a los patriotas del occidente. Descubierto el movimiento por las autoridades coloniales, la mayoría de los conspiradores fueron detenidos el 22 de febrero de 1869, encarcelados en la Cabaña y deportados a Fernando Poo*, en el vapor San Francisco de Borja.

El comerciante inglés John Holt, nacido en un pueblo del condado de Lincolnshire en 1841, John Holt en su diario testimonio señala que "...el 22 de mayo de 1869 arribó al puerto el «San Francisco de Borja» trayendo 250 «exiliados políticos enviados aquí por el Gobernador General Dulce». Tras afirmar que el viaje había durado 66 días reconoce que había sufrido «algún retraso» por avería en las máquinas, deteniéndose en Puerto Rico; que 20 ó 30 de ellos son gente muy rica, comerciantes y finqueros y entre ellos un banquero cubano..."

«¡Pobres cubanos!... separados de sus familias, de sus hogares, de su país, y enviados a un país como éste. Dice John Holt en su diario.

Muerte de un patriota

De la experiencia de estas primeras deportaciones contamos con otros testimonios, tal es el caso de Francisco Javier Balmaseda, el hombre quien, tras lograr escapar de la isla, escribió "Los confinados a Fernando Poo. Impresiones de un viaje a Guinea" (1869). En su autobiografía, Balmaseda denuncia el destino a muerte al que los deportados cubanos fueron condenados por las autoridades españolas: "La confinación a Fernando Póo es una pena idéntica a la muerte, tal vez peor...".Debido al clima mortífero y la insalubridad y calamidades reinantes en esa isla, estas deportaciones eran una condena a muerte: "Unos cuantos años de presidio en Fernando Póo serían de seguro una pena de muerte a cortísimo plazo/.

En torno a la fecha de fallecimiento de Perez de las Heras existen discrepancias. El historiador Lauzano dice que Silvestre falleció en el hospitalillo de Fernando Poo, víctima de la malaria, el 3 de julio de 1869, y enterrado en el cementerio católico de Santa Isabel de ese lugar. El periódico "la Revolución", de N. York señala que él muere el 29 de junio de 1869. A pesar de esta imprecisión, lo cierto es que él dejó un profundo ejemplo en la historia de La Habana y de Cuba.

Conclusiones

El médico cubano Silvestre Pérez de las Heras representa el profesional de ética y pensamiento libre que como tantos otros a lo largo y ancho de la Isla integro esta pléyade de luchadores por la independencia nacional cuyos nombres ha permanecido en el anonimato hasta nuestros días. El hombre que abrazo inicialmente la causa del anexionismo y que evoluciono hacia las posiciones del independentismo a partir del alzamiento de Damajagua, aquel 10 de octubre de 1868 . A pesar de los anos de lograda la independencia nacional pocos historiadores han dado a conocer hasta hoy la vida y rol de este patriota en la Historia de Cuba, este ha sido el propósito del presente artículo.

Citas y notas

-Archivo de la Pontificia Universidad de la Habana. Expediente 10, 252 antiguo 10707.

-Juan B. Salovet. Los deportados a Fernando Poo

-Historia de San Antonio de los Baños

-Eduardo Milian B. Historia de Calabazar de La Habana

-Pablo de la Concepción y Hernández. Prisioneros y Deportados Cubanos 1895-1898 en la Guerra de Independencia,

-Base de Datos de Prisioneros de la Guerra de Independencia

-Carlos González Echegaray. Cubanos en Fernando Poo: un capítulo de las memorias de John Holt. Articulo

-Unzueta y Yuste, A.: Geografía histórica de Fernando Póo, Madrid, Instituto de Estudios Africanos, 1947.

- Raúl Sánchez Molina. La Aventura de la historia, ISSN 1579-427X, Nº. 96, 2006 , págs. 72-76

-Carlos González Echegaray Cubanos en Fernando Póo. Un capítulo en las memorias de John Holt.

- Isla de Guinea Ecuatorial de 2017 kilómetros cuadrados. En el golfo de Biafra. De origen volcánico, está formada por la unión de dos macizos basálticos. La población autóctona está constituida por los bubis, llegados del continente y emparentados con los galoas del Gabón y los fang de Río Muni. Santa Isabel, la ciudad mayor, está unida a San Fernando que se extiende más allá de la punta Fernanda y del río Cónsul. Su puerto, construido en una rada natural, es el principal de la isla. Otras islas menores son Annobón (17 km cuadrados), Corisco (15 km cuadrados) y los islotes Elobey. El 20 de junio de 1861 la reina Isabel II dicto la Real Orden por la que se convertía a Fernando Poo en presidio. El 24 de septiembre de ese año llegaron 33 patriotas cubanos

ANEXO 6

LAS PELEAS DE GALLOS
UNA DESAPARECIDA TRADICIÓN.

Lo que constituía el encanto de los temporadistas y de los bañistas de la ciudad que participan en la época de verano en Calabazar siglo XIX, eran los paseos a caballos por la pintoresca campiña, los juegos, bailes de sociedad, las representaciones teatrales, lidias de gallos finos y otras diversiones propias de la época. Para ellos el verano se convertía en un episodio de fiestas y alegrías y el pequeño poblado adquiría una extraordinaria actividad en la que apenas alcanzaban las tabernas, las fondas y hospedajes para albergar tantos forasteros. La diversión favorita de los vecinos eran las peleas de gallos que cada temporada se realizaba en una valla de la calle principal, próxima a los baños del río. Una de las primeras lidias de gallos de que se tiene noticia se efectuó entre Junio y Octubre de 1859 con el objetivo de recaudar fondos para construir unos baños públicos[250].

El 21 de abril de 1900 se anuncia en la prensa y en suntuosos programas distribuidos con profusión "...la Gran Función Patriótica que con destino a fondos de los Parques de Santiago de las Vegas Juan Delgado y Martí tendrá lugar en este Circo de Gallos de Calabazar, con la asistencia de aficionados de Alquízar, Santiago, Managua y los clásicos de Ojo de Agua el lunes 23"[251], acompañándolos con versos donde se dice que: "Y ya que se va a efectuar/ De la opinión el deseo/

[250] Eduardo M. Bernal. "Calabazar de la Habana, un pueblo olvidado" (en proceso editorial).
[251] Periódico La Lucha, año XXI, N° 95, 21 de abril de 1900, citado en Riaño San Marful, Pablo. Gallos y Toros en Cuba./Pablo Riaño San Marful.—La Habana: Fundación Fernando Ortiz, 2002, p 168

¡Que viva la empresa Cheo/ Y viva el Calabazar!" y concluye describiendo, entre irrespetuoso y patriótico, que uno de los dos gallos competidores : "Es de tres-ocho, una fiera/ Que las dos espuelas mete" y el otro "Y además otro tres-siete/ Que juegan con muchos luises/ Porque parecen mambises/ Cuando entran a dar machete"[252]

Esta tradición continúo durante los primeros años republicanos. En la década del treinta existió un Club Gallístico en el Reparto El Globo.

[252] Instituciones culturales. Registro de la Propiedad.

Anexo 7

Un combate a las puertas de la capital

Importante acción el 20 de septiembre en 1896, en la cercanía de La Habana.

Prof. Eduardo Milian Bernal(Historiador)

Prefacio

El combate del Macheteo en Calabazar de La Habana, municipio Santiago de las Vegas estuvo precedido por otro no menos importante. El enfrentamiento en la finca "Galera", entre Managua y Calabazar, el 26 de Agosto de 1896, entre tropas del coronel Juan Delgado y fuerzas del Regimiento de Pizarro, al mando del Coronel Diego de Figueroa[253] . Pero es el Combate del Macheteo el de mayor relevancia. En el análisis de este hecho histórico se comprueba una vez más nuestro interés por incursionar en temas desconocidos, ignorados o simplemente poco divulgados en la historia de la nación cubana. Creo que el artículo que disfrutará a continuación forma parte de esas páginas aún por revisar profundizar y escribir siempre apoyados en la verdad histórica. Es un estudio donde se redefine y reevalúa contextualmente este hecho; alejado de consideraciones unilaterales, obstáculos, compromisos y ataduras que impidan un estudio acertado e imparcial. Siempre con la requerida cientificidad en el estudio. Sin más dilación entremos en el asunto objeto de estudio:

El combate del macheteo

[253] Valeriano Weyler. M. "Mi Mando en Cuba." Tomo II. Pág. 31.

A raíz de la implantación de la Reconcentración, el Coronel Juan Delgado, encargó a todos los colaboradores y simpatizantes con la causa emancipadora en las poblaciones ubicadas en su zona de operaciones que se mantuvieran alerta y lo tuvieran al tanto de los movimientos de las tropas españolas. A mediados de septiembre de 1896, es informado que fuerzas de los batallones de San Quintín y El Reina, estacionados en Calabazar se disponían a recoger todo el ganado de los alrededores con el objetivo de cortarles los abastecimientos y todo medio de alimentación a las Fuerzas Liberadoras. Enterado también que tropas españolas con el apoyo la guerrilla de Calabazar llegarían a las cercanías de la finca La Cuchilla, próxima al lugar donde se encuentran hoy el reparto El Globo, Se dispuso con solo treinta y seis hombres a atacar la columna española integrada por ciento doce soldados bien armados al mando de un Capitán de regulares.

El 20 de Septiembre de 1896, las aguerridas fuerzas cubanas dirigidas por le valiente coronel mambí, se disponen a hacerles frente, a la columna enemiga. El coronel Dionisio Arencibia, segundo jefe del destacamento cubano recibió la orden de atacarlos con parte de sus hombres en la finca La Cuchilla, a la que los españoles habían quemado la casa de vivienda, mientras Juan Delgado y el Capitán José Miguel Hernández cargarían al machete por el Callejón del Patrón. Fue oportuno el movimiento y tan simultáneo el ataque que las tropas colonialistas se creyeron copados y haciendo fuego, se fueron retirando por el Callejón de la Pica – Pica. Pero la carga de los cubanos fue tan rápida y el macheteo tan efectivo, que le hicieron al enemigo setenta y nueve bajas. La fuerza cubana lamentó por su parte la muerte del sargento Tomás Negrín[254], combatiente muy querido en la comarca. Al notar Juan Delgado que el Capitán español acababa de matar a Negrín, le tiró con tal fuerza un machetazo que le separo la cabeza del cuerpo[255].

Diezmados y en presencia de la muerte de su Jefe, la tropa española se dispersó después de haber sufrido una vergonzosa derrota. Horas después del combate, la Guardia Civil y los Voluntarios, utilizando la amenaza y el terror, ordenan a los vecinos de Calabazar se mantuvieran en sus casas con puertas y ventanas cerradas[256]. El propósito era que nadie viera pasar por las calles del poblado las carretas que conducían los cadáveres de los soldados que tenían por destino una fosa común en el cementerio local.

Al día siguiente la prensa al servicio de la metrópolis publicaba un parte militar del Estado mayor que expresaba lo siguiente: " una concentración de fuerzas insurrectas de más de mil hombres al mando de varios cabecillas sorprendieron en las cercanías de Calabazar a un pequeño grupo de soldados causándoles varias bajas, pero sufriendo los rebeldes un verdadero descalabro con la pérdida de más de 45 hombres..." [257].Con la deformación de los hechos, el gobierno colonial pretendía restar importancia a sus continuas derrotas porque ellas esfumaban los objetivos españoles de mantener a la Habana como su retaguardia. Sin embargo, el pueblo, en sus decimas populares transmitidas de padres a hijos, dejo constancia de esa victoria para las nuevas

[254] Los restos de Tomas Negrín, hijo de esta jurisdicción se encuentran sepultados en el cementerio de esta población.

[255] Eduardo Milian Tribuna de La Habana. "El Macheteo de Calabazar", La Habana, 26 de septiembre, 1984.

[256] Jose R, Castillo Pacheco. Entrevista. Calabazar. Agosto, 1973.

[257] Eduardo Milian. M.: Tribuna de La Habana. C. de la Habana,26 septiembre, 1984.

generaciones[258].El Macheteo de Calabazar realizado a pocos meses del arribo de la invasión a la Habana, demostró la fortaleza de la revolución emancipadora en este territorio y la voluntad del triunfo.

[258] Décimas Populares. En: Canto a Juan Delgado. Concurso Poético. Santiago de Las Vegas, 1954, Pág. 31.

Anexo 8

Lina Diaz Aguiar. Una patriota anónima

Prof. Eduardo Milian Bernal

La mujer cubana en la lucha independentista

Todos los países del mundo han tenido mujeres heroicas. El antiguo municipio Santiago de las Vegas y la Patria toda puede sentirse orgullosa de haber tenido muchas mujeres que lucharon al lado de los hombres para alcanzar la libertad y la independencia nacional. Cualquier historia que se escriba sobre las guerras de independencia de Cuba estaría incompleta si no se incluye en ella la participación de la mujer cubana. Uno de esos ejemplos de mujer heroica es el de Lina Díaz Aguiar, sencilla mujer nacida en humilde cuna, aunque no se consigna su fecha natal ni lugar; siempre vivió en Calabazar, donde crió una familia también de pensamiento y acción.

Origen de su vocación

Desde muy joven, conoció por tradición oral los hechos heroicos de los cubanos en la primera Guerra de Independencia. Por narraciones conoció también acerca de la conspiración independentista descubierta en su pueblo en 1869 y de los hombres que perdieron sus vidas en la prisión deportados a Ceuta. Aquella épica semilla sembrada contribuyó a despertar en ella sentimientos patrióticos que no tardarían en manifestarse. De esta manera cuando se produce el estallido de la Guerra del 1895, es una de las primeras en mostrar su simpatía.

Su vocación de libertad e independencia nacional se pone pronto de manifiesto junto a otros coterráneos que más tarde formarían parte del Ejercito Libertador. El instante esperado es el arribo de la invasión a Occidente, liderada por el Mayor General Máximo Gómez y el Lugarteniente General Antonio Maceo así como la creación del aguerrido Regimiento de Caballería Santiago de las Vegas, bajo el mando de los Coroneles Juan Delgado y Dionisio Arencibia. Lina vio con ello la oportunidad esperada para colaborar con la aguerrida tropa mambisa.

En breve, contacta con Juan Delgado, quien le asigna la misión de tenerlo al tanto de los movimientos del Ejército español en la zona, en especial en la Comandancia del lugar, la más fortalecida con tropas y armas en toda la comarca. Pero Lina no se limitó a eso, en adelante se convirtió también en una de las fuentes de abastecimiento de armas, medicamentos y avituallamiento para las fuerzas insurrectas. Fue mensajera clandestina de los insurrectos en 1895, en especial mensajera personal del coronel Juan Delgado. Siempre actuó sola razón por la que nunca pudo ser detectada en su eficiente labor a pesar de la existencia de un creciente número de fuerzas militares presentes en esta población. A pesar de su eficiente labor militar y patriótica nunca recibió grado militar alguno, prefirió permanecer en su humilde anonimato.

Lina Diaz Aguiar es una genuina representación de la mujer cubana en la lucha por la independencia nacional. Murió en el anonimato un día como hoy 7 de julio de 1973, en Calabazar, en La Habana, hace justamente 43 años víctima de una neumonía aguda. Hoy su nombre se inscribe entre otras valientes mujeres de la patria cubana.

Bibliografía

-Francisco Fina García Hist. de Santiago de las Vegas.
-Eduardo Milian Bernal. Historia de Calabazar y Santiago de las Vegas
-El Regimiento de caballería Santiago de las Vegas.
-Fotos del archivo personal de autor.

Anexo 9

Cementerio del Jibaro

Nuestro camposanto. Su origen

La iglesia parroquial desempeñó un papel fundamental en la creación de la necrópolis de la localidad. Hasta esos insta

ntes los enterramientos de realizaban en las proximidades de la iglesia o en el fondo de uno de los cuarteles del ejército colonial, en calle Espada y Fundación, junto al rio, o en el cementerio de Arroyo Naranjo. El 11 de septiembre de 1876, se constituyó una Junta Parroquial presidida por el cura Sebastián Herrera, se realizaron colectas públicas y fiestas para recaudar los fondos necesarios y finalmente se adquirió el potrero Sotolongo, en el camino a Santiago con los $ 14.500 pesos acumulados por ese concepto. En agosto de 1882, fue inaugurado oficialmente la necrópolis de Calabazar identificada por los coterráneos como cementerio del Jibaro. En ese camposanto descansan los restos de los que un día hicieron historia en la alfarería, en la cultura, el magisterio y en la vida económica y social de Calabazar.

La ubicación de los terrenos dedicados al cementerio es la siguiente: Carretera Calabazar a Santiago, entre el Km. 12 y 13, La cerca de piedra del potrero conocido como de Sotolongo, orilla Oeste de esta carretera, pasa por las inmediaciones de un jagüey que en ella existe. la caballería 33543 m2 Extensión del cementerio incluyendo los muros 10,027 m2 declinación 50 20' NE. (9). En Agosto de 1882, fue inaugurado oficialmente el cementerio de Calabazar. Se adjunta algunas fotos y copia del plano original de la obra de agosto de 1882.(ver Anexos)

Anexo 10

Un patriota calabazareno ignorado por las páginas de la historia

El joven Antonio Estenoz

Sobre la vida de este patriota local poca información se ha podido acopiar. Únicamente sabemos que nació en Calabazar en 1864, de procedencia humilde. Durante los primeros años de su vida no conocemos hecho alguno a destacar. Sin embargo, no tenemos duda alguna que sus ideas patrióticas despertaron tempranamente. No es casual que a raíz del estallido de la Guerra de 1895, se encuentra en Cayo Hueso laborando como tabaquero y muy vinculado a los patriotas cubanos del exilio.

El 6 de junio de 1895, a las 3 a.m., salió de Cayo Hueso en la expedición organizada por el General José Rogelio Castillo, en la goleta "W. D Cash"., contando a los hombres que se le incorporaron en Pine Key, la expedición incluía a 132 hombres, incluyendo a los jefes. Entre los combatientes había tres de Santiago de las Vegas: Secundino Piñales de 24 años y Santiago Xiqués de 31 años, y uno de Calabazar: Antonio Estenoz, de 31 años. Arribaron a Cuba el 24 de julio de 1895, por la región de Sancti- Spíritus.

Durante los años de la contienda, el joven Estenoz cumplió importantes y riesgosas misiones, entre otras, realizando frecuentes viajes en bote a Cayo Hueso transportando correspondencia, alimentos y personal.

Al inicio de la lucha Estenoz es cabo segundo, pero por su valentía y singular heroísmo alcanzó rápidamente el grado de Capitán del Ejército Libertador.

Su zona de operaciones se enmarca en las inmediaciones de la ciudad de Sancti- Spíritus, bajo las órdenes del General José

Rogelio Castillo Se desconoce la fecha de su desaparición física de Estenoz así como su parentesco con el General Evaristo Estenoz . Antonio Estenoz es otro hijo de Calabazar que combatió por la libertad de la patria.

Anexo 11

El Portón

EL Portón", único vestigio existente de la entrada a la "Comandancia de Calabazar" importante fortaleza militar del ejército español, localizada en la manzana comprendida entre las calles Meireles, Vinculo, San Antonio (después Dolores Garcia) y Real del Sur (Principal o Martí) construida durante los años de la guerra de 1895, sino antes. Hoy su interior está dedicado a viviendas.

Por su significación militar para la defensa española y lo estratégico de este pueblo junto al ferrocarril comenzaron a llegar las aquí numerosas y bien equipadas fuerzas colonialistas, contingentes regulares así como irregulares. La pequeña villa se convirtió en una de las bases de los diestros Regimientos de Villaviciosa y la Reina, que unidos a un destacamento de la Guardia Civil y la Guerrilla local, convierte el poblado en una verdadera fortaleza. Con el avance de la contienda independentista se construyó un cinturón de fortines cercanos uno de otros, se tienden alambradas de púas, se abren trincheras y levantan barricadas.

En su periferia se emplaza artillería de campaña formando un verdadero anillo defensivo que hace de Calabazar un baluarte español en el territorio. Aun en esta manzana existen piezas arqueológicas, grilletes, platos, herrería etc, utilizado por el ejército español. El Portón (edificación que aparece en la foto), era la entrada de la caballería militar y las carretas que traen mercancías y avituallamiento en general para la tropa. Según testimonios (no comprobados), -por la seguridad existente,- en este cuartel permaneció prisionero Manuel García "El Rey de los Campos de Cuba", quien logró escapar. Esta es la única reliquia de aquellos difíciles y complejos tiempos, nuestro deber es cuidarlo(Ver anexo)

Anexo 12

Un sacerdote cubano consagrado a "salvar almas preparándolas para amar la libertad".

El Presbítero Rafael Francisco Agüero Sal y Lima en las páginas ignoradas de la Historia . Una biografía inédita.

Introducción

El valor de la memoria histórica. .

En nuestros años niñez cuando los maestros nos enseñaban con el pensamiento y obra de José Martí se nos decía que cada cubano debía ser portador de ese pensamiento y de esa memoria. Porque si en algún lugar está viva la historia necesariamente está en nuestra memoria y en los relatos que en ella se conserva. El soportes material, es decir, los obras y las valiosas reliquias que se conservan en los museos son muy importantes pero sigue a la espera de ser evaluada correctamente, con la verdad y sin omisión. Somos los hombres quienes damos sentido y valor a la historia, los que desempolvamos esa memoria, damos a conocer lo olvidado e ignorado de ese proceso, extremos hombres del anonimato e ilustramos el acontecer con los mejores ejemplos como acto formador de los ciudadanos del presente y del futuro, esta es la motivación que nos permite incursionar en la ignorada biografía del presbítero y patriota cubano Rafael Sal y Lima, aquel humilde sacerdote que consagro su corta pero fructífera existencia a "salvar almas preparándolas para amar la libertad de su patria".

DESARROLLO

En la historia nacional existen varias figuras religiosas que defendieron hasta con sus propias vidas el ideal independentista, entre esos pastores de Jesucristo se encontraba el sacerdote Rafael Francisco Agüero Sal y Lima, hombre de pensamiento claro y alma luminosa, nacido el 5 de febrero de 1832 en la ciudad de San Cristóbal de la Habana. Fue bautizado en la iglesia del Espíritu Santo, en Cuba y Acosta, el 20 del mismo mes y año según aparece en el libro 33, folio 19, No 123, de los archivos de dicha iglesia. Según Isabel Testé, su vida y obra se encuentra en el libro No. 43 de esa parroquia. Fueron sus padres Don Pedro Agüero y Benita Sal y Lima. El 14 de junio de 1851, con solo 19 años, pide una beca para estudiar en el Seminario de San Carlos y dispensándole la edad es aceptado. Al culminar sus estudios Sal y Lima es enviado a impartir sus servicios religiosos a la ciudad de Morón.

El 13 de octubre de 1859, renuncia a la Cátedra de Latinidad de mayores de la parroquia de Morón, desempeñándose como cura interino hasta que en 1864, es designado la parroquia San Juan Bautista del Calabazar como cura beneficiado. Sin exageración alguna, por la rectitud y la pureza de su conducta, su amor por la verdad y la justicia y su carácter bondadoso y caritativo, tuvo la más alta consideración y el cariño de sus feligreses.

En esta población desarrolla su evangelio como soldado de Jesucristo, pero a " la vez que salvaba almas, las preparaba para amar la independencia de la patria" enrolándose en una amplia conspiración que se proponía levantar en armas a los patriotas del occidente. El presbítero, con descuido de los ritos, colocaban bajo el altar, armas, - unas escopetas, algunos machetes, dos o tres pistolas y varias estacas -, . Junto con algunos jóvenes atraídos por el pastor patriota esos hombres concebían planes de alzamiento.

Descubierto el movimiento conspirativo, la autoridad cayó sobre el templo; Sal y Lima fue detenido en unión de otros conspiradores. El 22 de febrero de 1869, cuando solo contaba con 25 años de edad, es arrestado en unión de otros conspiradores locales y conducido al castillo del Morro para ser juzgado por infidente. Bajo el altar de su Parroquia se encontró las pruebas: armas destinadas a un alzamiento. El 21 de mayo de 1869, salió el sacerdote patriota del puerto de la Habana deportado. Murió durante su destierro en la infernal prisión de Fernando Poo, en África Occidental, se desconoce la fecha de su deceso. Haciendo un paralelo histórico, Sal y Lima es junto con otros curas cubanos, un "...santo y patriota íntegro", como afirmo José Martí, ante la tumba de otro grande, el presbítero Félix Varela.

Conclusiones

En fin, esta es la historia que todos deben conocer , la historia verdadera de los hombres y mujeres salidos del anonimato y que han inspirado nuestras luchas emancipadoras. En este proceder se comprueba el valor histórico de la memoria. Dejar hablar los testimonios, comunicar experiencias que nos dicen que la historia tejida por los analistas o presentada por historiadores expertos o espontáneos contribuye a buscar la luz que ilumina el camino. Esta es la razón que nos permite conocer y defender esa memoria, porque como decía Goethe"...quien no sepa darse cuenta de la historia tres milenios vivirá sin experiencia..." He aquí la razón e importancia de conservar en blanco y negro la verdadera historia, esa no siempre recogida en los textos escolares y en ocasiones olvidada.

NOTA

(No fue posible encontrar imagen gráfica de este sacerdote, en su lugar se muestra la foto de la Parroquia del San Juan Bautista del Calabazar, templo donde ejerció su evangelio hasta su arresto por las fuerzas colonialistas(Ver anexo)

Anexo 13
Tradiciones en la colonia

Los baños del rio en las temporadas de verano.(desaparecida)

La venta de agua de manantial por las calles

El torcido de tabaco

La Industria Alfarera (trabajos en barro en Tejares y talleres (extremamente disminuida con el cierre de tejares)

Las canturías o guateques de Calabazar en una plazoleta existente junto al puente sobre el rio

Las temporadas dedicadas a las lidias de gallos

Las fiestas Patronales de San Juan (hoy circunscriptas al marco parroquial)

Fiestas de las Flores de Mayo

Los bailables de mascaradas y disfraces

El juego de beisbol

Anexo 14

TEMPORALES Y CICLONES QUE AZOTARON LA COMARCA EN LA ETAPA

El paso de ciclones con sus distintas categorías, siempre deja una estela de daños. El primero que registran los cronistas es en diciembre de 1557, cuando se produce un fuerte temporal que bloqueó los camino hacia el interior del territorio habanero. El **24 de octubre de 1692.** "Tormenta de San Rafael" la primera que azotó La Habana en un mes de octubre.;

El **15 de octubre de 1768,** "Tormenta de Santa Teresa" derribó 70 varas de la muralla Sur; llevó a varar a varios buques a la misma Plaza de Atarés y ocasionó daños en siembras y casas.

Pero uno de los mayores que recoge la memoria histórica es el denominado Temporal de los Puentes, en 1791, identificado así por la destrucción de los puentes levantados sobre el rio Almendares.

"Tormenta de Santa Teresa"; el **29 de octubre de 1792,**la"Tormenta de San Francisco"; el **26 de octubre de 1810,l**a "Tormenta de la Escarcha Salitrosa, era "Un huracán de cola sucia ", "como se decía entonces a los que les seguían diluvios", llovió durante diez o 12 días después ;el **5 de octubre de 1844.** "Tormenta de San Francisco de Asís;**11 de octubre de 1846.** "Tormenta de San Francisco de Borja".

Hasta entonces, la más terrible que se recuerda en La Habana. También el de 1854 que ocasiono desastres en el entorno. Uno de los que produjo mayores afectaciones fue el temporal de 1890, que obligó a evacuar el pueblo por la enorme crecida del rio. El llamado Ciclón de los Cinco días, muy intenso. Causó cuantiosos daños en el extremo más occidental del país entre el 14 y el 18 de octubre de 1910.

Anexo 15

Sitios históricos y patrimoniales de la etapa colonial.

- **-Sitios arqueológico** "Cueva del Indio" en el Reparto EL Globo y "Jibaro" junto al arroyo homónimo donde se han encontrado varios objetos de los indocubanos y resto de fauna prehistórica.
- -**Márgenes del rio Casiguaguas o Almendares**, histórico sitio donde fundo Calabazar, en la Habana, un pueblo cuyo origen está ligado al río y surgió en el proceso de expansión colonial. Lugar donde funcionaron los primeros baños públicos que dieron fama al lugar.
- -**Recodo del rio Almendares** donde existió una ceiba histórica ya desaparecida que sirvió de sitio de reunión a los campesinos vegueros que se rebelaron en 1723, durante la tercera sublevación de los Vegueros protagonizada frente al Estanco del Tabaco.
- -**Histórico puente de piedra sobre el rio Almendares**. El primer puente (de madera)es construido en 1774, y es destruido por las crecidas del temporal de los puentes en 1791.Reconstruido de piedra e inauguración, el 23 de enero de 1793.Formo parte del patrimonio tangible del municipio. Hoy desaparecido, en su lugar se levantó un nuevo puente. Junto con el del Jibaro y la Casa del Peón Caminero, representan las construcciones más antiguas de la localidad.
- **-Puente de piedra sobre Arroyo Jibaro**. Inauguración, el 23 de enero de 1793, junto con el puente sobre el rio Almendares. Ambos puente se repararon en 1802; 1803, 1811 y en 1826; así como durante los huracanes de 1844 y 1846. Reparados por la Real Junta de Fomento de la Isla de Cuba.

- **Puentes del ferrocarril sobre el Rio Almendares y Arroyo Jibaro . El primero** construido entre 1858-59, sufrió un accidente que hizo necesario su reconstrucción. Durante la guerra de Independencia de 1895, este puente sobre el rio fue dinamitado por las fuerzas cubanas para impedir la transportación de tropas hacia el occidente del pais.-Desde esos años presenta la estructura que exhibe en la actualidad.
- **Cementerio de Calabazar (conocido por Cementerio del Jibaro)** Aquí fueron inhumados los restos del Sargento Tomas Negrín, Pablo Bregolat, Armando Gamboa Mouris, Raúl González Diego, Santiago Mederos (Changa Mederos) cuyos restos fueron exhumados y trasladados al cementerio de Colon , entre otros.
- **Tejar Bregolat**, construido en 1892.Fue la principal industria del pueblo. Símbolo emblemático y paradigma de la Industria Alfarera Nacional durante muchos años. Hoy está en peligro de desaparecer del escenario donde hizo historia.
- **-Iglesia Parroquial de San Juan Bautista y San Antonio de Padua** . Construida en 1857, en una parcela donada por Rafael de Quesada y Rosa de Arango, propietarios del Vinculo de Meireles. Es una construcción de arquitectura típicamente colonial. En sus inicios era de mampostería y techo de tejas de dos aguas; en esos tiempos iniciales carecía de campanario. A pesar de las numerosas reparaciones a que ha sido sometida, mantiene sus dimensiones originales
- **Casa –quinta edificada por D. José Pastrana** en el siglo XIX en calla Meireles y Espada. En ella residió hasta su fallecimiento el Coronel Dionisio Arencibia. En la actualidad su función principal es residencial.

- **Finca América** parte de las tierras del Ingenio Calabazar. Es un sitio histórico no solo por ser por muchos años residencia de campo de varias personalidades durante la república, sino también por constituir paraje frecuentado por el Generalísimo Máximo Gómez.
- **-Casa- quinta existente en calle Principal (hoy 114)**, entre Término y Habana. En ella estuvo instalada la primera escuela para varones que se abrió en Calabazar. Aquí también estuvo instalada la Escuela "Apóstol Martí" de la maestra Dolores García Siblesz, trasladada después para calle San Antonio. Aquí reside en la actualidad la familia Prendes.
- **Casa de la familia Lufriu**, en calle Fundación y Cerrada del Oeste (antigua Estrella del Norte),lugar donde residió Francisco E. Lufriu y Arregui, Teniente Coronel del Ejército Libertador y ayudante personal de Ignacio Agramonte. En ella nació René Lufriu, convertido con el tiempo en un ilustre historiador y patriota cubano.
- **Fábrica de fósforos "La Defensa" y posterior Casa del pintor cubano José. A. Bencomo Mena**, en calle Vinculo No.1.(Hoy en ruinas). Después de residir en esta localidad por más de treinta años, el afamado pintor José A. B**encomo Mena, falleció** en **esta casa**, el 27 de octubre de 1962. Hoy en ruina total.
- **Casa del Peón Caminero** (Obras Publicas), construida a la entrada del puente sobre el rio a mediados del siglo XIX, durante la construcción de la Calzada de Bejucal ,Hoy parte del reparto Las Canas. Tiene una tarja identificativa en la parte superior de la entrada.
- **Casa de los Vismaras** , en Vinculo y línea del ferrocarril. Comprada en 1852 por Andrés Vismara Ré, natural

de Suisa. Y Mariana Calvat Messine natural de Francia, maestra de **francés.** La casa ya existía anteriormente Durante La Guerra del 1895 la casa fue usada por los mambises para dormir y descansar en la enorme sala señorial donde también la familia les ofertaba alimentos. Durante los primeros años de la república era un lugar muy visitado por el Presidente Jose Miguel Gomez y su esposa Dona America Arias y la familia de los Bregolat. Por su deplorable estado constructivo parte de ella ha sido dividida en otras pequeñas casas y el portal de enormes columnas de piedra es hoy sólo un recuerdo de lo que fuera una hermosa mansión colonial. Hoy ha sido remodelada cambiando en lo fundamental su estructura original

DOCUMENTOS HISTÓRICOS

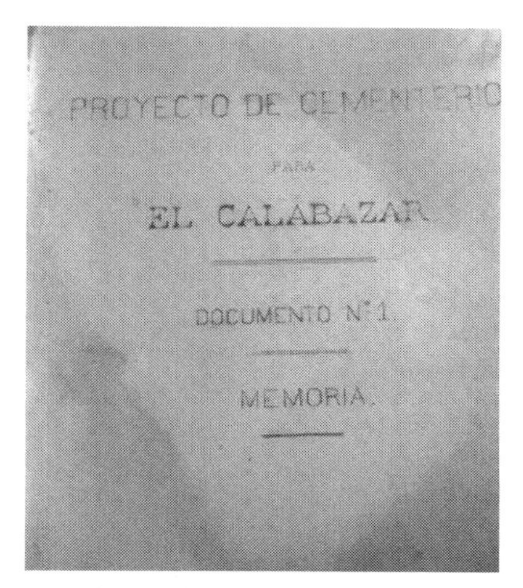

PROYECTO DE CEMENTERIO

PARA

EL CALABAZAR

DOCUMENTO Nº 1

MEMORIA.

Expediente referido a la construcción del cementerio de Calabazar (El Jíbaro).

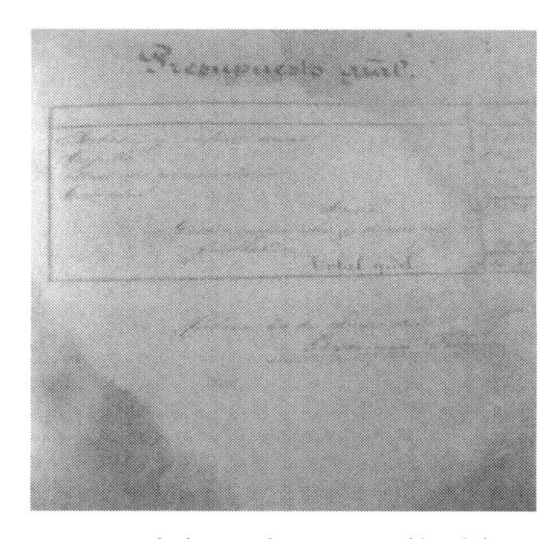

Documentos relativos a la construcción del camposanto de El Jíbaro.

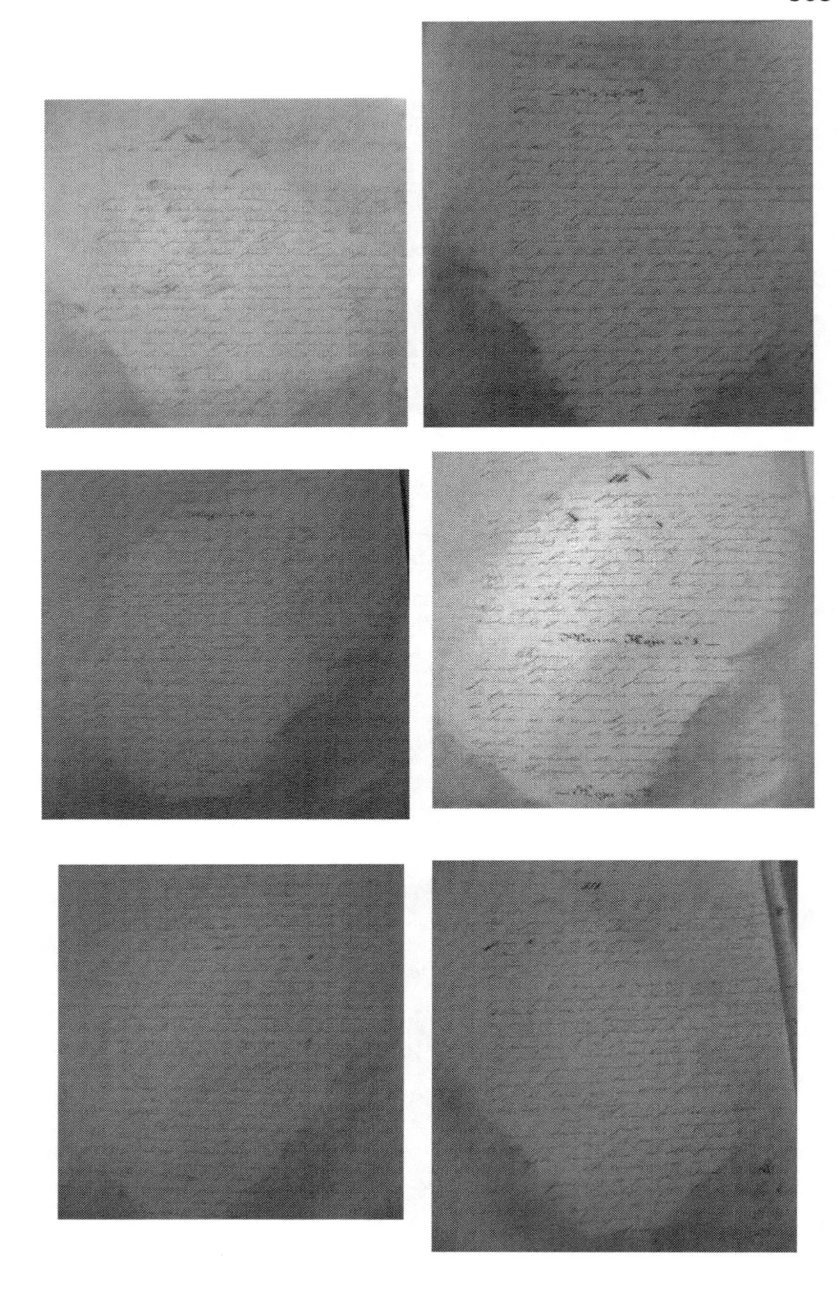

Calabazar de la Habana.

Sr. Mayor General Máximo Gómez.

Querido General.

Anoche hablando con el Sr. Lastra, supe con mucha pena, el fallecimiento de su señora hermana, noticia que vi. confirmada en el periódico "El Mundo" que recibo. Así que el objeto de la presente es demostrarle, cuanto siento la pérdida de una persona tan querida y creo fue la que motivó, por motivo de grave enfermedad, su viaje a Santo Domingo.

Entre tanto deseo, tenga resignación, que no hay que aconsejar a Ud. Dado su entereza y carácter y disipe en lo que pueda en el seno de su apreciada y distinguida familia, el dolor causado, por tan rudo golpe, sin olvidar que tiene Ud. Amigos que sinceramente le aprecian, y participan con Ud. Sus alegrías , y sus tristezas, entre las que se encuentran su afectísimo amigo y servidor.

Eduardo Cortés[259]

[259] *El Dr. Eduardo Cortés, era médico de Calabazar. Museo Máximo Gómez. Tomo I. Sección de documentos 0-11 al 0-83. Tarjetas de presentación.*

Fragmentos de una carta de Máximo Gómez fechada en Calabazar, el 15 de marzo de 1901, dirigida a su amiga Lola Rodríguez de Tió

Calabazar, 15 de marzo de 1901

Mi estimada amiga Lola.

"...refiriéndome al 24 de febrero, qué nos recuerda ese día, de la patria cubana, pues no sé, pero es lo cierto que desde ese amanecer estamos en esta casa mal de salud y por consiguiente tristes. Por mi parte lo pasé como yo deseaba, solo con mis pensamientos...los cubanos y el mundo , se figuran que yo estoy dispuesto a ponerme la corona de espinas de la Presidencia de esta República, y cada vez que se me presenta la ocasión yo lo aprovecho para repetir mis propósitos. Pero hay más , y asómbrate, que si Cuba no queda constituida, con el honor y la gloria que yo soñé, me pongo la tienda al hombro y me voy a buscar otra tierra en donde se entierren mis huesos. Yo no puedo vivir ni en Cuba ni en Santo Domingo como extranjero, teniendo dentro del pecho un corazón cubano y dominicano. Yo vivo más conforme entonces con los ingleses, y yo temo que los cubanos en estas horas de peligro les falte la entereza a unos y ¡ay! Hasta la buena fe a otros. Si tú no te explicas tus tristezas, profundiza un poco y en esas dudas encontrarás la causa.! Que orador "podrá sacudir tu organismo en el millón" cuando tú como yo, estamos hastiados de oír palabrerías.

Me alegro que en tu carta Tomás Estrada se ocupe de mí. Eso me honra muchísimo. Aún no nos mudamos para La Habana; mientras no me boten de esta casa aquí me estoy..."

Máximo Gómez

Fragmento de un poema escrito en Calabazar en 1902, por Clemencia Gómez Toro, hija del Generalísimo. (Tomado de su cuaderno de poesías (Inédito) Original Museo Municipal, Santiago de las Vegas.

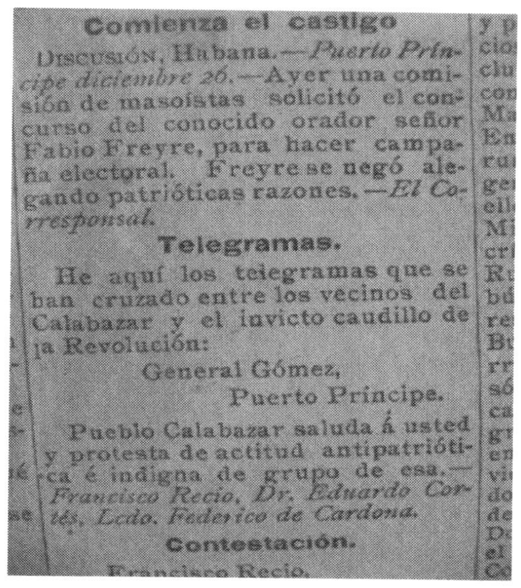

Comienza el castigo

DISCUSIÓN, Habana.—*Puerto Príncipe diciembre 26.*—Ayer una comisión de masoístas solicitó el concurso del conocido orador señor Fabio Freyre, para hacer campaña electoral. Freyre se negó alegando patrióticas razones.—*El Corresponsal.*

Telegramas.

He aquí los telegramas que se han cruzado entre los vecinos del Calabazar y el invicto caudillo de la Revolución:

General Gómez,
Puerto Príncipe.

Pueblo Calabazar saluda á usted y protesta de actitud antipatriótica é indigna de grupo de esa.—*Francisco Recio, Dr. Eduardo Cortés, Ldo. Federico de Cardona.*

Contestación.

Francisco Recio.

Apoyo de la población de Calabazar al General Gómez por la conducta antipatriótica de un grupo que lo atacó en Puerto Príncipe durante su recorrido por el país.

TESTIMONIO GRÁFICO

ETAPA PRECOLOMBINA

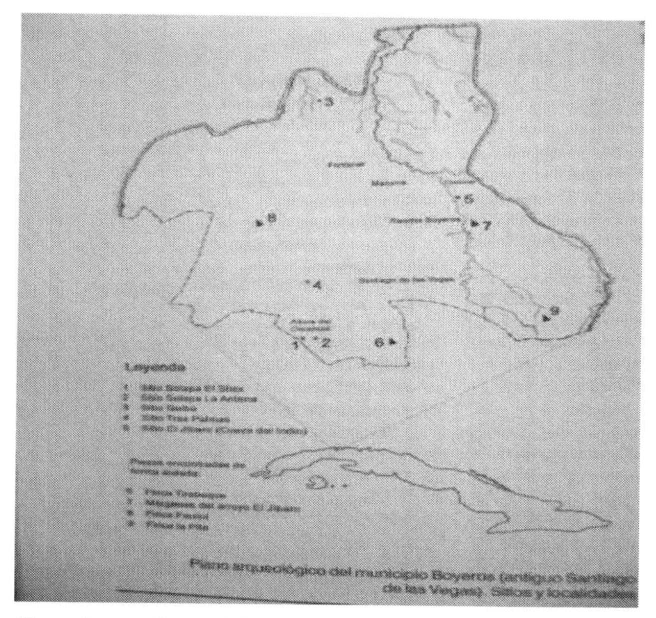

Plano Arqueológico del Municipio Santiago de las Vegas (añadido el territorio correspondiente actual Municipio Boyeros).

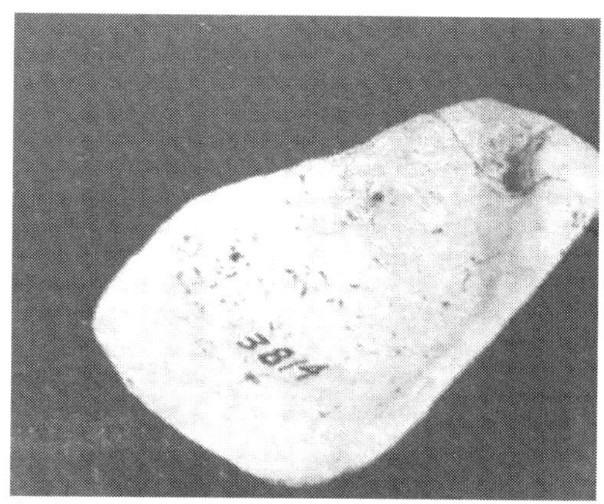

Cuchara de concha muy parecidas a las gubias encontrada en El Globo.

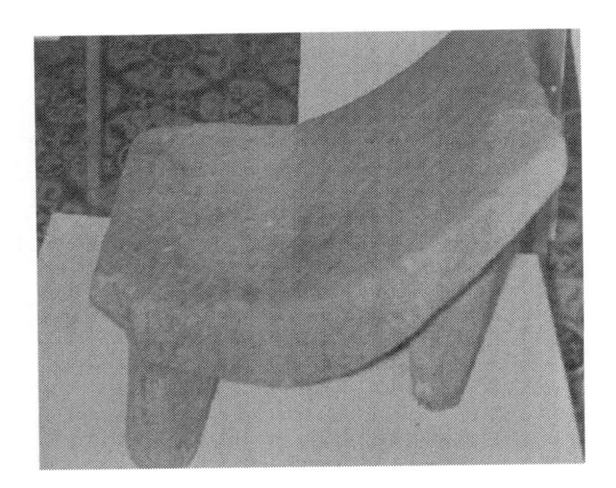

Metate hallado en Calabazar. En proceso de estudio para definir si corresponde a los indocubanos o los Yucatecos asentados aquí como esclavos.(Museo Histórico Municipal)

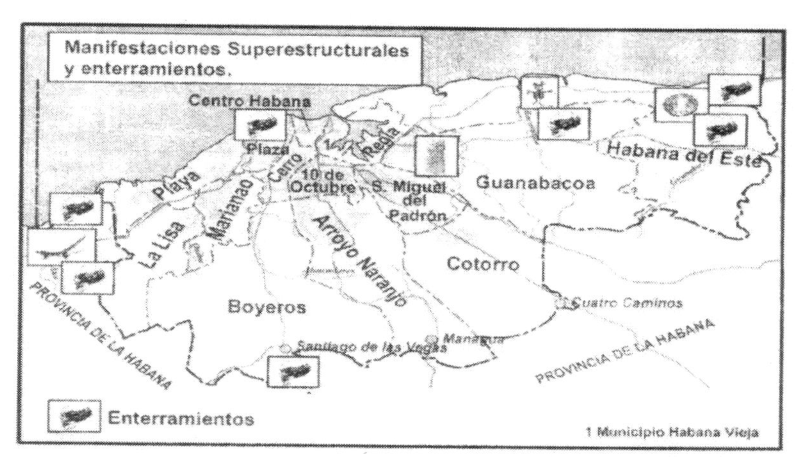

Mapa de evidencias 2

Plano donde se muestra los sitios arqueológicos de enterramientos en el territorio de la actual provincia de La Habana.

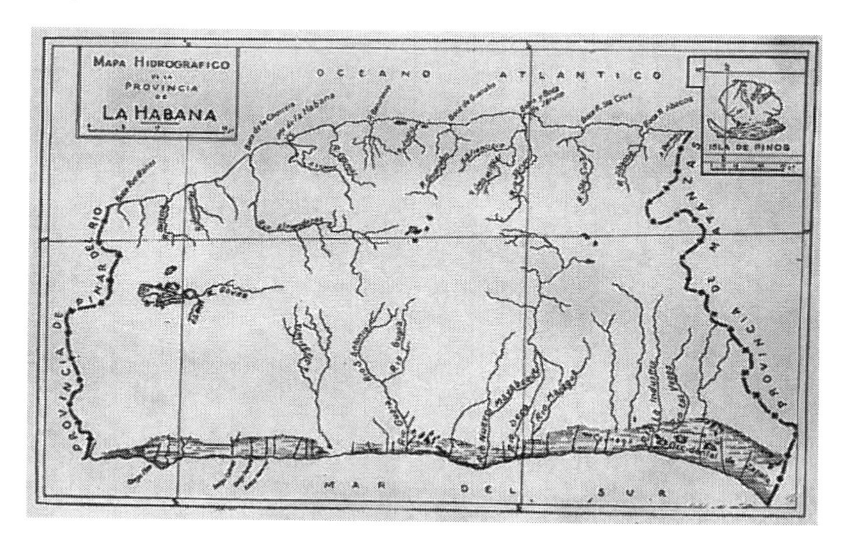

Principales corrientes fluviales en el territorio habanero. Se comprueba la situación privilegiada de este rio para la subsistencia de las comunidades indocubanas.

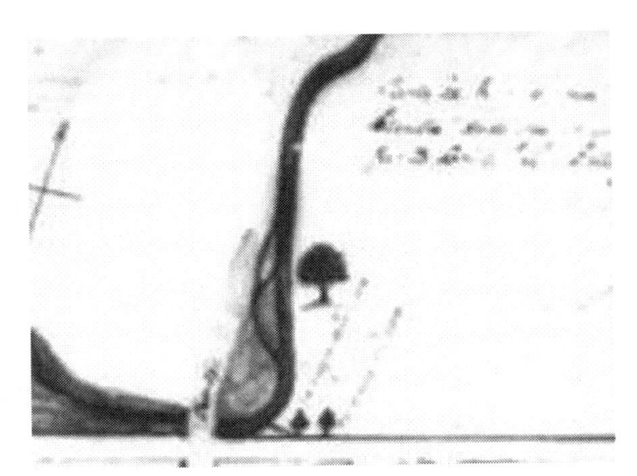

Plano de la entrada al puente de Calabazar 1830. Se observa los dos árboles existentes en el sitio de fundación del pueblo, se destaca la histórica y frondosa ceiba en el recodo del rio donde se supone se reunieron los campesinos vegueros durante la sublevación de 1723

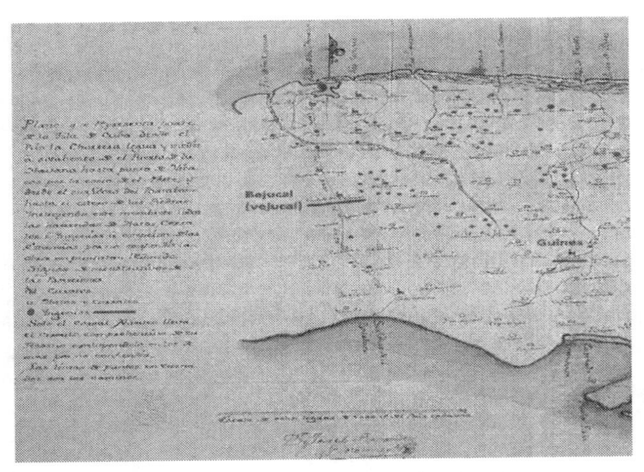

Plano elaborado por Don Yoseph Fernández. Supuestamente en la primera mitad del siglo XVIII con los hatos, corrales, ingenios, curatos y poblaciones existentes en la época. Aquí aparece el ingenio Calabazar.

Un título nobiliario en la jurisdicción. En el sitio Pancho Simón tuvo su casa de descanso Don José Bayona conde de Casa Bayona fundador de Santa María del Rosario.

Imágenes que muestra como pudo ser los primeros caminos habaneros entre los siglos XVI y XVIII. No es difícil imaginar que así era el camino al Matamanó (Real del Sur) entre el viejo embarcadero de Batabanó y La Habana.

Grabado de la época que visualiza como era el camino Real del Sur a su paso por Jesús del Monte

Nacimiento del rio Casiguaguas o Almendares.

En los primeros tiempos de la colonia este rio fue navegable hasta Calabazar y Paso Seco.

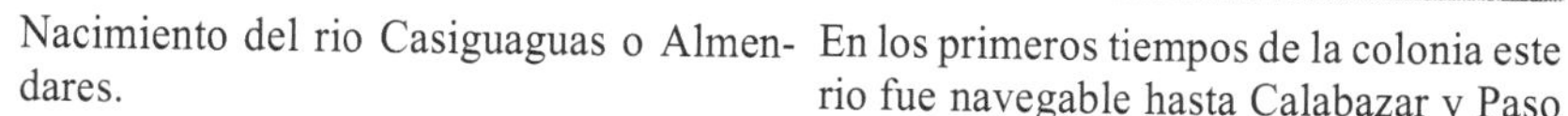

El Escudo de la familia Meireles, propietarios de la Estancia "El Vínculo de Meireles" sitio donde se fundó esta población.

TRANSPORTES MÁS UTILIZADOS ANTES DEL TRAZADO DEL FERROCARRIL

Estos tipos de Berlinas era utilizadas por algunos poderosos veraneantes para trasladarse a Calabazar a descansar y tomar los baños de los manantiales.

Guaguas de a caballo prestaban sus servicios a las personas con menor poder adquisitivo desde y hasta Calabazar.

En la explotación del ferrocarril del Oeste se emplearía inicialmente la máquina GENERAL SERRANO que llevaría el no. 2, de 44 000 libras de peso, adquirida en la fábrica Baldwin Locomotive Works, de Estados Unidos.

Locomotora no 1 fabricada por Rogers no. de serie 658 de 1859, de Estados Unidos. Fuente: Mercedes Herrera Zorzano. Archivo personal. Museo del ferrocarril.

Arquitectura similar pudo presentar la primer estación de ferrocarril. La primitiva Estación Ferroviaria similar a esta construida de madera y tejas estuvo ubicada inicialmente frente a la actual. En ella radicó el primer correo y el telégrafo. La edificación existente en nuestros días es inaugurada en 1906. Hoy a pesar de su carácter histórico se encuentra en lamentable estado de abandono.

Fortificaciones similares a esta se crearon en los puntos estratégicos del poblado y en sus proximidades (imagen tomada de Santiago en mi).

En vagones similares a los de la imagen llegaban por el Ferrocarril del Oeste las tropas a la comandancia de Calabazar lugar estratégico durante la contienda de 1895. No fue casual que tropas del Ejército Libertador dinamitaran dicho oleoducto durante la contienda de 1895. (imagen tomada de Santiago en mi).

En una valla parecida a la de este grabado, ubicada en calle principal y Fundación, próxima a los baños del río se realizó la primera lidia de gallos entre junio y octubre de 1859, para distracción de los veraneantes y para recaudar fondos para construir unos baños públicos.

En esta edificación en Calle Fundación y Calzada Real de Sur (hoy Calzada de Bejucal) funcionó la primera valla de gallos. Tenía un mirador para contemplar los baños públicos del rio y el verdor de la campiña.

Preparación de los gallos para las peleas.

LA INDUSTRIA ALFARERA LOCAL EN LA OBRA DEL SIGLO

La construcción del Canal de Isabel II (Canal de Vento), le imprimió el impulso decisivo a la industria alfarera local, dada las exigencias de materiales de construcción para dicha obra.

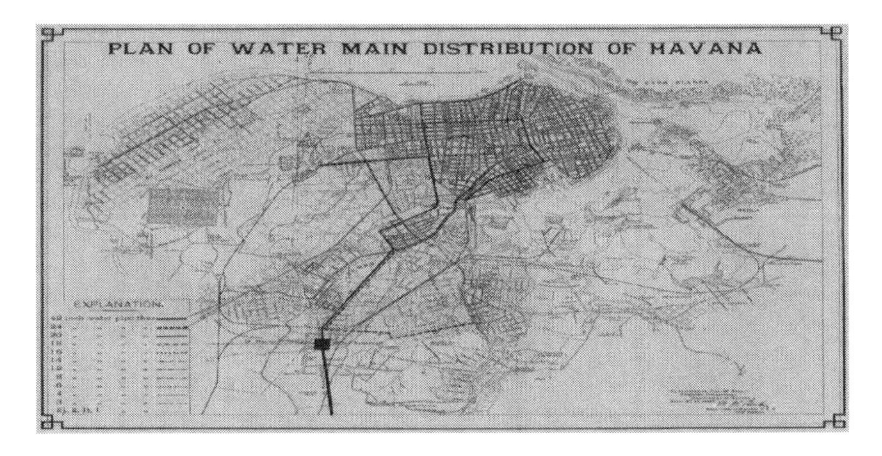

La proximidad de esta obra a Calabazar y Capdevila facilito no solo la adquisición de piezas necesarias para la obra sino también para pernoctar sus obreros durante la denominada fiebre de Vento.

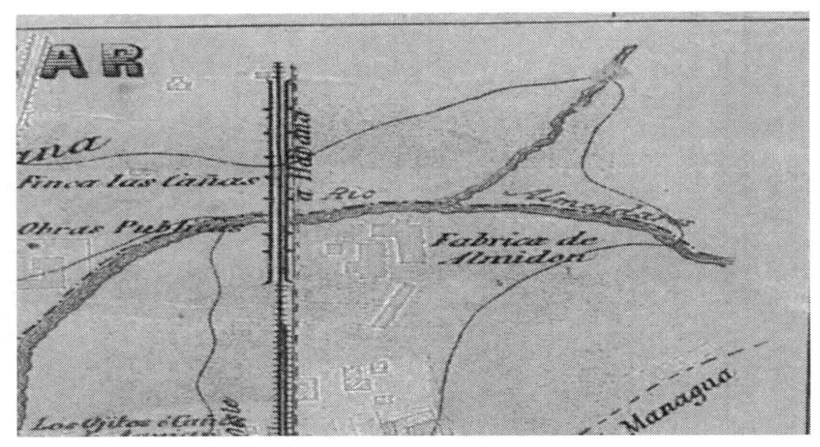

En este plano reducido aparece la ubicación de la antigua fábrica de almidón rio arriba lugar donde se lavaba las ropas contaminadas del Ejército Español. De este lugar salió la contaminación que provoco la epidemia de viruela que azoto a Calabazar en 1896.

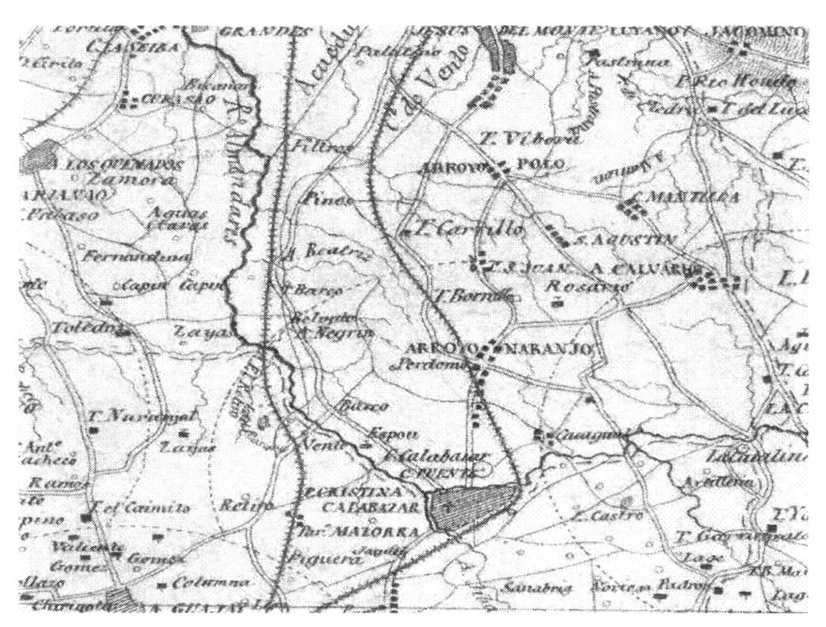

Plano del territorio a finales del siglo XIX. Se observa las fincas que circundan el poblado y la existencia de los afamados Baños Públicos del "Cacagual", en la jurisdicción de Arroyo muy vinculados con Calabazar.

Vista del rio y puente del ferrocarril en Calabazar después de la contienda de 1895. Se puede observar su caudal en esa época.

Así pudo ser el Despalillo y torcido de tabaco de la compañía norteamericana "Havana Comercial Company en el poblado a finales del siglo XIX.

Las calles eran recorridas por individuos como el que aparece en esta imagen, realizando venta de artículos necesarios a la vida diaria, se hacía en bestias, carretas, etc. Hasta la leche se expendía al pie de la vaca.

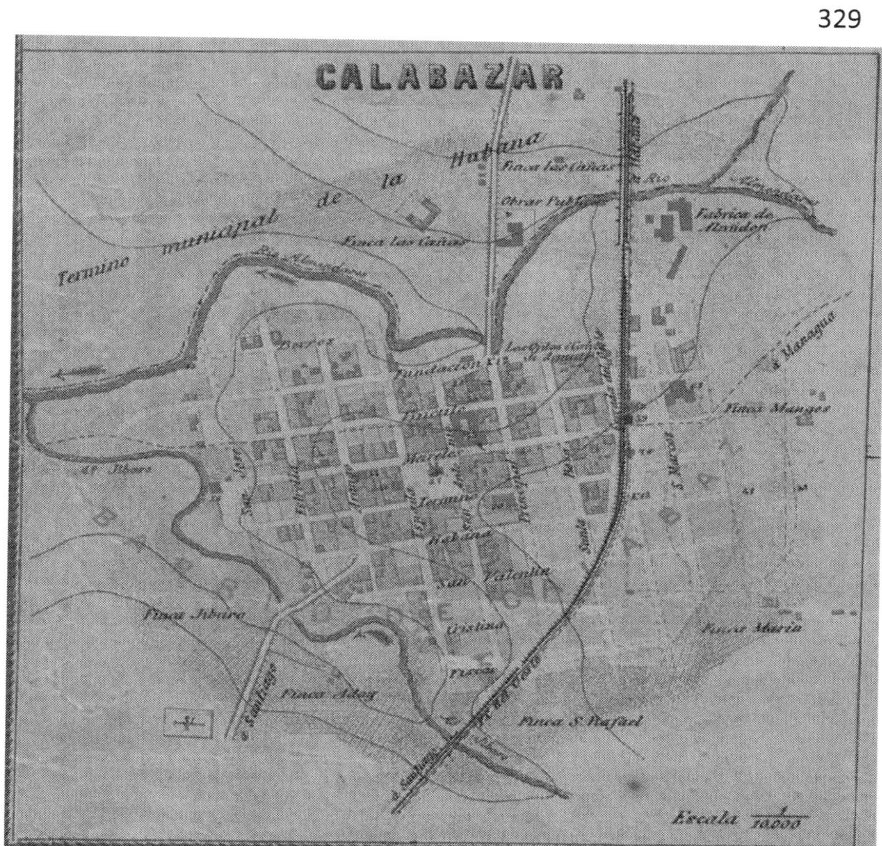

Plano No. 9. Barrio de Calabazar en Plano Topográfico del Municipio Santiago de las Vegas, Facundo Cañada Lopez.1893.

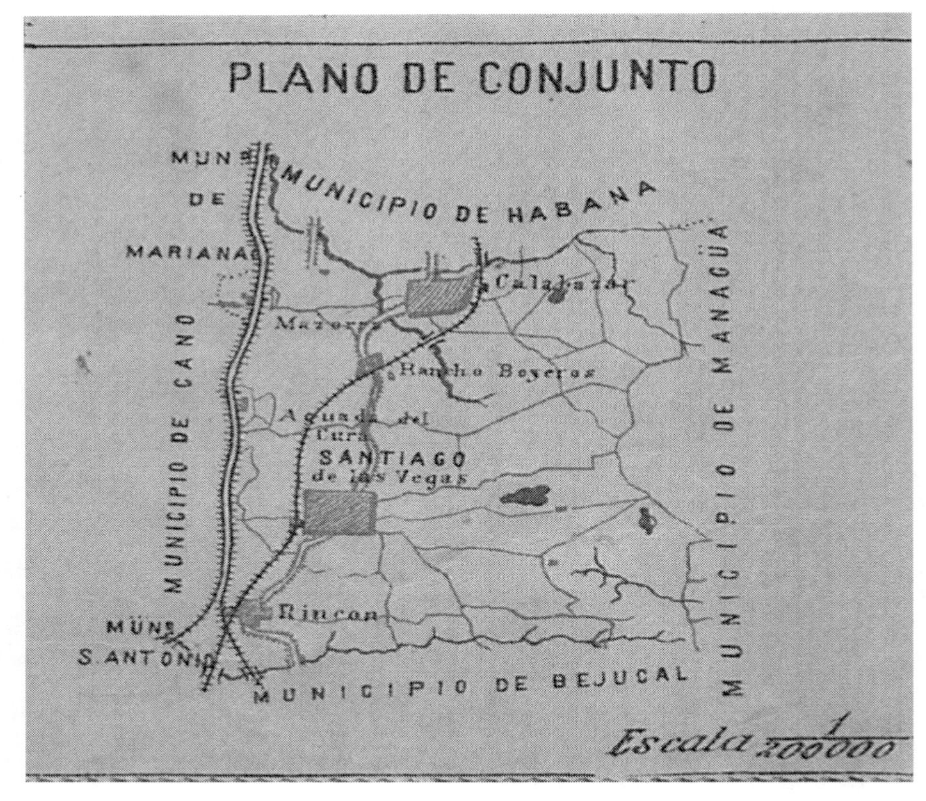

Plano Topográfico del Municipio Santiago de las Vegas, Facundo Cañada Lopez 1893. Se observa el sitio estratégico que ocupa esta población en el extremo norte, junto al rio y viejo puente sobre el Almendares.

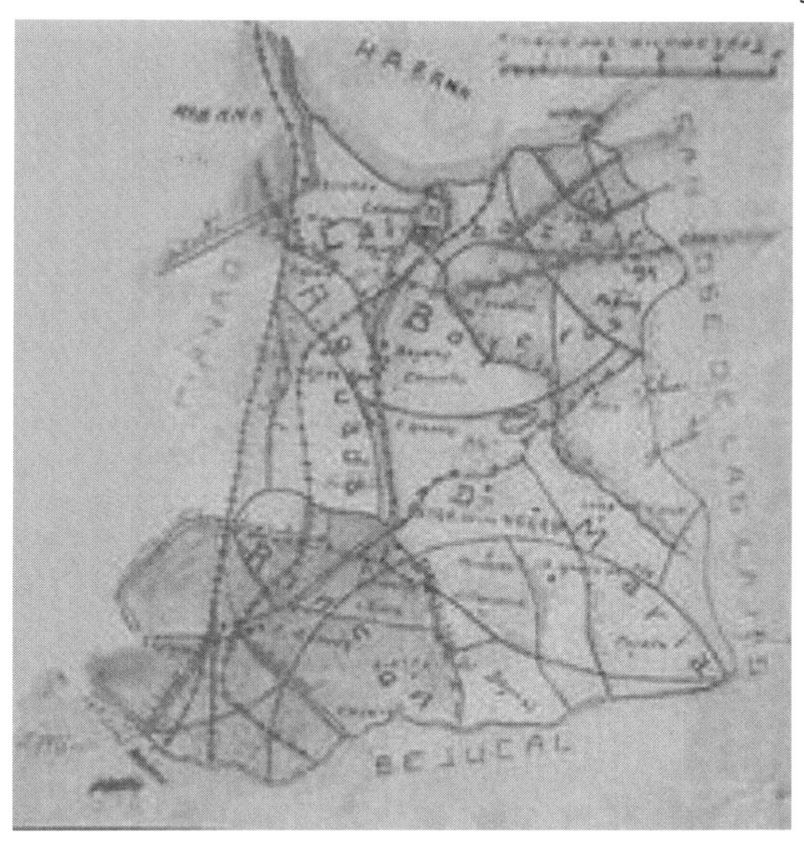

Vías ferroviarias que cruzan el municipio Santiago de las Vegas a finales del siglo XIX. Fuentes: Archivo del Museo Histórico. Santiago de las Vegas.

Estacion de los Ferrocarriles del oeste de la Habana en 1902 (Estacion de Cristina). En esta estación se iniciaba el camino de hierro de los coches que transitaban inicialmente hasta Bejucal y Batabano.

Los Coroneles Dionisio Arencibia y José Miguel Hernández en el Cacahual l(antes de la exhumación) acompañado de algunos miembros y colaboradores del Ejército Libertador.(Fuente: Archivo Parroquial Santiago de las Vegas)

Otras huellas de la colonia

Edificaciones y sitios coloniales que requieren protección

Histórica tarja en la parte superior de la entrada principal la "Casa del Peón Caminero" que durante años identifico el importante lugar.

La misma tarja que durante muchos años identifico la edificación existente junto al rio y puente del Calabazar como casa de Obras Publicas o del Peón caminero.

OTRAS VASIJAS DE BARRO PROCEDENTES DEL TEJAR BREGOLAT A FINES DE SIGLO XIX

Vasija de barro procedente del Tejar Bregolat fabricada a fines del siglo XIX.

Muestra de antiguas vasijas fabricadas en el Tejar Bregolat a partir de 1892.

Huellas de la colonia

Muestras de la arquitectura de Calabazar

Imagen poco conocida de la edificación colonial más importante y significativa. Edificio de tres plantas en Calles Meireles y Calle Real (hoy Martí) algunos viejos lugareños sostienen que fue construido para Hotel, lo cierto es que fue fábrica de tabacos H. Hupman y de Pintura Dos Leones hasta desaparecer por un incendio. En la foto se observan otras edificaciones de la época.

Por su arquitectura y dimensiones el Hotel "La Brisa" era una de las construcciones más importantes de la población. (Foto finales del siglo XIX)

La Parroquia del San Juan Bautista mantiene sus características principales a pesar de las reparaciones y modificaciones.

Residencia señorial erigida en calle Meireles(283) y Santa Rosa (102).es una de las pocas que se conservan en buen estado. En ella residió un tiempo la familia Bregolat, después se convirtió en propiedad del doctor Cardona, Juez del Tribunal Supremo y de otras prestigiosas familias de la localidad.

En el plano de 1860 aparece como una edificación erigida en la parcela No. 50, propiedad de Francisco A Pérez.(Calle 283 y 108). En ella residió uno de los últimos alcaldes de la barriada en la etapa colonial. Aquí vivió Tomas Fernández, por derecho de herencia esta casona paso a Ricardo Fernández procurador en la República. En una parte de dicha vivienda estuvo el correo del pueblo.

Casa quinta de la familia Vismara (después de la última reparación), construida en 1844 y adquirida por los Vismaras en 1852. Lugar muy visitado por el presidente José Miguel Gómez, su esposa América Aria y por la familia Bregolat.

Casa quinta de José Pastrana. Construida en 1864 en calle Meireles (hoy 283). Fue utilizada durante muchos años como residencia de verano para pasar temporadas. En ella residió el coronel Dionisio Arencibia. En los inicios de la República aquí funciono el "Club Juvenil 22".

Vivienda colonial existente en la Finca San Antonio al final de la calle Fundación.

Ruinas de la majestuosa vivienda colonial en calle Vinculo y Línea del ferrocarril. En ella funcionó por muchos años la fábrica de fósforos La Defensa. Fue también vivienda del conocido artista del pincel y el óleo José A. Bencomo Mena.

Restos del mismo edificio después del incendio que consumió parte de su antigua estructura.

Sede del Cuerpo de Voluntarios españoles en Calle San Antonio (hoy 108) Esta vivienda fue ocupada años adelante por algunos ciudadanos de origen asiático.

Fachada actual de la Casa quinta, residencia de la familia Lufriu en calle Fundación (hoy 279). En ella nació el historiador y hombre de letras René Lufriu Alonso.

Casa en la antigua calle Real (hoy Martí) en esta vivienda además de residencia funcionaron algunas escuelas.

La denominada "Casa Blanca"(calle 283) la mayor Casa-quinta hoy en ruinas. En ella residieron algunos familiares del Generalísimo. Fue sede de varias escuelas e industrias en la República.

Histórica vivienda ubicada en calle Meireles (hoy 283), aquí tuvo su consultorio el primer médico residente en la población, el Dr. Eduardo Cortés. La generosidad de este galeno se manifestó al ofrecer su vivienda para el funcionamiento de una Casa de Socorros que nunca se aprobó.

Antigua Casa-Quinta existente en calles Vínculo y Espada. Según versiones fue vivienda de temporada de la familia Cervantes y Castro Palomino de Santiago de las Vegas. Era una de las más grandes y antigua de la localidad. Muy visitada por ilustres habaneros en el siglo XIX. En la república fue heredada por la familia Amaro, descendientes de esclavos que trabajaron durante la colonia en esta casona. Hoy desaparecida por su estado ruinoso. En esta vivienda residió la familia del afamado Laz Alonso actor de una treintena de películas entre ellas" Avatar "y "Rápido y Furioso".

Presencia del Generalísimo y su familia en el municipio y en Calabazar

El Mayor General Máximo Gómez al terminar la guerra de independencia.

La familia Gómez Toro en la Estación de Aguada del Cura en dirección a Santiago de las Vegas y Bejucal.

La familia Gómez Toro reunida. Esta es una foto tomada en su residencia de la Habana pero con mucha similitud por su arquitectura a su casa-quinta de Calabazar.

Foto de Margarita Gómez Toro (Mariposita) en 1901, viviendo en Calabazar.

Del autor

Profesor Eduardo Milian Bernal. Historiador, escritor e investigador. Posee una larga trayectoria en el ejercicio de la docencia en la Educación Superior. Ha impartido más de una veintena de Posgrados a estudiantes y profesores de la enseñanza media y superior. Inicio su labor investigativa sobre historia del municipio Santiago de las Vegas (Hoy municipio Boyeros) en 1964, hasta la fecha; su trabajo histórico y sociocultural a lo largo de muchos años ha estado presente en la localidad, municipio, en la Ciudad de La Habana y en el exterior. De su pluma han salido numerosos trabajos acerca de diferentes temáticas de la historia local y nacional. Obtuvo Primera Mención Nacional en el Concurso de Historia "Primero de Enero", en 1974 con su trabajo "Calabazar, un nombre, una leyenda". Tiene numerosas publicaciones, entre otras se destacan; "El Generalísimo Máximo Gómez en el municipio Santiago de las Vegas" (1986); coautor de la "Síntesis Histórica del Municipio Boyeros", "Síntesis histórica del municipio Arroyo Naranjo"; y "Síntesis Histórica de Calabazar de la Habana "(2000). Coautor Multimedia acerca de la vida de Máximo Gómez" para uso en los estudios de investigadores y en las Universidades del país (Archivo Nacional de Cuba, 1995)."Rincón y la Peregrinación de San Lázaro" Editora José Martí, presentado en la Feria Internacional del

Libro. Habana, Cuba (2012) ,entre otros. Es autor de la obra "El Monumento del Cacahual. Historia y Tradición", así como otros trabajos de carácter histórico y pedagógicos y varios artículos publicados en la prensa nacional y revistas extranjeras, entre los más relevantes se destaca: "Alejandro de Humboldt en Wajay", presentado en el Congreso Internacional de Historia y editado en México. Conferencista en temas históricos y de la cerámica y cultura comunitaria. Tiene publicaciones en Cuba, Estados Unidos y otros países. Es coautor de la multimedia :Ciudad de la Habana; la identidad de la provincia y sus municipios. El listado de los trabajos que han salido de su pluma aparece en el folleto titulado "Bibliografía de la Historia de la ciudad de la Habana. Fue galardonado con "La Gitana tropical" que se otorga a personalidades de la cultura cubana por la calidad y prestigio de su obra.

ALGUNAS PUBLICACIONES DEL AUTOR

Rincón y la peregrinación de san lázaro (feria internacional del libro de La Habana, 2011.

Estudia un fenómeno socio-histórico estrechamente relacionado con el singular poblado habanero. Su objetivo central ha sido dar a conocer las raíces de la centenaria tradición cubana, las motivaciones que impulsan a tantas personas a participar en ese evento y cumplir tan severas promesas. Constituye un ejemplo de cómo se puede defender la identidad nacional, el respeto a nuestras tradiciones y los símbolos de la cubanía. Editora José Martí.

El mayor general Máximo Gómez. Vecino ilustre del municipio boyeros.

Edición ligera publicada por el municipio de cultura en ocasión del sesquicentenario del natalicio del Generalísimo Máximo Gómez Báez. La Habana, 1986. En la obra se aborda una faceta inédita de la presencia del Generalísimo en Calabazar de la Habana entre 1900-1902. Las causas de su presencia en esta población y sus vínculos con el vecindario. A través de entrevistas a familiares y lugareños se reconstruye la época y actuación de Gómez en esos complejos años hasta su traslado para la capital en 1902.

Calabazar. Síntesis histórica. Editorial imágenes, 2002.

Es una síntesis del proceso histórico de esta localidad desde la época prehispánica hasta el siglo XX, descubriendo hechos y acontecimientos cuya dimensión rebasa los estrechos límites de la comunidad y bordan toda una época mostrando como este pueblo atesora en sus crónicas una interesante historia labrada desde sus orígenes hasta tiempos más recientes.

Edición rustica con la colaboración de instituciones y amistades de la localidad y municipio .Es el texto más abarcador hasta el año 2000. Un ejemplar se encuentra en la Biblioteca Mas Luz de Santiago de las Vegas.

Selección de Efemérides del Municipio Boyeros es una publicación realizada a solicitud del Municipio de Cultura, el Museo Histórico y el Joven Club de Computación de Santiago de las Vegas para uso del trabajo cultural del territorio del actual municipio Boyeros.

Es un estudio que tiene por propósito analizar las raíces, antecedentes y evolución del arte cerámico en Cuba y los intentos dirigidos a la creación de una cerámica nacional. Se analiza el núcleo iniciador y formativo de nuestra cerámica cubana.

Obra editada por la editorial "Hora Alpha" por la generosa colaboración de nuestro amigo Rubén Alejandro de los Santos, poeta y presidente de la dicha editorial y Ridenia Núñez que realizo el montaje fotográfico. Esta edición fue mejorada en el 2018. Se realizó de manera gratuita en apoyo al historiador de este pueblo.

Es un estudio acerca de un problema histórico nunca antes abordado en la historiografía cubana, la denominación de esta población fundada en el territorio habanero. El origen de una interesante polémica en torno a un nombre: ¿Calabazar de La Habana o Santa Cristina de la Nueva Palmira? Se aborda cuestiones que han permanecido hasta hoy ocultas o insuficientemente tratadas en la historiografía nacional y local y que han salido a la luz tras largos años de investigación y rastreo de información.

El autor en la exposición de una síntesis de la Historia de Calabazar en un evento realizado en el Museo de la Ciudad en una ocasión de la fundación de la capital cubana.

El autor en la Feria del Libro de la Habana 2012 evento donde presento una de sus obras más vendida en Cuba: "Rincón y la Peregrinación de San Lázaro".

Made in the USA
Columbia, SC
30 September 2023